The Idea of Nature
자연이라는 개념

〈지식을만드는지식 고전선집〉은
인류의 유산으로 남을 만한 작품만을 선정합니다.
읽을 수 없는 고전이 없도록 세상의 모든 고전을 출판합니다.
오랜 시간 그 작품을 연구한 전문가가
정확한 번역, 전문적인 해설, 풍부한 작가 소개, 친절한 주석을
제공합니다.

The Idea of Nature
자연이라는 개념

로빈 콜링우드(Robin G. Collingwood) 지음

유원기 옮김

대한민국, 서울, 지식을만드는지식, 2024

편집자 일러두기

- 이 책은 로빈 콜링우드(Collingwood, R. G.)의 《The Idea of Nature》(Oxford : Clarendon Press, 1945)를 원전으로 삼아 번역했습니다.
- 원전의 주석 외에 옮긴이가 추가한 긴 내용의 주석은 "옮긴이 주"로 표시했으며, 간단한 단어 설명은 "옮긴이"로 표시했습니다.
- 이 책은 옮긴이가 2004년 이제이북스에서 《자연이라는 개념》이란 제목으로 번역 출간한 바 있으며, 이번 개정판은 본문 전체를 새로 번역하고 가독성을 높이기 위해 노력했습니다.
- 괄호를 중복해서 사용하게 될 때 큰 괄호는 [ ]를, 작은 괄호는 ( )를 사용했습니다.
- 이 책의 외래어 표기는 옮긴이의 요청에 따라 학계의 표기를 우선적으로 따랐습니다. 국립국어원의 외래어표기법에 따른 표기는 본문 뒤의 〈찾아보기〉에서 확인할 수 있습니다.

차 례

서론

1. 과학과 철학 · · · · · · · · · · · · · 3
2. 그리스의 자연관 · · · · · · · · · · · · 7
3. 르네상스의 자연관 · · · · · · · · · · · 9
4. 현대의 자연관 · · · · · · · · · · · · · 20
5. 위 견해의 결과들 · · · · · · · · · · · · 28
   (1) 더 이상 순환적인 변화가 아니라 진보적인 변화 · 29
   (2) 더 이상 기계적이지 않은 자연 · · · · · · · 31
   (3) 목적론의 재등장 · · · · · · · · · · 33
   (4) 기능으로 이해되는 실체 · · · · · · · · 34
   (5) 최소 공간과 최소 시간 · · · · · · · · · 37

제1부 그리스의 우주론

I. 이오니아학파

1. 이오니아의 자연 과학 · · · · · · · · · · · 59
   (1) 탈레스 · · · · · · · · · · · · · · 62

(2) 아낙시만드로스 · · · · · · · · · · · · · · 67
　　(3) 아낙시메네스 · · · · · · · · · · · · · · · 73
2. 이오니아 자연 과학의 한계 · · · · · · · · · 83
3. '자연'이라는 단어의 의미 · · · · · · · · · · 89

II. 피타고라스학파

1. 피타고라스 · · · · · · · · · · · · · · · · · · 101
2. 플라톤 : 형상 이론 · · · · · · · · · · · · · 114
　　(1) 형상의 실재성과 지성성 · · · · · · · · · 114
　　(2) 처음에는 내재적인 것으로, 나중에는 초월적인 것으로 생각된 형상들 · · · · · · · · · · · · · 119
　　(3) 형상들의 초월성은 플라톤의 개념이었는가? · · 122
　　(4) 참여와 모방 · · · · · · · · · · · · · 126
　　(5) 《파르메니데스》: 내재성과 초월성은 서로를 함축한다. · · · · · · · · · · · · · · · · · 131
　　(6) 크라튈로스가 미친 영향 · · · · · · · · · 135
　　(7) 파르메니데스가 미친 영향 · · · · · · · · 141
　　(8) 성숙해진 플라톤의 형상 개념 · · · · · · 144
3. 플라톤의 우주론 : 《티마이오스》 · · · · · · · 149

III. 아리스토텔레스

1. '퓌시스'의 의미 · · · · · · · · · · · · · · · 165

2. 스스로 운동하는 자연 · · · · · · · · · · · 169
3. 아리스토텔레스의 지식 이론 · · · · · · · · 176
4. 아리스토텔레스의 신학 · · · · · · · · · · 180
5. 다양한 부동의 원동자들 · · · · · · · · · · 184
6. 질료(물질) · · · · · · · · · · · · · · · · 189

제2부 르네상스의 자연관

I. 16~17세기

1. 반(反)아리스토텔레스주의 · · · · · · · · · · · 195
2. 르네상스의 우주론 : 제1단계 · · · · · · · · · 198
3. 코페르니쿠스 · · · · · · · · · · · · · · · · 202
4. 르네상스의 우주론 : 제2단계 – 브루노 · · · · · 206
5. 베이컨 · · · · · · · · · · · · · · · · · · · 210
6. 길버트와 케플러 · · · · · · · · · · · · · · 212
7. 갈릴레오 · · · · · · · · · · · · · · · · · · 213
8. 정신과 물질 : 물질론 · · · · · · · · · · · · 216
9. 스피노자 · · · · · · · · · · · · · · · · · · 220
10. 뉴턴 · · · · · · · · · · · · · · · · · · · 223
11. 라이프니츠 · · · · · · · · · · · · · · · · 230
12. 요약 : 그리스의 우주론과 르네상스의 우주론 비교 232

II. 18세기

1. 버클리 · · · · · · · · · · · · · · · 237
2. 칸트 · · · · · · · · · · · · · · · · 242

III. 헤겔 : 현대 자연관으로의 전환 · · · · · · · · · 251

제3부 현대의 자연관

I. 생명이라는 개념

1. 진화론적 생물학 · · · · · · · · · · · · 277
2. 베르그송 · · · · · · · · · · · · · · 283

II. 현대의 물리학

1. 과거의 물질 이론 · · · · · · · · · · · 295
2. 물질 이론의 복잡성과 비일관성 · · · · · · · 297
3. 새로운 물질 이론 · · · · · · · · · · · 302
4. 자연의 유한성 · · · · · · · · · · · · 315

III. 현대의 우주론

1. 알렉산더 · · · · · · · · · · · · · · 328

2. 화이트헤드 · · · · · · · · · · · · · · · · · 341
3. 결론 : 자연에서 역사로 · · · · · · · · · · · 362

찾아보기 · · · · · · · · · · · · · · · · · · · 369

해설 · 381
지은이에 대해 · · · · · · · · · · · · · · · · 389
옮긴이에 대해 · · · · · · · · · · · · · · · · 391

자연이라는 개념

서론

1. 과학과 철학

　유럽 사상사에는 우주에 관한 건설적인 성찰을 했던 세 번의 시기가 있었다. 이 세 번의 시기는 자연이라는 개념이 사고의 중심이 되었을 때 강렬하고도 오랜 반성의 주제였고, 그 개념에 기초했던 구체적인 자연 과학에 차례로 새로운 관점을 부여하는 새로운 특징들을 마침내 획득한 시기였다.

　구체적인 자연 과학이 자연 개념에 '기초한다'는 것은 자연적 사실에 관한 구체적인 어떤 연구에서 자연 개념 전체가 추상적으로 먼저 완성되고, 이처럼 추상적인 자연 개념이 완성된 뒤에야 비로소 사람들이 구체적인 자연 과학의 상부 구조를 그 위에 세우기 시작했다는 의미는 아니다. 그것은 시간적 관계가 아닌 논리적 관계를 의미한다. 흔히 그렇듯이, 여기에서도 시간적 관계와 논리적 관계가 뒤바뀌어 있다. 경제학이나 윤리학 또는 법학에서 그렇듯이, 자연 과학에서도 사람들은 구체적인 사실들에서 출발한다. 즉, 그들은 발생하는 개별적인 문제들에 대해 따지면서 시작한다. 그들은 이러한 구체적인 사실들이 충분히 축적된 뒤에야 비로소 자신들이 해 왔던 일을 반성하고, 자신들이 지금껏 의식하지 못했던 원리들을 따라 체계적인 방식으로 그 일을 해 왔음을 발견한다.

그러나 구체적인 작업이 원리들에 대한 성찰보다 시간적으로 앞선다는 말이 과장되어서는 안 된다. 예를 들어, 자연 과학 분야, 또는 사고나 행동을 다루는 다른 어떤 분야에서, 구체적인 작업의 한 '시기', 즉 50년 또는 심지어 5년 동안 지속되는 한 '시기'가 지난 뒤에야 그 작업의 논리적 바탕을 이루는 원리들을 성찰하는 한 '시기'가 뒤따른다는 생각은 지나친 과장일 것이다. 비철학적인 사고의 '시기'와 그 뒤에 이어지는 철학적 성찰의 '시기'를 그런 식으로 비교하는 것은 아마도 헤겔(Hegel)이 잘 알려진 탄식을 통해 《법철학(Philosophie des Rechts)》의 서문 후반부에서 주장하려 했던 것일 수도 있다. 그는 "철학이 그것의 회색을 회색으로 칠할 때 삶의 한 형태는 늙어 버리며, 회색으로 칠해진 회색은 그것을 다시 젊게 하지 못하고 다만 알게 할 뿐이다. 미네르바의 올빼미는 땅거미가 내릴 때 비로소 날기 시작한다"라고 말했다. 만약 이것이 헤겔이 의도했던 것이라면, 그는 오류를 범했다. 이 오류는 마르크스(Marx)가 "지금까지 철학은 세계를 해석하는 데 그쳤으나, 핵심은 세계를 변화시키는 것이다"라고 말할 때 [《포이에르바하에 대한 명제들(Theses on Feuerbach, xi)》],

아무런 수정 없이 단지 위아래를 뒤집어 놓았던 오류다. 철학에 대한 이 불평은 헤겔의 말 그대로를 빌려온 것이다. 단지 헤겔이 모든 철학의 필수적인 특징으로 말했던 것을, 마르크스는 자신이 대변혁을 일으키기 전까지 모든 철학이 담고 있던 결함으로 제시했을 뿐이다.

사실상 성찰이 끼어들지 않고 구체적인 작업이 지속되는 경우는 거의 없다. 그리고 이 성찰은 구체적인 작업에 반응을 보인다. 왜냐하면 사람들이 사고나 행동의 기초로 삼았던 원리들을 의식하게 될 때, 그들은 그런 사고나 행동 속에서 무의식적으로나마 하려고 했던 어떤 것, 즉 그 원리들이 지닌 논리적인 함축성을 자세히 파악하려고 했던 어떤 것을 의식하게 되기 때문이다. 이 새로운 의식은 결단력이 강한 사람들에게는 새로운 힘, 즉 구체적인 문제들에 대한 자신들의 접근 방식이 옳았다는 확신을 준다. 반면에, 결단력이 약한 사람들에게 그것은 새로운 유혹, 즉 원리는 기억하면서도 그것이 적용되는 문제들의 특징들은 잊어버린 채 무언가 아는 척하고 싶은 유혹이 된다.

자연적 사실에 관한 구체적인 연구는 흔히 자연 과학 또는 간단히 과학이라 불리는 반면에, 자연 과학의 원리들이나 사고와 행동에 대한 다른 학문 분야의 원리들과 같이 '원리들에 대한 반성'은 흔히 철학이라고 불린다. 이런 식으로 말할 때, 그리고 당분간 철학을 자연 과학의 원리들에 대한 반성이라고 한정할 때, 내가 방금 말했던 것은 철학이 반성할 어떤 것을 갖기 위해서는 자연 과학이 선행되어야 한다는 말로 표현할 수 있을 것이다. 그러나 철학과 자연 과학은 서로 아주 밀접하게 연결되어 있기 때문에, 자연 과학은 철학이 시작되지 않고는 오래 지속될 수 없으며, 또한 철학은 과학자 자신이 기초했던 원리들을 새롭게 의식하는 데서 나오는 새로운 확신과 일관성을 미래의 철학에 부여함으로써 그것이 성장해 나온 과학에 반응한다.

그렇기 때문에 자연 과학은 과학자들이라고 불리는 한 집단의 사람들에게만 부과되고, 철학은 철학자들이라고 불리는 또 다른 집단의 사람들에게만 부과되어야 한다는 것은 옳지 않다. 자기 자신의 작업 원리들에 대해 한 번도 반성해 보지 않은 사람은 그에 대한 성숙한 태도를 가질 수 없다. 자신의 과학에 대해 철학적 성찰을 한 번도 해 보지 않았던 과학자는 삼류 과학자, 가짜 과학자, 또는 평범한 과학자에 지나지 않는다. 한편, 어떤 종류의 경험을 한 번도 겪어 보지 못했던 사람은 그것에 대해 반성할 수 없다. 자연 과학을 공부하거나 자연 과학 분야에서 일한 적이 전혀 없는 철학자가 그것에 대해 철학적으로 성찰한다는 것은 자신을 웃음거리로 만드는 것이다.

탁월하고도 저명한 19세기 이전 과학자들의 저술에서 드러나듯이, 그들은 항상 자신들의 과학에 대해 어느 정도 철학적인 사고를 했다. 그러나 그들이 자연 과학을 자신들의 주된 업무로 생각했음을 고려한다면, '어느 정도'라는 표현은 그들이 했던 철학적인 성찰의 정도를 과소평가하는 것이라고 보는 것이 적절하다. 자연 과학자들과 철학자들을 상대방의 분야에 대해 거의 모를 뿐만 아니라 거의 공감하지도 않는 두 집단의 전문 직업인들로 분리하는 성향은 19세기에 생겼다. 그것은 양쪽 모두에 피해를 준 부적절한 성향이었다. 그러나 그런 성향을 없애고, 또한 그 성향이 만들어 낸 오해의 폭을 좁히려는 진지한 노력이 양쪽 모두에 있었다. 그런 노력은 반드시 양쪽 모두에서 시도되어야 하며, 철학을 직업으로 하는 한 사람인 내 입장에서 할 수 있는 최선은 나 자신의 자연 과학적 경험에 대한 철학적 성찰을 시작하는 것이다. 나는 전문 과학자가 아니기 때문에 나 자신을 웃음거리로 만들 가능성이 있다는 것을 알지만, 그것들을 연결하려는 작업은 계속되어야 한다.

2. 그리스의 자연관

그리스의 자연 과학은 자연 세계에 정신(mind)이 충만하다거나 널리 퍼져 있다는 원리에 기초했다. 그리스 사상가들은 자연에 존재하는 정신이 자연 세계의 규칙 또는 질서의 근원이며, 이것의 존재가 자연 과학을 가능하게 만든다고 생각했다. 그들이 생각했던 자연 세계는 운동하는 물체(body)들의 세계였다. 그리스인들에 따르면, 운동 자체가 생명 또는 '영혼'에 의한 것이었다. 그러나 그들은 '운동 자체'와 '질서'가 별개의 것들이라고 믿었다. 그들은 정신이 인간사나 다른 모든 곳에서 발생하는 현상들의 지배자라고 생각했다. 즉, 그들은 정신이 먼저 자신에게 질서를 부여하고 그런 뒤에 그것에 속하는 다른 모든 것들에 질서를 부여하는 지배적이거나 규제적인 요소, 즉 일차적으로는 그 자체의 신체를 지배하고 규제하며, 이차적으로는 그 신체를 둘러싼 주변 환경을 지배하고 규제하는 요소라고 생각했다.

자연 세계는 끊임없이 운동하고 따라서 살아 있는 세계일 뿐만 아니라 질서 있게 또는 규칙적으로 운동하는 세계이기도 하므로, 그리스인들은 자연 세계가 생명을 가진 존재이자 지성도 가진 존재라고 생각했다. 즉, 자연 세계는 그 자체의 '영혼' 또는 생명을 가진 거대한 동물인 동시에 그 자체의 '정신'을 가진 이성적 동물이라는 것이다. 그리스인들은 지구의 표면과 그 주변에서 살아가는 생명체들의 생명과 지성은 생명력과 합리성이 충만해 있는 특별한 지역적 구조를 보여 주는 어떤 것이라고 주장했다. 따라서 그들의 생각에 따르면, 식물이나 동물은 세계의 물리적인 '신체' 조직에 물질적으로(materially) 참여하듯이, 세계 '영혼'의 생명 작용에는 정신적(psychically)으로 참여하고, 세계의 정신 활동에는 지성적으로(intellectually) 참여한다.

식물과 동물이 지구와 물리적인 유사성을 갖는다는 것은 그리스인들과 우리가 공유하는 믿음이다. 그러나 정신적인 유사성이나 지성적인 유사성을 갖는다는 생각은 우리에게 생소하며, 우리가 문헌에서 발견하는 그리스 자연과학의 유물을 이해하는 데 어려움을 야기한다.

3. 르네상스의 자연관

이 장의 시작 부분에서 언급했던 세 가지 우주론적 사고들 가운데 두 번째 것은 16세기와 17세기에 발생했다. 나는 이 시기의 자연관을 '르네상스' 우주론이라고 부르자고 제안한다. 이 명칭은 그다지 좋은 명칭은 아니다. 왜냐하면 '르네상스'라는 단어는 사상사의 이른 시기, 즉 이탈리아에서 시작되었던 14세기의 인문주의, 그리고 같은 나라에서 시작되었던 14세기와 15세기의 플라톤적인 우주론과 아리스토텔레스적인 우주론에 적용되었던 명칭이기 때문이다. 내가 지금부터 설명할 우주론은 원칙적으로 그 이론들에 대한 반발이었으며, 따라서 아마도 그 시기를 '후기 르네상스'라고 부르는 것이 더 적절할 수도 있다. 그러나 이것은 매끄럽지 못한 용어다.

미술사학자들은 내가 다루고 있는 시기 가운데 일부를 '바로크(baroque)'라는 형용사로 부르는데, 이 표현은 17세기에 유행했던 좋지 않은 취향을 조롱하기 위한 목적으로 형식 논리학의 전문 용어를 빌린 것이다. 그러나 그 용어를 사용해서 갈릴레오, 데카르트, 뉴턴의 자연 과학을 묘사한다면, 그 시대는 '훌륭한 바로크(bien baroque)' 시대라고 불러야 할 것이다.[1] 한편, 중세 건축에 적용되었던 고딕(gothic)이라는 단어는 그 본래의 의미를 상실하고 있으며, 지금은 단지 어떤 특정한 건축 양식을 설명하는

---

[1] 이것은 생시몽(Saint-Simon)의 표현으로서 리트레(Littré)의 저서에도 인용되었고, 또한 크로체(Benedetto Croce)의 《이탈리아 바로크 시대의 역사(Storia della Elà barocca in Italia)》(Bari, 1928) 22쪽에도 인용되어 있다. "바로크라는 개념은 극단으로 치닫는 우스꽝스러움이란 개념을 끌어낸다(L'idée du baroque entraîne avec soi celle du ridicule poussé à l'excès)"라는 《백과사전(Encyclopédie)》의 문장과 "바로크는 기괴함의 최상급이자 우스꽝스러움의 초과다(Barocco è il superlativo del bizzarro, l'eccesso del ridicolo)"라는 밀리치아(Francesco Milizia)의 《회화 미술 사전(Dinoraio delle belle arti del disegno)》(1797) 문장 참조. 이 두 가지는 모두 크로체의 위 저서 23쪽에 인용되어 있다.

용어가 되었다. 그렇지만 내가 알기로는 아퀴나스(Aquias, 1224~1274)[2]나 스코투스(Scotus, 1266~1308)의 철학을 '고딕 철학'이라 불렀던 사람은 아무도 없으며, 지금은 건축 분야에서조차 그 용어를 거의 사용하지 않고 있다. 따라서 나는 르네상스에 대한 나의 의미를 새롭게 정의하고, 또한 기존의 사용법을 벗어나는 데 대해 양해를 구하면서, 그 시기를 '르네상스'라는 용어로 부를 것이다.

그리스인들의 견해에 반박하는 형태를 취하기 시작하는 르네상스의 자연관은 코페르니쿠스(Copernicus, 1473~1543), 텔레시오(Telesio, 1508~1588)[3], 그리고 브루노(Bruno, 1548~1600)의 작품 속에 나타난다. 이 반박의 핵심은 물리 과학에 의해 탐구되는 세계인 자연 세계가 하나의 유기체라는 주장이 틀린 주장이며, 세계는 지성도 갖지 않고 생명도 갖지 않는다는 주장이다. 즉, 세계는 그 자체의 운동을 이성적인 방식으로 규제할 수 없으며, 또한 사

---

2) (옮긴이 주) 아퀴나스의 탄생 연노는 1224년 또는 1225년으로 확실하지 않으나, 국내 서양중세철학회에서는 2025년도를 그의 탄생 800주년으로 간주한다.

3) (옮긴이 주) 텔레시오는 1509년에 태어났다고 알려져 있으나, 콜링우드는 1508년으로 적고 있다.

실상 그것은 스스로 운동할 수도 없다는 것이다. 세계가 보여 주고 물리학자가 탐구하는 운동들은 외부로부터 부여된 것이며, 또한 그 운동들의 규칙성도 그와 마찬가지로 외부로부터 부여된 '자연법칙들'에 의한 것이다. 이제 자연 세계는 더 이상 유기체가 아닌 기계다. 즉, 자연 세계는 문자 그대로 기계이자 그 고유한 의미에서의 기계이며, 자연 세계의 외부에 존재하는 지성적인 정신에 의해 함께 설계되고 배열됨으로써 어떤 특정한 목적을 지향하게끔 작동되는 물질적 부분들의 결합에 불과하다. 그리스인들과 마찬가지로, 르네상스 사상가들도 자연 세계의 '질서'를 지성의 상징으로 생각했다. 그러나 그리스인들에게는 이 지성이 자연 자체의 지성이었던 반면에, 르네상스 사상가들은 그것이 자연 이외의 어떤 것의 지성, 즉 자연을 창조하고 지배하는 신의 지성이라고 생각했다. 이것이 바로 그리스의 자연 과학과 르네상스 자연 과학의 근본적인 차이점이다.

이 우주론들은 관심의 초점을 자연(nature)에서 정신(mind)으로 전환하는 새로운 견해로 각각 이어졌다. 그리스 사상사에서 이런 관심의 변화는 소크라테스와 더불어 시작되었다. 소크라테스 이전의 사상가들이 윤리학, 정치학, 또는 심지어 논리학과 지식 이론(인식론)을 경시했던 것은 아니지만, 그들의 주된 관심은 자연 연구에 집중되어 있었다. 소크라테스는 이러한 강조점을 전환해 윤리학과 논리학에 생각을 집중했으며, 이때부터 정신에 관한 연구가 지배적인 위치를 차지하고 자연에 관한 연구는 두 번째 위치를 차지하게 되었다. 그러나 심지어 플라톤도 자연에 관한 연구를 완전히 잊었던 것은 결코 아니었으며, 사실상 일반적으로 알려진 것보다 훨씬 더 많이 자연에 관해 연구했다.

   소크라테스와 그 후계자들이 했던 정신에 관한 그리스의 연구는 자연에 관한 연구에서 이미 얻었던 결과들과 밀접하게 연결되었을 뿐만 아니라 그 결과들을 통해 수정되었다. 소크라테스, 플라톤, 그리고 아리스토텔레스가 연구했던 정신은 다른 무엇보다도 항상 자연의 '내부에' 있는 정신이었다. 또한 그 정신은 신체를 통제함으로써 자기를 드러내는 정신, 즉 '신체 내부에 있는 정신' 또는 '신체의 정신'이었다. 정신이 신체를 초월한다는 개념을 그 철학자들이 어쩔 수 없이 인정해야 했을 때, 그들은 그러한 발견이 자신들에게 얼마나 역설적으로 보였으며, 또한 그 개념이 자신들의 습관적인 또는 (우리가 때때로 말하듯이) '본능적인' 사고방식과 얼마나 동떨어졌는가를 분명하게 밝히는 방식으로 글을 적었다. 플라톤의 대화록에 등장하는 소크라테스가 이성적인 영혼 또는 정신이 신체에서 분리되어 작용한다고 주장할 때, 즉 (지식 이론을 논의하면서) '욕구와 감각이라는 신체적 정신'을 '신체의 도움이 전혀 없이 완전히 독립적이고 자족적인 이성적 영혼의 작용으로 인해 야기된 형상들에 관한 순수하게 지성적인 파악'과 대조할 때, 또는 (불멸성 원리를 설명하면서) 이성적인 영혼은 그 영혼이 속한 신체의 출생이나 죽음에 의한 영향을 전혀 받지 않고 영원한 삶을 누린다고 주장할 때, 소크라테스는 자신이 지속적인 불신과 오해에 직면하게 되리라는 것을 충분히 예견하고 있었다.

아리스토텔레스에게서도 같은 어조가 발견된다. 그는 '영혼'을 '유기적인 신체의 엔텔레키(entelechy, 현실태)', 즉 '유기체의 자기 보존적 활동'으로 정의하는 것이 당연하다고 생각한다. 그러나 그가 누스(νούς), 즉 지성(intellect) 또는 이성(reason)이 어떤 의미에서는 '영혼'의 일부임에도 불구하고, 신체 기관을 갖지 않을 뿐만 아니라 감각과 달리 그 자체의 고유 대상들에 의한 영향도 받지 않기 때문에(《영혼에 관하여》 429a 15 등), 그것은 그것의 사고 작용과 결코 다른 것이 아니며(429a 21-2) 또한 육체로부터 '분리될' 수도 있다(429b 5)고 말할 때, 그는 그 정의가 불가사의하고도 어려운 학설을 설명하고 있다는 것을 알고 있다. 이 모든 것은, 소크라테스 이전의 일반적인 물리학적 지식에서 우리가 기대할 수 있는 것이 무엇인가를 보여 준다. 즉, 대체로 그리스 사상가들은 정신이 본질적으로 신체에 속하며, 또한 신체와 아주 밀접하게 결합해 살아간다는 것을 당연시한다. 그리고 그들은 이러한 결합을 부분적이거나 간헐적이거나 또는 불안정한 것으로 생각해야 할 이유에 직면하게 될 때, 그것이 어떻게 그럴 수 있는가를 알기 위해 고심한다.

르네상스인들의 사고에서 사물들의 이러한 상태는 완전히 뒤바뀐다. 데카르트(Descartes, 1596~1650)에 따르면, 육체는 하나의 실체이고 정신은 또 다른 하나의 실체다. 그것들은 각자의 법칙에 따라 서로 독립적으로 작용한다. 그리스인들의 사고에서 근본적이고 자명한 공리(axiom)는 정신이 신체 내부에 내재한다는 그것의 내재성이었던 반면에, 데카르트에게 근본적이고 자명한 이치는 정신의 초월성을 의미했다. 데카르트는 초월성이 이원론으로까지 이어져서는 안 된다는 것을 아주 잘 알고 있었다. 그러나 정신과 육체는 어떤 식으로든 연결되어야만 했다. 그렇지만 우주론에서 그는 신(God)이 없이는 어떤 연결점도 찾을 수 없었으며, 개별적인 인간의 경우에 그는 그 연결점을 송과선(pineal gland, 솔방울샘)에서 찾는 절박한 상황으로 몰렸다. 해부학자이기도 했던 데카르트는 송과선의 다른 어떤 기능을 발견할 수 없었기 때문에,[4] 그것이 육체와 영혼을 연결하는 기관이 분명하다고 생각했다.

실체의 통합성을 주장했던 스피노자(Spinoza, 1632~

1677)의 경우에도 더 나은 것이 없다. 왜냐하면 그의 철학에서 사고와 연장성(extension, 공간을 차지하는 성질—옮긴이)은 단일한 실체의 완전히 다른 두 가지 속성들이며, 각각의 속성은 다른 속성을 완전히 초월한다. 따라서 18세기에 철학적 사고의 무게 중심이 자연에 관한 이론에서 정신에 관한 이론으로 전환했을 때, 소크라테스가 그리스인들에게 그랬듯이 핵심적인 위치에 있던 버클리(Berkeley, 1685~1753)에게 자연에 관한 문제는 불가피하게 "정신이 그 자체와 완전히 다른 어떤 것, 즉 본질적으로 기계적이고 비정신적인 어떤 것인 자연과 어떻게 연결점을 가질 수 있는가?"라는 질문 형태로 제시되었다. 이것은 사실상 버클리, 흄(Hume, 1711~1776), 칸트(Kant, 1724~1804), 그리고 헤겔(Hegel, 1770~1831) 등과 같이 위대한 지성을 가진 철학자들이 다루었던 자연에 관한 유일한 질문이었다. 모든 경우에 그들의 대답은 근본적으로 동일했다. 즉, 정신이 자연을 만든다는 것이다. 다시 말해서, 자연은 자율적인 동시에 자존적인 정신 활동의 부산물

---

4) (옮긴이 주) 사람의 눈, 코, 입이나 팔, 다리는 물론이고, 폐나 신장 등과 같은 많은 신체 기관들이 두 개로서 쌍을 이루는 데 반해 송과선은 두 개가 아니라 단지 한 개만이 있기 때문에, 데카르트는 그곳이 영혼과 육체가 처음으로 영향을 주고받는 장소라고 생각했다고도 한다.

이라는 것이다.

나는 이러한 관념론적인 자연관에 대해 나중에 더 자세히 논의할 것이다. 여기에서 나는 그 견해가 결코 의미하지 않았던 두 가지 점이 있다는 것만을 분명히 밝히고 싶다. 그 견해는 자연 그 자체가 정신적이라거나, 또는 자연이 정신적인 어떤 것으로 만들어졌다는 것을 결코 의미하지 않았다. 그와 반대로, 그 견해는 자연이 근본적으로 비정신적이거나 또는 기계적이라는 가정에서 출발했고, 결코 그 가정을 포기하지 않았다. 그 견해는 자연이 본질적으로 정신과는 다른 어떤 것, 즉 정신의 다른 반쪽이거나 또는 정신과 상반된 어떤 것이라는 입장을 취했다. 둘째, 그 견해는 결코 자연이 정신적인 환각이나 꿈, 즉 존재하지 않는 어떤 것이었다는 것을 의미하지 않았다. 그와 반대로, 그 견해는 항상 자연이 사실상 '나타나 보이는 그대로의 것(what seems to be)'이라는 입장을 취했다. 즉, 자연은 그 자체로서는 존재하지 않는 정신의 산물이지만, 실제로 산출되었으며 또한 실제로 산출되었기 때문에 실제로 존재하는 산물이었다.

이 두 가지 오류에 대한 경고가 필요하다. 왜냐하면 20세기적 개념에 지나치게 집착해 18세기의 사상을 전혀 이해하지 못하는 현대 작가들은 그 오류들이 마치 진리라도 되는 듯이 자신들의 저서에서 계속 반복적으로 가르쳐 왔기 때문이다. 어떤 면에서는 그 오류들이 그다지 나쁘지 않을 수도 있다. 왜냐하면 옛 조상들의 사고를 벗어난다는 것은 일종의 진보이기 때문이다. 그러나 그것은 자신들이 지금은 이해하지 못하는 개념들에 대해 역사적인 서술을 할 자격을 부여하는 그런 종류의 진보는 아니다. 그리고 그 작가들이 과감히 그런 진술들을 하고, 또한 헤겔에게는 "물질적인 특성들은 정신적인 어떤 특성들의 기만된 모습들이다"[5]라고 말하거나, 또는 버클리에 따르면 "녹색에 대한 경험은 녹색과 전혀 구별될 수 없다"[6]라고 말할 때, 그 철학자들의 개인적인 업적과 학문적인 지위에 대한 존경심 때문에 그 작가들이 스스로 이해하지 못하는 어떤 것에 대해 그릇된 진술들을 하고 있다는 사실을 독자에게 숨겨서는 안 될 것이다.

자연을 지성적인 유기체로 보는 그리스인들의 견해는 유비(analogy)에 기초한다. 그 유비는 자연 세계와 개별적인 인간의 유비다. 인간은 개별자인 자기 자신에게서 어

---

5) 찰리 브로드(Charlie D. Broad), 《자연에서 마음과 그것의 위치(The Mind and its Place in Nature)》, 1928, p. 624.

6) 조지 무어(George E. Moore), 《철학적 탐구(Philosophical Studies)》, 1922, p. 14. 버클리의 이름이 언급되진 않았지만, 그를 가리키는 것으로 보인다.

떤 특성들을 찾기 시작하고, 결국 자연도 그와 비슷한 특성들을 가졌으리라고 생각하게 된다. 또한 인간은 자의식적 작업을 통해 자신이 주기적으로 끊임없이 운동하는 부분들로 구성된 신체이며, 이 운동들이 정교하게 서로 연결되어 있어서 전체의 생명력을 보존하게 된다고 생각한다. 이와 동시에 인간은 자신이 신체 자체의 욕구에 따라 그 신체의 활동을 이끄는 정신이란 사실을 발견한다. 이렇게 해서, 자연 세계 전체는 인간이라는 소우주에 유비되는 대우주로 설명된다.

자연을 하나의 기계로 보는 르네상스의 견해도 근본적으로는 유비에 근거하지만, 그것은 현저하게 다른 사고의 순서를 전제한다. 첫째, 르네상스의 견해는 창조적이고 전능한 신에 대한 기독교적 사고를 바탕으로 한다. 둘째, 그것은 기계를 설계하고 만드는 인간의 경험에 기초한다. 그리스인들과 로마인들은 기계를 많이 사용하는 사람들이 아니었다. 즉, 그들이 사용했던 투석기와 물시계는 그들 자신과 세계의 관계에 대한 사고방식에 영향을 미칠 만큼 삶에서 아주 두드러진 특징은 아니었다. 그러나 16세기에 이르기까지 산업 혁명이 잘 진행되고 있었다. 인쇄기와 풍차, 지렛대와 펌프와 도르래, 시계와 외바퀴 손수레, 그리고 광부들과 기술자들이 사용하던 다양한 기계는 일상적인 삶에 정착된 특징들이었다. 모든 사람들이 기계의 성질을 이해했고, 기계의 제작과 사용은 유럽인들이 지닌 보편적인 의식의 일부가 되었다. 신과 자연의 관계가 시계 제작자나 풍차 제작자가 시계나 풍차에 대해 갖는 관계와 같다는 생각은 자연스러운 것이었다.

4. 현대의 자연관

현대의 자연관은 그리스와 르네상스의 우주론에서 영향을 받았지만, 그것들과는 근본적으로 다르다. 현대의 자연관은 아직 초기 단계이고, 또한 그 견해들이 체계적인 이념으로 성숙해질 시간을 아직 갖지 못했기 때문에, 그 차이점들을 체계적으로 진술하기는 쉽지 않다. 우리는 새로운 우주론보다는 새로운 우주론적 실험들을 많이 접한다. 르네상스의 관점에서 본다면 이 실험들은 모두 상당히 불안하며, 또한 그것들이 어느 정도는 우리가 단일한 정신으로 인식할 수 있는 것에 의해 활성화되었지만, 그 정신이 무엇인지 정확히 정의하기는 매우 어렵다. 그러나 우리는 그것이 기초한 경험의 종류를 기술할 수 있고, 따라서 현대 자연관의 출발점을 보여 줄 수는 있다.

과거의 우주론들과 마찬가지로 현대의 우주론도 유비에 기초한다. 이 우주론의 새로운 점은 그것의 유비가 새롭다는 것이다. 그리스 자연 과학은 (인간이 자의식 속에서 자기 자신을 드러내 보이듯이) '대우주인 자연'과 '소우주인 인간'의 유비에 기초했고, 르네상스의 자연 과학은 '신의 작품인 자연'과 '사람의 작품인 기계'의 유비에 기초했다(이와 동일한 종류의 **유비**가 18세기의 버틀러가 집필했던 저서의 전제가 되었다).[7] 이와 마찬가지로, 18세기 후반에 이르러 처음 표현되기 시작했고, 또한 그 후로 오늘날에 이르기까지 비중이 커지고 더 확고하게 정립되었던 현대의 자연관은 '자연 과학자들에 의해 연구된 자연 세계의 진행 과정'과 '역사학자들에 의해 연구된 인간 역사의 발전과 쇠퇴(vicissitude)'의 유비에 기초한다.

르네상스 시대의 유비와 마찬가지로, 현대의 유비도 일정한 조건들이 충족된 뒤에야 시작될 수 있었다. 내가 이미 지적했듯이, 르네상스의 우주관은 기계의 제작과 사용에 대한 일반인의 보편적인 친밀감에서 비롯했다. 16세기는 그러한 친밀감을 획득했던 시기였다. 반면에, 현대의

---

[7] 조셉 버틀러(Joseph Butler), 《자연의 구성과 과정에 대한 종교, 자연, 그리고 계시의 유비(The Analogy of Religion, Nature and Revealed, to the Constitution and Course of Nature)》, Oxford ed., 1897, p. 10, "그렇다면 이 방법은… 분명히 결정적이고… 나의 계획은 그것을 적용하는 것이다. …**자연을 만든 지성적인 제작자가 있다는 것을 증명된 것으로 여기고**…"(굵은 글씨는 내가 강조한 것이다).

우주관은 널리 퍼진 역사 연구에 대한 일반인의 친밀감에서 비롯했는데, 특히 그것은 과정, 변화, 그리고 발전 등의 개념들을 사람들의 마음속 깊이 새겼고, 또한 그런 개념들을 역사에 대한 사고의 근본 범주로 인식했던 역사학적인 연구 유형에 대한 일반인의 친밀감에서 비롯했다. 이런 종류의 역사는 18세기 중엽에 처음 등장했다.[8] 베리(Bury)는 튀르고(Turgot)의 《보편 역사에 대한 노고(Discours sur l'histoire universelle)》(1750)와 볼테르(Voltaire)의 《루이 14세 시대(Le Siècle de Louis XIV)》(1751)에서 그것을 처음 발견한다. 그것은 《백과사전(Encyclopédie)》(1751~1765)에서 발전했고, 그런 뒤에 상식적인 것이 되었다. 그 후 자연 과학의 용어로 변형되어 반세기 동안 사용되었던 '진보(progress)'라는 개념은 또 다른 반세기 동안에 에라스무스 다윈(Erasmus Darwin, 1731~1802)의 《동물학(Zoonomia)》(1794~1798)[9]과 라마르크(Lamarck, 1744~1829)의 《동물 철학(Philosophie

---

[8] 존 베리(John Bury), 《진보라는 개념(The Idea of Progress)》, 1924, ch. VII.

[9] 브리타니카 백과사전에 따르면, 이 저술은 1794~1796년에 집필되었다(https://www.britannica.com/topic/Zoonomia-or-The-Laws-of-Organic-Life 참조).

zoologique)》(1809)에 나타나는 '진화(evolution)'라는 개념으로 유명해졌다.

가장 좁은 의미의 진화론은 살아 있는 유기체들의 종(species)이 영원히 고정되고 불변하는 유형이 아니라 시간의 흐름에 따라 생성하거나 소멸할 수도 있는 유형이라는 학설을 말한다. 찰스 다윈(Charles Darwin, 1809~1882)이 이 학설을 최초로 설명했던 인물은 아니지만, 그 학설은 특히 그의 이름과 연결되어 소개된다. 그러나 이 학설은 훨씬 더 넓은 분야에서 사용될 수도 있고 또한 사실상 사용되었던 성향에 대한 한 가지 표현에 불과하다. 이것은 지금까지 변화하지 않는다고 여겼던 것이 실제로는 변화할 수 있는 것이라고 주장함으로써, 자연 세계에 변화하는 요소와 변화하지 않는 요소가 있다는 고대의 이원론을 해결하려는 성향이었다. 이러한 성향이 검토되지 않은 채로 사용되고, 자연 내부의 불변하는 요소라는 개념이 완전히 제거될 때, 그 결과는 '급진적 진화론', 즉 20세기까지도 미숙했으나 베르그송(Bergson, 1859~1941)이 비로소 체계적으로 설명했던 이론인 '급진적 진화론'으로 불릴 수 있을 것이다.

베르그송보다 100여 년 전에 이미 다양한 자연 과학 분야에서 작동하고 있었던 것으로 보이는 그 성향의 기원은 18세기 후반의 역사학 운동(historical movement)과 그것이 확산하면서 더욱 발전했던 19세기의 역사학 운동에서 발견할 수 있다.

다윈이 생물학 분야에 구체적으로 적용하는 것을 목격했던 사람들이 알았듯이, '진화'라는 개념은 인간의 사상사에서 가장 중요한 위기를 보여 줬다. 그러나 특히 허버트 스펜서(Herbert Spencer, 1820~1903)의 시도처럼, 그 개념을 철학적으로 설명하려는 최초의 시도들은 초보적이었고 또한 결정적이지 못했다. 더구나 그 시도들이 적절하게 야기했던 비판은 그 개념 자체에 대한 더 철저한 탐구로 이어지지 않고 오히려 그런 탐구 자체가 시도할 가치가 없다는 믿음으로 이어졌다.

논란의 핵심은 "어떤 조건하에서 지식이 가능한가?"라는 아주 포괄적인 질문이었다. 그리스인들에게, "어떤 것이 불변하지 않는다면 그것은 알 수 없다(nothing is knowable unless it is unchanging)"는 것은 하나의 공리(자명한 이치-옮긴이)였다. 또한 그들에 따르면, 자연 세계는 지속적이면서도 변화가 충만한 세계였다. 따라서 자연과학이 불가능하다는 결론이 뒤따를 것처럼 보였을 것이다. 그러나 르네상스의 우주론은 한 가지 구분을 통해 그런 결론을 피했다. 즉, 르네상스의 우주론은 우리의 감각에 나타나는 자연 세계를 알 수 없다고 인정했지만, 그럼에도 불구하고 이른바 '제2성질들(secondary qualities)'이라고 불리는 이 세계의 배후에는 다른 것들, 즉 '불변하기 때문에 알려질 수 있는 자연 과학의 진정한 대상들'이 놓여 있다고 주장했다. 그들의 주장은 다음과 같다. 첫째, '실체(substance)'나 '물질(matter)'처럼 변화하지 않는 어떤 것이 있으며, 그것의 변화하는 배열들과 성향들이 우리의 감각에 제2성질의 형태를 취한 현상들로 나타나는 실재자들(realities)이다. 둘째, 그러한 배열들이나 성향들을 변화하게 만드는 '법칙들'이 있다. 이 두 가지의 것들, 즉 물질과 자연법칙이 자연 과학의 불변하는 대상들이다.

지각되는 자연 세계에서 발생하는 변화의 토대(substrate)[10]로 간주되는 '물질'과 그 변화를 발생하게 만드는 '법칙'의 관계는 무엇인가? 나는 이 질문에 대한 자세한 논의 없이, 다만 그 관계가 위에서 두 번 언급했던 것을 의미한다고 감히 주장할 것이다. 그 가운데 어떤 하나를 주장하는 동기는 다음과 같은 생각, 즉 우리가 감각을 통해 지각하듯이 '변화하며, 따라서 알 수 없는 자연의 현상'

---

10) (옮긴이 주) 이 단어는 철학에서 주로 '기체(基體)'라고 옮겨지는데, 이 기체는 변화의 과정에서 아무런 변화 없이 유지되는 어떤 것을 의미한다. 아리스토텔레스의 경우에 그것은 '물질'을 의미하기도 하는데, 변화의 과정에서 그 물질은 변화하지 않고 다만 형상만이 대체된다고 생각한다(이와 관련해서는 유원기, 《자연은 헛된 일을 하지 않는다》, 파주 : 서광사, 2009, 특히 pp. 102~103 참조).

배후에는 '불변하며, 따라서 (오랫동안 존중되었던 공리에 따르면) 알 수 있는 어떤 것'이 필요하다는 생각이다.

이처럼 '변화하지 않는 어떤 것'은 두 가지 방향에서 동시에 추구되었거나, 또는 (말하자면) 두 가지 용어로 동시에 설명되었다. 첫째, '우리가-지각하는-그대로의-자연'에서 '분명하게 변화하는 모든 것'을 제거함으로써 '변화하지 않는 것'을 발견하려 했다. 그렇게 할 때, 자연 세계의 형태에는 '변화하지 않기 때문에 마침내 알려질 수 있는' 잔여물이 남는다. 둘째, 변화하는 것들의 불변하는 관계를 탐색함으로써 '변화하지 않는 것'을 발견하려 했다. 다음과 같이 다른 방식으로 말할 수도 있다. 그 '불변하는 어떤 것'이 처음에는 (이오니아학파 철학자들이 그랬듯이) '물질론'의 어휘로 설명되었고, 나중에는 (피타고라스학파 철학자들이 그랬듯이) '관념론'의 어휘로 설명되었다. 여기에서 '물질론'은 사물들이 무엇으로 만들어졌는가를 물음으로써 그것들을 이해하려는 시도이고, '관념론'은 "A가 B로 만들어졌다"라는 것이 무슨 의미인가를 물음으로써 그것들을 이해하려는 시도다. 즉, 이것들은 '그것에 어떤 형상이 부여되었는가'와 '그것이 무엇으로 구성되었는가'를 구분하려는 시도다.

만약 '불변하는 어떤 것'이 그 탐구들 가운데 하나를 통해 발견되거나, 또는 그 두 가지 어휘들 가운데 하나로 설명된다면, 다른 하나는 불필요하게 된다. 이처럼 17세기에 평화롭게 공존했던 '물질론'과 '관념론'이 18세기에는 점차 경쟁적인 이론들이 되고 있었다. 자연이 '연장성(extension)'과 '사고(thought)'라는 두 가지 '속성들'을 통해 그 자체를 인간의 지성에 드러낸다는 것이 스피노자에게는 명백했다. 여기에서 '연장성'은 하늘, 나무, 잔디 등과 같은 시각적인 색깔들의 부분들과 같이 눈에 보이는 시각적인 연장성이 아니라 기하학의 지성적인 '연장성', 즉 데카르트가 '물질(matter)'과 동일시했던 '연장성'을 의미한다. 또한 '사고'는 정신적인 사고 작용이 아니라 자연 과학자의 사고 대상인 '자연법칙'을 의미한다. 스피노자는 자연의 진정한 모습이 그와 같은 두 가지 '속성들'로 '표현된다'고 주장하기도 한다. 달리 말하자면, 스피노자는 '물질론자'인 동시에 '관념론자'였다. 그러나 로크(Locke)가 "실체에 관한 학문은 없다"고 주장했을 때, 그는 위의 질문에 대한 '물질론'적인 답변을 포기하고 '관념론'적인 답변으로 충분하다고 선언했다. 여기에서 질문은 "'지각하는 그대로의 자연'의 끊임없는 운동의 내부나 배후, 또는 어쨌든 그 운동에 속하는 것에서, 이렇게 우리가 '불변하며, 따라서 알 수 있는 어떤 것'을 발견할 수 있는가?"에 대한 것이었다. 그러나 현대 자연 과학 또는 진화론적 자연 과학에서는 이런 질문이 제기되지 않으며, 또한 그 질문에 대한 두 가지 답변들인 '물질론'과 '관념론' 사이의 논쟁은 더 이상 아무런 의미가 없다.

그런 논쟁이 아무런 의미가 없게 된 이유는 19세기 초에 이르러 그 이론들의 전제에 획기적인 변화가 발생했기 때문이다. 그때까지 역사학자들은 끊임없이 변화하는 인간 세계의 배후에 불변하는 바탕이나 불변하는 법칙들이 없다고 생각하는 훈련을 스스로 했고, 또한 자신들이 과학적으로 사고할 수 있다는 것을 발견했기 때문이다. 지금까지 역사는 스스로를 하나의 학문으로, 즉 확고하고도 논증적으로 정립된 결론들을 갖는 진보적인 탐구로 정립했다. 이처럼 끊임없이 변화하는 대상들에 대한 과학적 지식이 가능하다는 것이 실험을 통해 입증되었다. 다시 말해서, 인간의 자의식(이 경우에는 인간의 통합적인 자의식), 즉 인간 자신의 통합적인 행동들에 대한 역사적 의식이 자연에 관한 사고에 실마리를 제공했다는 것이다. 과학적으로 알 수 있는 변화 또는 과정이라는 역사학적인 개념이 진화라는 이름으로 자연 세계에 적용되었다.

5. 위 견해의 결과들

이러한 새로운 자연 개념, 즉 역사와의 유비에 기초하

는 진화론적 개념은 그것이 기초하는 핵심적인 개념에서 필연적으로 도출되는 어떤 특징들을 갖는다. 그 가운데 몇 가지를 언급하는 것이 유용할 것이다.

(1) 더 이상 순환적인 변화가 아니라 진보적인 변화

내가 첫 번째로 언급할 것은 자연 과학자의 마음속에서 변화라는 개념이 새로운 특징을 갖게 되었다는 것이다. 그리스, 르네상스, 그리고 현대의 사상가들은 모두 자연 세계의 모든 것들이 우리가 지각하듯이 지속적인 변화의 상태에 있다는 데 동의했다. 그러나 그리스 사상가들은 이러한 자연의 변화가 근본적으로 항상 순환적이라고 생각했다. 그들은 'a라는 상태에서 b라는 상태로의 변화'가 '항상 b의 상태에서 a의 상태로 회귀함으로써 그 변화를 완성하는 과정의 한 부분'이라고 생각했다. 그러나 그리스 사상가들이 동물이나 식물 등의 유기체가 노화하는 경우처럼 그런 회귀를 허용하지 않는 변화, 즉 순환하지 않는 변화의 존재를 인정할 수밖에 없을 때, 그들은 그것을 '완성되었다면 순환했을 변화의 손상된 조각'으로 간주했다.

또한 그들은 동물이나 식물이나 또는 다른 어떤 것이 그런 조각을 보이는 것이 바로 그런 이유에서, 즉 이상적으로는 모든 변화가 보여야 하는 순환적인 변화를 보이지 않는다는 바로 그런 이유에서 결함을 갖는다고 생각했다.

그와는 달리, 순환하지 않는 변화는 그 자체로서 불완전한 것이 아니라 불완전하게 알려진 것으로 간주하는 것도 종종 가능했다. 즉, 그것이 순환적인 변화임에도 불구하고 우리가 알지 못하는 어떤 이유로 인해서 단지 그 순환의 일부만을 지각할 수 있다는 것이다. 변화가 근본적이라고 생각하는 이 성향, 또는 변화가 진보적인(여기에서 진보는 항상 새로운 어떤 것으로 진행하는 변화를 의미하며, 반드시 더 나아진다는 것을 함축하지는 않는다) 것이 아니라 순환적인 변화로서의 고유한 그 성향의 성질을 실현하거나 보여 줄 수 있는 것이라고 생각하는 이 성향은 역사적으로 그리스인들의 사고에 일관되게 나타나는 특징이었다. 이런 특징을 뚜렷하게 보여 주는 한 가지 사례는 이오니아로부터 아리스토텔레스에 이르기까지 그리스 우주론에 빈번하게 나타났던 학설로서, 이 학설에 따르면 세계-유기체(world-organism)의 총체적 운동, 즉 자연 세계의 다른 모든 운동들이 파생되어 나오는 운동은 균일한 원운동이다.

현대적 사고는 사물들의 이런 상태에 대해 정반대로 생각한다. "역사는 결코 스스로 반복하지 않는다"는 원리에서 나오는 진보(progress) 또는 발전(development)이라는 개념에 지배된 현대인들은 자연 세계가 아무것도 반복하지 않는 이차적 진보의 세계, 즉 역사와 마찬가지로 새로운 것이 끊임없이 출현하는 세계라고 생각한다. 변화는 근본적으로 진보적이다. 즉, 순환하는 것처럼 보이는 변화들도 실제로는 순환하지 않는 것들이다. 그것들은 단지 겉으로만 순환적일 뿐이고 실제로는 진보적이라고 설명하는 것이 항상 가능하다. 이것은 다음 중 하나로 설명할 수 있다. 주관적으로는 동일하다고 생각해 온 것들이 사실은 유사할 뿐이라고 말하거나, 또는 객관적으로는 (은유적으로 말하자면) 원운동 또는 순환 운동이라고 여겨졌던 것이 사실은 나선형의 운동, 즉 반경이 끊임없이 변하거나 중심이 끊임없이 바뀌는 것이라고 말하거나, 또는 그 두 가지 모두라고 말하는 것이다.

(2) 더 이상 기계적이지 않은 자연

'진화'라는 개념을 자연 과학에 도입할 때 얻는 부정적인 결과는 자연에 대한 기계론적인 개념을 포기해야 한다는 것이었다.

하나의 동일한 사물이 기계인 동시에 발전하거나 진화하는 것이라고 말하는 것은 불가능하다. 발전하는 어떤 것이 기계들을 만들 수는 있겠지만, 그것이 기계일 수는 없다. 따라서 진화론에 따르면, 자연 내부에 기계들이 있을 수는 있지만 자연 그 자체가 기계일 수는 없으며, 또한 기계론적인 용어들을 사용해 그것의 어떤 부분들을 전체적으로 또는 완전하게 기술할 수는 없다.

기계는 본질적으로 완성된 제품 또는 닫힌 체계(closed system)다. 그것이 완성될 때까지 그것은 기계가 아니다. 그것이 만들어지는 동안 그것은 기계로서 기능하지 않는다. 그것이 완성될 때까지 그것은 기능을 할 수 없다. 따라서 그것은 결코 발전할 수 없다. 왜냐하면 (예를 들어, 새끼 고양이가 어미 고양이로 성장하기 위해 작용하듯이) 발전한다는 것은 아직 되지 않은 어떤 것이 되기 위해 작용한다는 것이며, 완성되지 않은 상태의 기계는 어떤 것으로도 작용할 수 없다. 기계가 그 자체의 기능을 통해 스스로 산출할 수 있는 유일한 변화는 고장 나거나 마모되는 것이다. 이것은 발전의 경우가 아니다. 왜냐하면 이것은 새로운 어떤 기능들을 획득하는 것이 아니라 기존에 가졌던 기능들을 잃는 것이기 때문이다. 따라서 정상적으로 작동하는 증기선은 고장 난 증기선이 할 수 있는 모든 기능들뿐만 아니라 그 외의 다른 기능들도 수행할 수 있다. 곡식 운반기가 곡식 더미를 쌓듯이, 기계는 그것이 작동하는 것 내부에 일종의 발전을 가져올 수도 있다. 그러나 만약 기계가 계속 작동한다면, 그 발전은 다음 단계에서 취소되어야만 하며(예를 들어, 곡식 더미는 다른 곳으로 치워져야만 한다), 단계들의 순환이 발전을 대신할 것이다.

(3) 목적론의 재등장

위의 부정적인 결과가 가져온 긍정적인 귀결은 기계론적 자연관이 추방했던 목적론이라는 이론이 자연 과학에 다시 등장했다는 것이다. 만약 자연 세계가 하나의 기계이거나 또는 기계들의 합이라면, 그 내부에서 발생하는 모든 것은 '작용인(또는 능동인)'에 의한 것이다. 여기에서 작용인은 아리스토텔레스적인 의미의 작용인이 아니라, 충격, 인력, 반발력 등을 나타내는 기계론적인 의미의 작용인이다. 오직 우리가 기계와 그 기계를 만든 제작자의 관계를 논의할 때, '목적인'이라는 개념이 비로소 나타나기 시작한다. 만약 자연을 하나의 기계로 여긴다면, 아직 존재하지 않는 어떤 것을 실현하기 위해 자연의 한 부분이나 자연 내부의 어떤 것에 대한 경향(nisus)이나 노력(effort)이라는 보조적인 개념들은 물론이고, 목적론 또는 목적 인과론이란 개념도 모두 자연 과학에서 제거해야 한다. 목적론이란 개념이 적절하게 적용될 수 있는 영역은 정신 영역이며, 그것을 자연에 적용하는 것은 근본적으로 서로 다른 두 가지 특성을 혼동하는 것이다.

기계론적인 자연 과학에서 목적론을 이런 식으로 부정하는 것은 사실상 "자연의 모든 것은 그 자체의 존재를 유지하기 위해 노력한다(in suo esse perseverare conatur)"[《윤리학(Ethics)》 iii, 명제 6]라는 스피노자의 주장을 통해 실제보다도 더 분명하게 제한될 수도 있다. 그러나 이것은 단지 목적론과 유사할 뿐이다. 왜냐하면 스피노자가 사용하는 노력(conatus)이라는 단어는 아직 존재하지 않는 어떤 것이 실현되는 방향을 지향하는 것이 아니기 때문이다. 그는 노력의 실재성과 보편성을 주장하는 듯이 보이는 일련의 단어들을 사용하지만, 사실상 노력의 진정한 본질을 부정하고 있다.

진화론적 자연 과학에서, 자연 내부에 있는 모든 것의 본질(esse)은 생성(fieri)이다. 따라서 그런 종류의 과학은 스피노자의 명제를 "자연에 존재하는 모든 것은 그 자체의 생성을 지속하기 위해 노력한다"는 명제, 즉 "사물은 그것이 존재하는 한 이미 참여하고 있는 발전 과정을 지속하기 위해 노력한다"는 명제로 대체해야만 한다. 그러나 이것은 스피노자가 말하려고 했던 것과 모순된다. 왜냐하면 스피노자에게 사물의 '존재'는 '현재 존재하는 그대로의 것(what it now is)'을 의미하는 반면에, 발전 과정에 참여하고 있는 사물은 현재 존재하지 않는 어떤 것(예 : 어미 고양이)'이 되기 위해서 그것의 현재 존재(예 : 새끼 고양이)를 중단하는 것이기 때문이다.

(4) 기능으로 이해되는 실체

"사물의 본질은 그것의 생성이다"라는 원리는 자연 과

학에서 사용하는 어휘들을 대폭 수정할 것을 요구한다. 즉, 실체나 구조를 설명하는 단어들과 문장들을 모두 기능을 설명하는 단어들과 문장들로 대체해야 한다. 기계론적인 자연 과학은 기능을 설명하는 어휘들을 이미 상당히 많이 포함하고 있지만, 이 어휘들은 구조를 설명하는 또 다른 어휘들을 항상 동반해야 한다. 기계의 경우 구조와 기능은 서로 다르다. 왜냐하면 기계는 작동하기 이전에 미리 만들어져 있어야 하기 때문이다.

베어링(bearing)을 만들기 위해서는 적당한 강도를 가진 금속 조각을 선택해야 하며, 베어링으로서 기능하기 전에 그것에 어떤 형태를 부여해야 한다. 그것의 크기, 형태, 무게, 강도 등은 그것이 베어링으로 쓰이는가 또는 다른 것으로 쓰이는가, 아니면 그것이 이 특정한 기계에 쓰이는가 또는 다른 기계에 쓰이는가와 전혀 상관없는 구조적 속성들이다. 그 베어링이 들어 있는 기계가 작동하든 안 하든, 그 기계의 구조적인 속성들은 변함없이 유지된다. 더구나 특정한 기계의 특정한 부품이 갖는 구조적 속성들은 그 기계가 지닌 기능적 속성들의 토대이자 전제 조건이다. 그 금속 조각이 올바른 형태나 강도 등을 갖지 않으면, 그것은 베어링으로 기능할 수 없을 것이다.

따라서 만약 자연이 하나의 기계라면, 그 부분들의 다양한 운동들은 이 운동들과 상관없을 뿐만 아니라 그 운동들의 필수적인 전제 조건들로 기능하는 구조적 속성을 갖는 사물들의 운동들이다. 결론적으로 말하자면, 만약 자연이 기계적이라면, 기계의 내부에서, 즉 자연의 내부에서 구조와 기능은 서로 구분되며, 또한 기능은 구조를 전제한다.

그러나 역사학자에게 알려진 인간사의 세계에는 그런 구분이 없으며, 사실상 그런 우선성도 없다. 구조는 기능으로 설명할 수 있다. 역사학자들이 봉건 사회 구조나 자본주의 산업 구조, 또는 그리스 도시 국가의 구조에 대해 말하는 데는 아무런 문제가 없다. 아무런 문제가 없는 이유는 이른바 구조라는 것이 사실상 기능의 복합체들, 즉 인간의 행동 방식들이라는 것을 그들이 알고 있기 때문이다. 따라서 우리가 예를 들어 영국의 국가 제도가 존재한다고 말할 때, 우리가 의미하는 것은 특정한 사람들이 특정한 방식으로 행동한다는 것을 의미한다.

진화론적 자연관에 따르면, 논리적으로 구축된 자연 과학은 역사의 사례를 따를 것이며, 그와 관련한 구조들은 기능으로 설명될 것이다. 자연은 과정들로 이루어진 것으로 이해되며, 따라서 자연에 존재하는 모든 특별한 사물의 종류는 특별한 종류의 과정들이 그곳에서 진행되고 있다는 의미로 이해될 것이다. 다시 말해서, 현대 물리학자들이 실제로 이해하듯이, 강철의 '강도'는 강철이 작용할 수도 있는 특별한 어떤 운동 방식과 상관없을 뿐만 아니라 그것에 의해 전제된 구조적 속성의 이름이 아니라 그것이 작용하는 특별한 어떤 방식의 이름, 즉 예를 들어 금속을 구성하는 입자들의 급격한 운동을 가리키는 이름으로 이해될 것이다. 그 입자들은 그 운동을 통해 강철과 '접촉'하는 모든 것, 즉 그 입자들의 충돌 범위 내에 들어오는 모든 것과 격렬하게 충돌한다.

(5) 최소 공간과 최소 시간

이처럼 구조를 기능으로 이해하는 것은 자연 과학의 구체적인 내용에 중대한 결과들을 가져왔다. 모든 종류의 자연적 실체(natural substance)라는 개념은 일종의 자연적 기능이라는 개념으로 이해되고, 그리스 사고의 여명기 이래로 생각되어 온 방식에 따라 자연 과학자들은 그런 기능을 운동으로 생각했다. 또한 모든 운동은 공간과 시간을 필요로 하기 때문에, 그들은 진화론적 자연 과학의 학설들에 따르자면 특정한 종류의 자연적 실체가 오직 적절한 양의 공간 속에서 적절한 양의 시간 동안에만 존재한다는 결론을 내리게 된다. 이 두 가지 조건들을 나누어 살펴보자

(a) **최소 공간의 원리** : 진화론적 자연 과학에서는 특정한 종류의 자연적 실체가 오직 적절한 양의 공간에서만 존

재할 수 있다고 주장할 것이다. 자연적 실체는 무한히 분할되는 것이 아니다. 그것은 최소 가능량(smallest possible quantity)을 가지며, 만약 그 양이 분할된다면, 그 분할된 부분들은 그런 실체의 표본들이 아니다.

이것이 19세기 초반에 존 돌턴(John Dalton, 1766~1844)에 의해 제시되었고, 오늘날에도 일반적으로 받아들여지는 학설이다. 그것은 원자론이라고 불리지만, 아낙사고라스의 동질 원소론(homoeomerism)과 다를 뿐만 아니라 그리스 원자론자들의 학설과도 다르다. 아낙사고라스는 구체적인 자연적 실체들이 그것들과 동질적인 성질을 가진 입자들로 구성되었다고 생각했으며, 이것은 물이 물로 이루어진 것이 아니라 산소와 수소라는 두 종류의 기체로 이루어졌다는 돌턴의 화학적 이론과 분명히 대립한다. 그러나 에피쿠로스와 루크레티우스를 통해 우리가 알고 있는 데모크리토스의 원자론도 돌턴의 원자론과 상당히 다르다. 그리스인들에게 원자들은 분화되지 않은(undifferentiated) 물질의 분할되지 않는 입자들을 의미했으며, 반면에 어니스트 러더포드(Ernest Rutherford, 1871~1937)가 그것들을 나누기 시작하기 전까지 돌턴의 원자들은 수소나 탄소나 납처럼 쪼개지지 않는 물질 입자들을 의미했다.

돌턴은 자연적 실체들을 두 부류로 나누었는데, 그것들

은 물과 같이 '분자'로 구성된 것들과 수소처럼 '원자'로 구성된 것들이었다. 각각의 경우에, 입자나 분자 또는 원자는 존재할 수 있는 그 실체의 최소량이지만, 그것들이 같은 이유에서 최소량은 아니다. 물의 분자가 물의 최소 가능량인 이유는 그것이 물의 입자들이 아니라 산소와 수소와 같은 입자들로 분할되기 때문이다. 반면에, 산소의 원자가 산소의 최소 가능량인 이유는 그것이 산소가 아닌 부분들로 분할되기 때문이 아니라 전혀 분할되지 않기 때문이다.

물리적으로 분할할 수 없는 '원자'라는 개념은 새로운 것이 아니다. 그것은 고대 그리스의 물리학이라는 화석화된 유물에서 비롯했으며, 19세기의 진화론적 과학이라는 이국적인 풍토에서 시대에 맞지 않게 살아남아 있었다. 돌턴주의(Daltonism)의 창의적인 부분은 '원자'라는 개념이 아니라 '분자'라는 개념이었다. 이 개념은 사물을 구성하는 입자들이 그 사물과 동질적이라는 아낙사고라스적인 개념이 아니었다. 그것은 그 자체의 독특하고도 특별한 성질들을 갖는 입자들이 아주 다른 성질들을 갖는 물체들을 구성할 수 있다는 완전히 현대적인 개념이었다 이런 개념은 그리스인들에게서 전혀 찾아볼 수 없다. 엠페도클레스의 '4원소(four elements)' 이론에서도 그런 개념의 징후를 찾아볼 수 없다. 왜냐하면 4원소 이론에 따르면, 흙, 공기, 불, 물의 네 가지 원소는 그것들로 구성된 화합물 속에서 그 원소들의 독특한 성질들을 유지하며, 따라서 이 화합물들은 부분적으로는 흙의 성질을, 그리고 부분적으로는 공기의 성질 등을 갖기 때문이다.

사실상 돌턴의 '원자' 개념은 19세기를 넘어서지 못했다. 19세기가 채 끝나기도 전에, 조지프 톰슨(Joseph J. Thomson, 1856~1940) 등의 학자들은 '원자'와 '분자'라는 돌턴의 이원론을 해결했으며, 원자 이론을 분자 이론과 일치시켰다. 이것은 물의 '분자'가 개별적으로 보면 물이 아닌 다른 어떤 것, 즉 산소와 수소라는 부분들로 이루어졌듯이, 산소의 '원자'도 개별적으로 보면 산소가 아닌 다른 어떤 것, 즉 전기라는 부분들로 이루어졌다고 주장함으로써 가능했다.

(b) 최소 시간의 원리 : 진화론적 자연 과학자는 자연적 실체가 존재하기 위해서는 적절한 양의 시간이 필요하며, 실체의 종류에 따라 각기 다른 특정한 양의 시간이 필요하다고 주장한다. 특정한 각각의 실체가 존재하기 위해서는 특정한 소요 시간이 필요하며, 그보다 시간이 짧으면 존재할 수 없다. 왜냐하면 특정한 실체가 존재한다고 말할 때 우리가 의미하는 것은 특정한 기능이나 과정의 발생인데, 아주 짧은 시간에는 그런 기능이나 과정이 발생할 수 없기

때문이다.

만약 진화론적 자연 과학이 역사학과의 유비에 기초한다는 위의 주장이 옳고, 또한 만약 역사가 인간사에 대한 학문이라면, 그런 인간사는 이 원리에 대한 유비를 우리에게 제시해야 한다. 이와 마찬가지로, 그들은 특정한 유형의 인간 활동에는 최소한 몇 명의 사람들이 있어야 한다는 식으로 최소 공간의 원리에 대한 유비를 제시해야 한다. 즉, 논쟁이 발생하기 위해서는 두 명, 질투가 발생하기 위해서는 세 명, 시민 사회를 구성하기 위해서는 (만약 플라톤이 옳다면, 《국가》 369D) 네 명이나 다섯 명의 사람이 필요하다는 것이다. 최소 시간의 원리에 대한 인간사의 이런 유비들은 그 원리가 자연 과학자들의 활동에 영향을 주기 전에 이미 오랫동안 잘 알려졌던 유비였을 것이다.

사실상 이것이 그 경우다. 잘 알려져 있듯이, 아리스토텔레스가 행복은 일생이 필요한 활동이며, 그보다 짧은 시간에는 이루어질 수 없다고 말했던 것이 전형적이고도 유명한 한 가지 사례다(《니코마코스 윤리학》 1098a 18). 선거 전략가 또는 정치가 또는 작곡가의 활동 등도 마찬가지다. 이런 활동들이 존재하는 데 얼마나 오랜 시간이 필요한가를 말할 수 있는 사람은 아무도 없을 것이다. 그러나 선거 전략가가 되기 위해서는 한 번의 선거를 치를 만큼의 시간이, 정치가가 되기 위해서는 한 건의 법률을 구상하고 제정할 만큼의 시간이, 그리고 작곡가가 되기 위해서는 하나의 곡을 작곡할 만큼의 시간이 걸린다고 주장하는 사람이 있을 것이다.

시간 t를 이러한 활동들 가운데 하나가 발생하는 데 걸리는 시간이라고 하자. 그런 활동이 일어난다는 것은 t보다 짧은 시간이 걸리는 다른 활동들, 즉 그 하나의 활동을 구성하는 '부분들'이라고 느슨하게 부를 수도 있는 활동들을 인정할 때만 가능하다. 어떤 사람이 책을 한 권 쓰는 데 1년이 걸린다고 하자. 그해의 특정한 어떤 순간에 그는 하나의 문장을 쓸 것이고, 그런 의미에서 각각의 문장은 그 책 전체의 부분들이다. 이러한 '부분들'은 서로 동질적이지 않고, 또한 '전체'와도 동질적이지 않다. 각 문장은 그 자체의 특수한 특성들을 갖는 특별한 문제의 해결책이며, 그 책 전체는 그 특성들 가운데 어떤 것과도 같지 않은 문제의 해결책이다.

아리스토텔레스는 다른 곳에서 이 개념을 자연의 사물들에 적용할 뻔했다. 그는 '운동들'이 부분들로 이루어져 있지만, 그 부분들은 서로 동질적이지 않으며, 또한 그 부분들이 구성하는 전체도 그 부분들과 동질적이지 않다고 지적한다(《니코마코스 윤리학》 1174a 20 이하). 그는 탑의 건축과 걸음을 사례들로 제시한다. 그는 앞의 예를 분석했지만, 나는 뒤의 예를 분석하고자 한다. 어떤 사람이

2초마다 세 걸음을 걸어서 한 시간에 3마일을 걷는다고 할 때, 그가 주어진 어떤 100분의 1초 동안 걷고 있다고 말하는 것은 적절하지 않다. 왜냐하면 걸음은 한 발을 앞으로 내딛는 동안 다른 발로는 서 있기를 반복함으로써 이루어지는 장소 운동의 일종이기 때문이다. 걸음을 걷는 사람은 한 발로 서 있으면서 다른 발을 지상에서 떼거나, 또는 앞으로 내딛거나, 또는 몸무게를 지탱하면서 내려놓거나, 또는 한쪽은 발끝으로 딛고 다른 발은 발꿈치로 딛는다. 걸음이라고 부르는 규칙적인 행위가 되는 데 정확히 어느 정도의 시간이 필요하냐는 질문은 어려운 질문이거나 또는 심지어 확실히 대답하기 불가능한 질문이지만, 100분의 1초가 충분하지 않은 시간임은 분명하다.

여기에서 아리스토텔레스가 사용하는 '운동'이라는 단어는 고대 그리스의 엘레아학파 철학자인 제논의 유명한 논변을 기억나게 한다. 제논은 주어진 어떤 순간에 날아가는 화살이 운동하고 있지 않다고 말한다. 그 화살은 그것이 위치한 공간과 동일한 크기의 공간을 차지하면서 정지해 있으며, 따라서 만약 시간이 순간들의 합에 불과하다면 그 화살은 운동하고 있는 것이 결코 아니기 때문이다. 위에 언급한 글에서, 아리스토텔레스는 특정한 운동이 발생하기 위해서는 특정한 소요 시간이 필요하다는 점을 지적한다. 그는 "화살이 운동하는 데 정확히 어느 정도의 시간이 필요한지 나는 모른다. 그러나 얼마간의 소요 시간이 필요하다는 것은 분명하다"고 말함으로써, 독자로 하여금 제논에게 자유롭게 답변할 수 있게 한다. '순간(instant)'을 '화살이 날아가는 데 필요한 시간보다 짧은 시간'이라고 정의해 보자. 그러면 "주어진 어떤 순간에 화살은 정지해 있으며, 또한 시간은 순간들로 이루어져 있다"고 말하는 것과 "화살은 더 오랜 시간 동안 운동한다"고 말하는 것은 모순되지 않는다.

아리스토텔레스가 그것을 말하지는 않았으며, 또한 그가 그것을 주장하려 했다는 증거도 없다. 그가 말한 것은 다만 특정한 어떤 종류의 운동이 그와는 다른 종류의 운동들로 이루어진다는 것이다. 그는 그 운동 자체가 운동이 아닌 부분들로 구성된다는 것을 분명히 부정했을 것이다. 만약 그것이 하나의 물리 이론으로 보완된다면, 독자로 하여금 제논에게 자유롭게 답변하도록 했다고 내가 말했던 아리스토텔레스의 태도가 좋은 답변이 될 것이다. 그 이론은 화살이 '정지해 있을' 때에도 입자들의 축소판(microcosm)으로 생각된다는 이론으로서, 그 입자들은 모두 너무도 빠르게 운동하기 때문에 화살이 '운동하는 데' 가설적으로 필요한 시간보다 짧은 시간에 그것들 자체를 구축하는 운동 주기를 갖는다는 것이다.

사실상 현대 물리학은 화살을 이런 식으로 이해하고 있

다. 현대 물리학은 제논이 제시하는 논변의 바탕에 놓인 가설을 부정함으로써 제논에게 답변한다. 우리는 제논이 '거부되었다'고 말해서는 안 된다. 왜냐하면 그의 논변 자체는 이해하기 쉽지만, 그가 증명하려고 의도했던 것이 무엇이었는지, 즉 그가 해명하고자 노력했던 문제가 정확히 무엇인지에 대해 학자들이 많은 의문을 제기하기 때문이다. 그러나 화살을 허공으로 쏘았을 때 그것의 '운동'과 그것이 화살통 안에 서 있거나 바닥에 놓여 있을 때 그것의 '정지'에 대한 구분이 그가 가졌던 문제들 가운데 하나였음은 분명하다. 진화론적 물리학은 이런 구분을 거부한다. 화살은 말하자면 부분적으로는 나무로 만들어지고, 또한 부분적으로는 금속으로 만들어졌다. 이것들은 각각 끊임없이 움직이는 미세한 입자들로 이루어져 있고, 나무의 입자들과 금속의 입자들은 서로 다른 방향으로 운동한다. 이 입자들 자체는 더 미세한 입자들로 구성되어 있고, 그 입자들은 다시 그 자체의 방식으로 운동한다. 물리학자가 아무리 많이 분석해도 정지해 있는 입자들에 도달할 수 없으며, 또한 입자들로 구성된 것과 완전히 똑같은 방식으로 운동하는 입자들에도 결코 도달할 수 없다. 또한 물리학자는 어떤 단계에서든 그 가운데 어떤 것이 다른 어떤 입자와 완전히 똑같은 방식으로 운동한다고 생각할 수도 없다. 그와 반대로, 물리학자가 생각하는 입자들을 운동하게 만드는 '법칙들'이란 단지 '통계적인 법칙들'이다. 그리고 이런 법칙들은 전체의 평균적인 운동을 기술하는 것이지 개별적인 운동을 개별적으로 고찰해 기술하는 것이 아니다.

최소 공간의 원리에 따르면, (물과 같은) 자연적 실체 s1이 있는 곳이라면 어디든 그것의 최소 가능량(물 분자)이 있다. 그 최소 가능량은 그 실체의 조각이 아니라 (산소나 수소와 같은) 다른 실체의 조각보다 작은 어떤 것이다. 최소 시간의 원리에 따르면, 하나의 (물) 분자 안에 있는 (산소와 수소) 원자들의 운동들이 주기(rhythm)를 갖고, 그렇게 해서 그 하나의 분자를 구성할 수 있는 최소 시간 t가 있게 된다. t보다 짧은 시간의 주기에는 (산소와 수소) 원자들이 존재하지만, (물) 분자는 존재하지 않는다. s1은 없고, 단지 산소와 수소가 속한 실체의 집합인 s2만이 있다.

그러나 s2의 입자들은 그것들보다 더 작은 운동하는 입자들(전자들, 원자핵들 : 이 글을 쓰는 현재까지는 그것들에 대한 완전한 분석이 이루어지지 않았다)로 구성되어 있으며, 이것들은 s2의 입자들이 아니라 s3(전기, 즉 음전기와 양전기)의 입자들일 것이다.

최소 공간의 원리와 최소 시간의 원리가 적용되는 또 다른 것이 있다. 같은 집단에 속하는 서로 다른 종류의 실체들과 반드시 같을 필요가 없는 s2(산소 또는 수소 원자)

의 최소 가능량이 있을 것이다. 그리고 s3의 최소 가능량은 그보다 훨씬 적을 것이다. 또한 s2라는 단일 입자 안에 있는 s3 입자들이 규칙적으로 운동함으로써 s2 입자를 구성하는 데 필요한 최소한의 소요 시간이 있을 것이다. 그것은 s2의 부류에 포함된 다양한 종류의 실체들이 운동하는 데 걸리는 소요 시간이 모두 같을 필요는 없지만, 모든 경우에 그것을 t2라고 부름으로써 함축되는 한계들에 속하는 소요 시간이다. 따라서 t2보다 짧은 소요 시간에는 s2라는 부류에 속한 실체들은 없고 오직 s3만이 있을 뿐이다.

그러므로 만약 주어진 어떤 것이 s1, s2, 그리고 s3 가운데 어떤 것의 사례냐는 물음이 제기된다면, 그 답변은 "얼마나 긴 시간 동안에?"라는 물음에 달려 있다. 만약 t1의 시간이 걸린다면 그것은 s1의 예이고, 만약 t2의 시간이 걸린다면 그것은 s2의 예이며, 그리고 만약 t3의 시간이 걸린다면 그것은 s3의 예일 것이다. 서로 다른 실체의 순서들이 존재하기 위해서는 서로 다른 소요 시간의 순서들이 필요하다.

이 원리의 함축적 의미들은 화이트헤드(1861~1947)에 의해 밝혀졌는데, 그는 "자연은 한순간에 이루어지지 않는다"는 말로 그 내용을 요약했다.[11] 현대 자연 과학은 사물을 기능으로 이해하는 성향이 있다. 모든 자연적 기능들은 운동의 형태들이며, 또한 모든 운동에는 시간이 필요하다. 한 순간, 즉 측정 가능한 소요 시간을 포함하는 '즉석(instantaneous)' 사진의 '순간(instant)'이 아니라 소요 시간을 전혀 포함하지 않는 수학적 순간에는 운동이 있을 수 없고, 그렇기 때문에 자연적 기능도 있을 수 없으며, 또한 그렇기 때문에 자연적 실체도 있을 수 없다.

앞에서 이미 보았을 수도 있지만, 최소 시간의 원리는 주관적 관념론에 문을 개방하지 않는다. "자연 세계가 수천 년에 걸쳐 형성되었다고 보는 사람에게 나타나 보이는 것과 1000분의 1초 동안에 형성되었다고 보는 사람에게 나타나 보이는 것은 다르지만, 이 각각의 것은 우리가 그것을 관찰하는 데 바로 그만큼의 시간을 소모하기 때문에 나타나는 현상에 불과하다"는 것을 "자연 세계가 우리에게 어떻게 나타나 보이는가 하는 것은 우리가 그것을 얼마나 오랫동안 관찰하는가에 달려 있다"는 말로 표현하는 사람도 있을 것이다.

이것은 사실이지만, 오해의 소지가 있다. 존재하기 위해 t_1의 시간이 필요한 물은 그것을 구성하기 위해 t_2의 시간이 필요한 산소 원자와 수소 원자처럼 실재한다. 또한

---

11) 알프레드 화이트헤드(Alfred North Whitehead), 《자연과 생명(Nature and Life)》, 1934, p. 48.

그것은 그보다 짧은 시간이 필요한 산소와 수소 원자들을 구성하는 전자들이나 원자핵들처럼 실재한다. 자연 세계가 우리에게 어떻게 나타나 보이는가 하는 것은 분명히 우리가 그것을 관찰하는 데 얼마나 오랜 시간이 걸리는가에 달려 있다. 그러나 그 이유는 우리가 그것을 일정한 시간 동안 관찰할 때, 우리는 발생하는 데 그만큼의 시간이 필요한 과정들을 관찰하기 때문이다.

최소 시간의 원리를 진술하는 또 다른 위험한 방법은 가설을 설명하는 것이다. 자연의 모든 운동이 정지한다고 가정한다면 무엇이 남겠느냐고 질문해 보자. 그리스의 물리학에 따르면, 그리고 특히 뉴턴에 의해 체계화되었고 오늘날 '고전 물리학'이라고 부르는 르네상스 시대의 개념들에 따르면, 남는 것은 자연이라는 시체, 즉 버려진 증기선처럼 차갑게 죽어 있는 세계다. 현대 물리학에 따르면, 그 어떤 것도 남지 않을 것이다. 이것은 위험한 생각이다. 왜냐하면 그 어떤 것도 남지 않으리라는 이 가설이 현대 물리학에서는 무의미한 가설이기 때문이다. 즉, 그 가설은 실체와 기능의 구분을 함축하는데, 현대 물리학에서는 바로 그런 구분을 거부한다.

그러나 그 원리가 실제로는 실현되지 않지만 그 자체로 무의미하지만은 않은 다른 가설들을 통해 설명될 수 있을 것이다. 자연 세계에 대한 우리의 실험적 지식은 우리가 실험적으로 관찰할 수 있는 자연적 과정들에 대한 우리의 익숙함에 기초한다. 이런 익숙함은 아래로는 일정한 양의 공간과 일정한 소요 시간보다 적거나 짧은 공간과 시간을 차지하는 어떤 과정도 관찰하지 못하는 우리의 무능력으로 인해 한계를 갖게 되며, 위로는 사람의 시각 범위나 사람의 기록으로 담을 수 있는 시간보다 더 많은 공간과 더 많은 시간을 차지하는 어떤 과정도 관찰하지 못한다는 불가능성으로 인해, 또는 더 나아가 우리가 관찰하는 데 할애할 수 있는 시간보다 더 오랜 시간이 걸린다는 불편함으로 인해 한계를 갖게 된다. 위든 아래든, 우리의 공간적인 관찰이나 시간적인 관찰에서의 그런 한계들은 현대 과학자의 실험 장비들 덕분에 상당히 확장되긴 했으나, 여전히 존재할 뿐만 아니라 제한된 크기를 지니고 제한된 속도로 살아가는 동물인 우리가 갖는 구조로 인해 결국 우리에게 부과된다. 우리보다 훨씬 더 크거나 훨씬 더 작은 동물들, 즉 훨씬 더 느리거나 훨씬 더 빠른 주기로 살아가는 동물들은 아주 다른 종류의 과정들을 관찰할 것이고, 그런 관찰들을 통해 자연 세계에 관한 우리 자신의 개념과는 아주 다른 형태의 개념을 갖게 될 것이다.

   이처럼 새로운 우주론은 우리 자신의 관찰들로부터 출발해서 우리가 관찰해 왔던 것이 자연 전체의 적절한 표본이라고 귀납적으로 추론하는 모든 논증의 타당성에 대한 어떤 회의주의를 포함한다. 관찰이 가능하든 또는 가능하지 않든, 우리가 관찰해 온 과정들이 공간적으로나 시간적으로 동일한 연장성의 순서를 갖는다는 의미에서, 그 논증들은 의심의 여지 없이 타당하다. 그러나 그 논증들은 공간적으로 훨씬 더 넓거나 훨씬 더 좁은 과정들, 또는 시간적으로 훨씬 더 길거나 훨씬 더 짧은 과정들에 대해서는 아무것도 말해 주지 않는다. 과학자들이 관찰이나 실험을 통해서 연구할 수 있는 자연 세계는 인간 중심적인 세계이며, 그 세계는 우리가 관찰할 수 있는 소요 시간과 공간 범위를 지닌 자연적 과정들로만 구성된다.[12]

---

[12] "열역학 제2법칙이 옳은 이유는 우리가 어떤 한계 이하의 크기를 제대로 다룰 수 없기 때문이다. 만약 우리의 우주에 지성을 가진 세균들이 가득하다면, 그 세균들은 그런 법칙이 필요하지 않을 것이다"[존 설리번(John W. N. Sullivan), 《근대 과학의 기초(The Bases of Modern Science)》, ch. vl. 존 홀데인(John Burdon Sanderson Haldane)은 인간 유기체의 크기가 전자와 나선형 성운의 중간 크기, 즉 존재하는 것들 가운데 가장 작은 것과 가장 큰 것의 중간 크기라는 것을 지적했다《가능 세계(Possible Worlds)》(1927)의 〈적당한 크기라는 것에 대해(On Being the Right Size)〉 참조]. 그는 이것이 자연 세계에 존재하는 인간에게 특권적인 지위를 부여하는 것이라고 주장한다. 이런 주장은 그리스가 세계를 지배하기에 적합한 이유가 그것이 '세계의 중심에 위치하고(μεσεύει κατὰ τοὺς τόπους)' 있으며, 또한 그곳에 사는 사람들이 그에 들어맞는 성격을 갖기 때문이라는 아리스토텔레스의 주장과 같다(《정치학》 1327b 29). 달리 말해서, 인간에게 적절한 장소는 자기 지평선의 중심에 있다.

이런 회의주의는 우리의 관찰 방법들이 그 자체의 고유한 영역 내에서 타당한가에 대해 전혀 의심하지 않는다. 이 점에 대해서, 최소한 우리는 관찰과 실험을 통해 검증할 때까지는 어떤 이론도 받아들일 수 있는 것으로 여기지 않는다는 르네상스의 과학적 방식들을 여전히 받아들인다. 그리고 자연적 과정들이 공간과 시간의 크기 범위 내에 한 가지 유형의 특성이 있다는 이론, 그리고 그것들의 공간 범위와 소요 시간이 서로 다른 경우에는 또 다른 유형의 특성이 있다는 이론이 그런 방식으로 충분히 확인되었다. 우리에게 드러난 가장 큰 규모의 과정들과 가장 작은 규모의 과정들을 비교할 수 있고, 또한 그 과정들 서로의 차이, 그리고 그 과정들과 그렇게 지원되지 않은 관찰이 우리에게 익숙하게 하는 것들의 차이에 주목할 수 있다는 것이 바로 현대의 과학적 장치를 통해 우리의 관찰 한계들을 확장함으로써 얻어지는 아주 중요한 한 가지 결과다.

이렇게 해서, 뉴턴의 운동 법칙들이 그것들을 인간의 일상적인 경험 영역 내로 끌어들이는 그런 속도를 지닌 모든 운동들에는 유효하지만, 바로 그런 이유 때문에 그 법칙들이 (뉴턴이 생각했던 것처럼) 어떤 종류의 속도들에나 모두 적용되는 것은 아니며, 사실상 빛의 속도에 가까운 속도들의 경우에는 그 법칙들이 적용되지 않는다는 사실이 밝혀졌다.

따라서 현대 물리학에 옳은 내용이 역사의 친숙한 사실이라는 점에 다시 한번 주목하는 것이 유용할 것이다. 만약 역사학자가 한 시간 이상이 걸린 사건들을 파악할 방법을 갖고 있지 않다면, 그는 집이 불타 없어진 것은 설명할 수 있어도 그 집의 건축에 대해서는 기술할 수 없을 것이고, 카이사르(Caesar)의 암살에 대해서는 설명할 수 있어도 갈리아(Gaul)의 정복에 대해서는 설명할 수 없을 것이고, 왕립 학회에서 열린 심사 위원회에서 어떤 그림을 거부했다는 것은 설명할 수 있어도 그 그림을 그린 것에 대해서는 설명할 수 없을 것이고, 또한 교향곡의 연주는 설명할 수 있어도 그것의 작곡에 대해서는 설명할 수 없을 것이다. 만약 두 사람의 역사학자들이 "역사적으로 어떤 종류의 일이 발생하고, 발생할 수도 있고, 발생할지도 모르는가?"라는 질문에 대해 자기 자신의 답변을 제시한다면, 즉 만약 어떤 사람이 하나의 사건이 발생하는 데 한 시간이 걸린다고 습관적으로 생각하는 반면에, 다른 사람은 10년이 걸린다고 생각한다면, 그들의 답변은 서로 아주 다를 것이며, 또한 하나의 사건이 발생하는 데 1000년이 걸린다고 생각하는 세 번째 사람은 또 다른 답변을 제시할 것이다.

우리는 여기에 어떤 차이점들이 있을 수 있는가에 대해

어느 정도는 말할 수 있을 것이다. 일반적으로 물건들을 만드는 시간은 그것들을 파괴하는 시간보다 더 오래 걸린다. 역사적 사건의 소요 시간이 짧으면 짧을수록 우리의 역사는 파괴, 재앙, 전쟁, 살인, 갑작스런 죽음을 더 많이 포함할 것이다. 그러나 파괴는 파괴될 어떤 것의 존재를 함축한다. 그리고 역사의 생성 과정은 이런 유형의 역사에 의해 하나의 사건으로 생각되기에는 너무 길며, 따라서 그런 종류의 역사는 그런 어떤 것이 어떻게 생성되었는가를 기술할 수 없다. 그러므로 역사의 존재는 역사 외부의 어떤 힘에 의해 주어지고 미리 만들어지고 기적적으로 정립된 것으로 전제되어야만 한다.

역사에 관해 방금 말했던 것과 자연 과학의 어떤 것이 서로 얼마나 유사한가에 대해 자연 과학자도 아닌 사람이 감히 의견을 제시하는 것은 다소 경솔한 짓일지도 모른다. 나는 열역학의 제2법칙이 단지 인간의 관점에서만 적용되며, 지성을 가진 미생물에게는 불필요할 수도 있다는 설리번(1886~1937)의 말을 인용한 바 있다. 만약 내가 말했던 비교가 실제로 유사하다면, 인간보다 긴 시간적 주기를 가진 지성적인 유기체는 그것이 불필요하다기보다는 사실이 아니라고 생각할 것이다.

하나의 사건이 짧은 시간 동안에 발생하는 어떤 것이라고 생각하는 역사학자의 지식 속에 아주 쉽게 들어오는 역사적 사건들처럼, 일반적인 인간의 관찰 속에 아주 쉽게 들어오는 자연적 과정들은 아마도 대체로 파괴적인 종류일 것이다. 이런 사실로 인해, 그런 역사학자와 마찬가지로 자연 과학자도 자연의 사건들을 대체로 에너지의 파괴적인 방출이나 소진으로 생각하며, 자연 세계를 멈추어 버린 시계나 다 쏘아 버린 탄창으로 생각한다는 것이다.

자연적 과정에 대한 그런 개념은 나 자신의 발명품이 아니다. 그것은 우리 시대 자연 과학자들의 글 속에서 반복적으로 언급되는 내용이다. 그것은 시대에 뒤떨어졌다는 것을 모두가 아는 어떤 역사관과 아주 유사하다. 이 견해에 따르면, 역사적 과정들은 건설적이 아니라 파괴적인 특징을 가지며, 결과적으로 이 과정들은 주어지고 미리 만들어지고 기적적으로 정립된 인간 삶의 형태, 즉 초기적인 황금기를 파괴한다. 이에 따르면, 역사가 우리에게 말해 줄 수 있는 것은 다만 그것이 시간이라는 톱날에 의해 얼마나 점진적으로 침식되어 왔는가 하는 것이다.

모두가 알듯이, 그런 역사관은 착각이다. 그것은 아마도 근시안적인 역사관이라 부를 수 있는 것에서 나오는 부수적인 착각, 즉 짧은 주기의 역사적 사건들은 보지만 더 긴 주기를 갖는 역사적 사건들은 보지 못하는 습관에서 비롯한 착각일 것이다. 역사가 생성하고(tout casse) 발전하고(tout lasse) 소멸하는(tout passe) 하나의 과정이라는 것은 의심할 바 없는 사실이지만, 그 과정은 그렇게 파괴된 것들이 다시 생성되는 과정이기도 하다. 다만 파괴에는 오랜 시간이 걸리지 않기 때문에, 그것들의 생성보다 그것들의 파괴를 보기가 더 쉽다.

그것은 자연 세계에서도 같지 않을까? 쇠퇴하는 우주에 대한 현대적 견해, 즉 열역학 제2법칙에 따르면, 에너지가 균일하지 않고 임의적인 분포 상태에서 (즉, 우리에게 알려진 어떤 법칙으로도 설명되지 않고, 따라서 실제로는 주어지고 미리 만들어지고 기적적으로 정립된 분포 상태에서) 균일한 분포 상태로 점차 바뀌고 있다는 현대적 견해는 상대적으로 짧은 주기를 가진 과정들에 대한 반복적인 관찰에 기초한 견해, 즉 더 긴 시간 주기를 가진 과정들에 더 집중하게 되는 미래의 어떤 시점에는 착각으로 여겨질 수도 있는 그런 견해가 아닐까? 또는 비록 그렇게 긴 주기가 필요한 과정들이 인간의 관찰을 계속 기만할지라도, 진화론적 물리학의 원리들에 따르면 우리가 그런 과정들을 직접 관찰할 수 없음에도 불구하고 그것들을 가정할 수밖에 없으며, 따라서 그런 견해를 착각으로 간주해야 한다는 것이 밝혀질 수도 있지 않을까?

제1부
그리스의 우주론

I. 이오니아학파

1. 이오니아의 자연 과학

기원전 6세기와 7세기의 이오니아 철학자들은 우주와 관련한 문제들에 아주 많은 관심을 가졌고, 따라서 그리스 초기 사상사에서 최고의 권위자였던 아리스토텔레스는 그들을 통칭해 퓌시올로고이(φυσιόλογοι), 즉 자연 이론가들이라고 불렀다. 아리스토텔레스에 따르면, 이오니아 우주론의 특징은 "자연이란 무엇인가?"라는 질문을 "사물들은 무엇으로 만들어졌는가?" 또는 "우리에게 익숙한 자연 세계에서 발생하는 모든 변화의 밑바탕에 놓인 원천적이고 변화하지 않는 실체는 무엇인가?"라는 질문으로 대체했다는 데 있다.[13]

---

[13] 에밀리 브레이에르(Émile Bréhier)는 《철학의 역사(Histoire de la Philosophie)》(Paris, 1928, vol. 1, p. 42)에서 "사물들이 무엇으로 만들어졌는가?"라는 질문이 탈레스의 것이 아니라 아리스토텔레스의 것이라고 말한다. 아리스토텔레스의 안경을 통해 본 이오니아 물리학자들에 관한 우리의 전통적인 견해는 사실상 그 사람들의 마음속에서 부수적인 의견(obiter dicta)에 불과한 것에 과장된 중요성을 부여할 위험에 처하게 만들고, 또한 그렇게 함으로써 기원전 4세기의 문제들을 기원전 6세기 또는 심지어 기원전 7세기 후반의 것에 투사할 위험에 처하게

그런 질문을 제기할 수 있던 사람들은 이미 자신들의 생각 속에서 많은 기초적인 문제들을 해결하고 있었을 것이다. 다시 말해서, 만약 한 세기의 가장 좋은 시기까지 이어졌던 저술을 집필했던 한 무리의 사상가들이 같은 질문을 하는 데 모두 동의했다면, 많은 기초적인 문제들이 아주 확실하게 해결되었을 것이다. 나는 이 가운데 세 가지를 언급할 것이다.

첫째, '자연적인' 사물들이 존재한다.

달리 말해서, 우리에게 익숙한 사물들 가운데는 인간이나 다른 동물들에 의한 '기술(skill)'의 산물인 '인위적인' 것들이 있으며, 다른 것들은 '인위적인' 것의 반대되는 것들, 즉 누군가 그것들을 만들거나 생산했기 때문이 아니라 스스로 발생하거나 존재하는 '자연적인' 사물들이다.

만든다는 브레이에르의 경고는 분명히 설득력이 있다. 그러나 브레이에르는 "밀레토스학파의 물리학에서 근본적인 현상은 사실상 열의 영향으로 인한 바닷물의 증발이다(Le phénomène fondamental dans cette physique milésienne est bien l'évaporation de l'eau de la mer sous l'infuence de la chaleur)"라고 말한다. 다시 말해서, 브레이에르는 그 자신의 경고에도 불구하고 이오니아 자연학의 근본적인 개념이 변화 개념이었다는 아리스토텔레스의 견해를 그대로 계속 받아들이고 있다.

둘째, '자연적인' 사물들은 단일한 '자연 세계'를 구성한다.

달리 말해서, 스스로 발생하거나 존재하는 사물들은 '기술(skill)'에 의한 산물이 아니라는 부정적인 특성은 물론이고, 긍정적인 어떤 특징들도 공통적으로 갖는다. 따라서 그 사물들 가운데 선택된 어떤 집단들에게만 적용되는 것이 아니라 그것들 모두에 적용되는 진술들을 할 수 있다.

이 두 가지 사항은 모든 '자연 과학'의 필수적인 전제들이다. 기원전 7세기쯤에 그리스인들은 우리가 전혀 알지 못하는 탐구와 반성의 과정들을 거쳐서, 그리고 우리가 아주 조금밖에 알지 못하는 메소포타미아인들, 이집트인들, 그리고 그리스인들 외의 다른 사람들의 도움을 통해서 그 두 가지 문제를 해결했다.

셋째, 모든 '자연적인' 사물들의 공통점은 그것들이 단일한 '실체(substance)' 또는 물질(matter)로 만들어졌다는 것이다.

이것은 이오니아 자연학의 특별한 또는 독창적인 전제였다. 그리고 밀레토스학파는 그것을 자신들의 '작업가설(working hypothesis)'로 여기고, 특히 "그것이 그렇다면, 이 단일한 실체에 관해 우리가 무엇을 말할 수 있는가?"라는 질문에서 끌어낼 수 있는 것이 무엇인가를 파악하는 것을 특별한 과제로 삼았던 사상가들의 집단이라고 볼 수 있다. 그들이 의식적으로 그 전제를 '작업가설'로 다루었던 것은 아니다. 그들이 그것을 자신들의 모든 사고에서 절대적이고도 명백한 전제로 받아들였다는 것은 분명하다. 그러나 이오니아 철학자들의 업적을 돌아보는 사상사학자라면 그들이 실제로 했던 일이 단일한 보편적 실체라는 개념을 시험하고, 그 개념의 결함을 탐구하는 것이었음을 간과하지 않을 것이다.

(1) 탈레스

이오니아학파의 창시자인 탈레스는 기원전 630~기원전 620년 사이에 밀레토스에서 태어났고, 사르디스가 멸망했던 기원전 546/545년까지 그곳에서 살았다. 모두가 알듯이, 그는 모든 사물을 구성하는 보편적 실체가 물이라고 주장했다. 그는 이 주제와 관련한 어떤 글도 쓰지 않았거나, 어쨌든 그와 관련한 글은 전혀 남아 있지 않다.[14] 탈

---

14) 디오게네스 라에르티오스(Diogenes Laertius)에 따르면, 일부 권위자들은 탈레스가 어떤 집필도 하지 않았다고 말하며, 다른 학자들은 그가 동지와 하지, 그리고 춘분과 추분에 대한 글을 썼다고 말한다. 테오프라스토스(Theophrastus)는 탈레스가 항해자들을 위한 천문학적인 글을 썼다고 말한다. 그러나 탈레스가 우주론에 관한 글을 썼으리라고

레스가 자연의 구조에서 그처럼 중요한 역할을 하는 것으로 물을 선택한 이유가 무엇이었고, 또한 물에서 모든 것이 '구성되는' 과정을 그가 어떻게 생각했는가, 즉 돌멩이나 물고기와 같이 물로 구성된 사물과 그런 것을 구성하는 물이 정확히 어떻게 다르다고 생각했는가에 대해서는 아리스토텔레스의 시기에도 알려진 것이 없었다. 두 번째 질문에 대해 우리가 아는 것은 아무것도 없다. 첫 번째 질문에 대해서는 아리스토텔레스 자신도 아무런 정보를 갖고 있지 않았지만, 추측들로 여겨지는 두 가지 의견을 제시한다. 첫째는 수분이 모든 유기체의 음식물에 필수적이라는 것이며, 둘째는 모든 동물의 생명이 정액에서 시작된다는 것이다.[15]

믿을 이유는 없으며, 갈레노스(Galen)가 인용하는 《태초에 관하여(On Begginings)》라는 책은 훨씬 뒤에 쓰인 위서임이 분명하다[딜스(Diels), 《소크라테스 이전 철학자들의 단편(Fragmente der Vorsokratiker)》, 4th ed., 1922, vol. i, p. 13]. 아리스토텔레스의 시대에도, 탈레스의 우주론적 학설들이 무엇이었는가에 대한 것은 추측의 문제였다. 전통적으로 다양한 이야기들이 전해지는데, 4세기의 사상사학자였던 그는 그것들이 무엇을 의미했을 것인가에 대해 생각했어야 했다.

15) "아마도 이 견해는 모든 사물이 습기를 가진 영양분을 취한다는 관찰과 모든 사물의 씨앗이 축축한 성질을 갖는다는 사실로부터 나왔을 것이다(λαβὼν ἴσως τὴν ὑπόληψιν ταύτην ἐκ τοῦ πάντων ὁρᾶν τὴν τροφὴν ὑγρὰν οὖσαν ... καὶ διὰ τὸ πάντων τὰ σπέρματα τὴν φύσιν ὑγρὰν ἔχειν)"(아리스토텔레스, 《형이상학》 A, 983b 22~27).

여기에서 주목할 점은 아리스토텔레스가 무엇을 말했는가의 문제가 아니라 그것이 무엇을 전제했는가의 문제다. 즉, 탈레스가 자연 세계를 하나의 유기체, 사실상 하나의 동물로 생각했다는 점이다. 이것은 탈레스 자신의 주장들로 여겨지는 단편들에서 확인된다. 이 단편들에 따르면, 탈레스는 세계[16]를 '영혼이 담긴(ἔμψυχον)' 어떤 것, 즉 살아 있는 유기체 또는 동물이라고 생각했으며, 이 세계는 자신들의 영혼들을 지닌 더 작은 유기체들로 구성된다고 생각했다. 그러므로 그에 따르면, 한 그루의 나무나 한 개의 돌도 생명을 가진 유기체이며, 그것은 그 자체로서 살아 있는 유기체인 동시에 살아 있는 거대한 유기체인 세계의 한 부분이다. 탈레스는 세계 내부에 존재하는 그 유기체가 지구이며, 그것이 바다 위에 떠 있다고 생각했다고 한다. 그는 지구가 분명히 살아 있다고 생각했으며, 또한 지구와 지구 내부의 모든 것이 분명히 물로 이루어졌다고 여겼다. 또한 그의 제자들이 분명히 생각했듯이, 아마도 그는 자연에 존재하는 모든 것들이 끊임없이 소멸하며, 따라서 계속 다른 것에 의해 재생되거나 다른 것으로 대체

---

[16] 여기에서 '세계'는 지구와 우주를 포함한 것이며, 그리스 후기 사상가들은 이것을 코스모스(κόσμος)라고 불렀고, 밀레토스 철학자들은 우라노스(οὐρανός)라고 불렀다

된다고 생각했을 것이다. 그렇기 때문에 그는 아마도 지구가 바다 위에 떠 있고, 이 바다로부터 물을 흡수함으로써 그 자체의 신체 조직은 물론이고 그 내부에 있는 다른 모든 것들의 신체 조직을 재생하며, 또한 호흡이나 소화와 유사한 과정을 통해 지구를 변화시킨다고 생각했을 것이다. 더구나 탈레스는 세계를 '포이에마 쎄우(ποίημα θεού),' 즉 '신에 의해 만들어진 어떤 것'으로 묘사했다고 한다. 그는 (신이 세계보다 '더 오래되었다'고 말했기 때문에) 이 우주라는 유기체의 생명 과정들이 자존적(self-existent)이거나 영원한(eternal) 것들이 아니라 그 과정들보다 앞서고 그 과정들을 초월하는 행위 주체에게 자신들의 존재를 의존하는 것들이라고 생각했다.[17]

---

[17] 라에르티오스는 탈레스가 세계를 '영혼을 갖는 것', 즉 살아 있는 유기체로 생각했다고 말하면서, 운동을 유발할 수 있는 것(예: 자석)들은 영혼을 갖는다고 탈레스가 말했던 것으로 전하는 아리스토텔레스의 글(《영혼에 관하여》 405a 19)을 인용한다. 지구가 '통나무처럼' 우주의 물 위에 떠 있다는 것이 탈레스의 견해였다고 아리스토텔레스는 전하고 있다(《천체에 관하여》 294a 28). 또한 라에르티오스는 탈레스가 "신이 가장 오랜 것이다. 왜냐하면 그는 시작이 없기 때문이다"와 "세계는 가장 공정한 것이다. 왜냐하면 그것은 신이 만든 것이기 때문이다"와 같은 말을 했다고 전한다. 지구가 물 위에 떠 있다는 것은 탈레스의 단편들 어디에도 표현되어 있지 않은 학설이며, 고대의 어떤 저술가도 그것이 탈레스의 것이라고 말하지는 않았다. 그러나 기록된 단편들이나 그 단편들의 문맥에 그런 학설이 함축되어 있다고 생각하는 것이 나 혼

이처럼 빈약한 기록들이지만, 탈레스의 사상이 '자연 세계는 신적인 기술자가 자신의 목적을 위해 만든 거대한 기계'라는 르네상스의 개념과 크게 다르다는 사실은 분명히 드러난다. 탈레스는 자연 세계가 그 자체의 목적을 위해 운동하는 우주라는 동물이라고 생각했다. 소가 목초지에서 살아가듯이, 이 동물은 그것을 만든 환경 내부에서 살아간다. 그러나 여기에서 "그 소가 어떻게 그곳에 있게 되었는가?"라는 질문이 제기된다. 분화되지 않은 물을 우리가 세계라고 부르는 분화되고 영혼을 갖는 물로 변화시킨 것은 무엇인가? 여기에서 세계와 소의 유비는 깨지게 된다. 세계라는 동물의 생명은 생식과 비슷한 어떤 것도 포함하지 않기 때문이다. 세계는 태어난 것이 아니라 만들어진 것이다. 즉, 그처럼 엄청난 균형을 감히 만들어 낸 유일한 제작자인 신에 의해 만들어진 것이다.

그렇다면 그것은 어떤 종류의 제작이었나? 그것은 르네상스 우주론에서 말하는 '우주의 위대한 건축가'의 제작과는 아주 다르다. 르네상스인들의 사고라는 표현에서 보듯

자만의 견해는 아니다. "그러므로 사물의 세계는 물의 중간에 있고, **또한 그것에서 영양분을 얻는다**(Le monde des choses est donc au milieu de l'eau et s'en nourrit)"[아벨 레이(Abel Rey), 《초기 그리스 과학(La Jeunesse de la Science grecque)》, Paris, 1933, p. 40. 굵은 글씨는 내가 강조한 것이다].

이, 그들의 사고에서는 자연 세계와 관련한 신의 창조적 활동은 한 가지만 제외하고는 집이나 기계를 제작하는 사람의 활동을 확대한 것이다. 그 한 가지 예외란 신이 아무런 재료를 필요로 하지 않고 자신의 세계를 무로부터 만들어 낼 수 있는 건축가 또는 기술자라는 것이다. 만약 '포이에마 쩨우'란 표현을 통해 탈레스가 말했던 신의 활동이 인간의 활동을 확장한 형태라면, 이러한 인간의 활동은 건축가나 기술자의 활동이 아니라 주술사의 활동일 것이다. 탈레스의 우주론에서, 신이 물에서 우주라는 동물을 만들어 냈다는 것은 아론(Aaron)이 지팡이로 뱀을 만들었다거나 또는 아룬타(Arunta) 부족들이 자신들의 인티치우마(Intichiuma) 의식에서 커다란 새들이나 굴벌레큰나방의 애벌레들을 공급하는 것과 같은 종류의 주술일 것이다.[18]

(2) 아낙시만드로스

기원전 6세기 중반에[19] 활동했던 아낙시만드로스는 이

---

[18] (옮긴이 주) '아론'은 《구약 성서》에 등장하는 이스라엘 지도자 모세의 형으로서, 〈출애굽기〉 7장 9절에 지팡이를 던지면 뱀으로 변하는 이적이 일어나리라는 구절이 있다. 한편, '아룬타 부족'은 호주 중부에 거주하는 원주민들로, 자연물을 숭배하는 토템 식물이나 동물의 증산을 기원하는 토템 의식에서 자신들과 동일시하는 '굴벌레큰나방의 애벌레들'을 먹기도 했다고 한다.

러한 탈레스의 가르침 중 몇 가지 중요한 방식들을 수정했다. 그는 지구가 바다의 표면을 떠다니는 평평한 뗏목이 아니며, 그리스 건축에서 원통형의 기둥20)처럼 그것을 구성하는 재료와 구분되지 않는 재료로 이루어진 주변의 매질 속에서 자유롭게 떠다니는 단단한 원통형 구조물이라고 생각했다. (물은 결국 자연 철학자가 기원을 설명하기 위해 탐구하는 구체적인 자연적 실체들의 한 가지 사례이기 때문에) 물이 아니라 '토 아페이론(τὸ ἄπειρον)'이라는 이름으로만 설명될 수 있는 어떤 것이라고 그가 간주했던 이 재료가 바로 무한정자(또는 무규정자 또는 무제한자 또는 무한자-옮긴이)였다. 그는 그 이름을 통해 그것이 공간적으로도 무한하고 시간적으로도 무한하다는 것을

---

19) 라에르티오스는 아낙시만드로스가 기원전 610/611년에 태어났고, 기원전 547/546년경에 사망했다고 전한다.

20) 위(僞)플루타르코스(Pseudo-Plutarch)는 테오프라스토스(Theoph-rastus)를 인용해 '그 직경의 3분의 1 높이를 지닌 원통'이라고 말하고 있다(《잡저(Stromateis)》 2; 딜스, p. 16, 1. 15. 비교 : 히폴리토스, 《모든 이단들의 반박(Refutatio Omnium Haeresium)》 I. 6, 딜스, ibid., 1. 33]. 그러나 라에르티오스는 아낙시만드로스가 지구를 둥글다고 생각했던 것으로 전한다(딜스, p. 14, 1. 5).
(옮긴이 주) 주지하듯이, 여기에 언급된 '위(僞)플루타르코스'에서 '위(僞)'로 번역하는 'pseudo'는 잘못 알려졌다는 의미로서, 플루타르코스의 글로 알려졌으나 나중에 그렇지 않다는 사실이 밝혀졌다는 의미를 담고 있다.

모두 의미했다. 즉, 그것은 물이 아니라 시간적으로는 뒤나 앞으로 향할 뿐만 아니라 모든 방향으로 무한하게 연장된다는 것이다. 또한 그것은 고체나 기체의 특성은 물론이고 액체의 특성도 전혀 갖지 않는다는 점에서 질적으로 무규정적이다.[21] 아낙시만드로스는 소용돌이나 거품과 같이 균일한 매질 속의 이곳저곳에서 수없이 많은 세계가 생겨나며, 그 가운데 하나가 우리의 세계라고 생각했다. 그는 그 무한정자를 죽지도 않고 소멸하지도 않는 신(God)과 동일시했다.[22] 일부 학자들은 그가 다양한 세계들 자체가 신들이라고 생각했다고 말한다.[23] 이것은 우리

---

[21] "종적으로, 그리고 크기에서도 모두 무한정한(ἀόριστον καὶ κατ' εἶδος καὶ κατὰ μέγεθος)"(심플리치오, 《아리스토텔레스의 《자연학》 주석》 154, 14, 딜스, p. 15, l. 6, 테오프라스토스 참조).

[22] "그는 그 초자연적인 것이 이것(토 아페이론)이라고 말했다. 왜냐하면 그것은 불사하며, 또한 불멸하기 때문이다[καὶ τοῦτο (즉, τὸ ἄπειρον) εἶναι τὸ θεῖον ἀθάνατον γάρ καὶ ἀνώλεθρον]"(아리스토텔레스, 《자연학》, iii. 203b 12, 딜스, p. 17, l. 34).

[23] "A는 수없이 많은 세계들이 신들이라고 주장했다(Ἀ ἀπεφήνατο τοὺς ἀπείρους οὐρανοὺς θεούς)"(아에티우스, I 17, 12, 딜스, p. 18, l. 30). "그러나 A의 견해에 따르면, 출생을 통해 존재하게 된 신들이 지구의 적도 표면에 널리 퍼져 있으며, 이 신들이 셀 수 없이 많은 세계들이라는 견해를 갖고 있다(A. autem opinio est nativos esse deos longis intervallis orientis occidentisque, eosque innumerabiles esse mundos)" [키케로, 《신들의 본성에 관하여(De Natura Deorum)》, I. 10. 25; 딜스,

가 알고 있는 아낙시만드로스 자신의 학설로 알려진 것 (그것이 단지 그 학설에 대한 아리스토텔레스적인 주석이 아니라면), 무한정자가 신이라고 불릴 수 있는 이유는 그것이 무한성과 영원성을 갖기 때문이며, 반면에 주어진 모든 세계는 유한한 크기를 가지며 또한 유한한 생명의 주기를 갖는다는 학설과 명백하게 모순되어 보인다.

무엇이 아낙시만드로스를 그런 모순으로 이끌었는가에 대해서는 다만 추측할 수 있을 뿐이다. 어쨌든 그가 스승인 탈레스의 우주론을 벗어난 것은 합리적인 근거를 가졌고, 또한 합리적인 결론들로 이어졌다는 것은 분명하다. 물은 만물을 구성하는 것이 될 수 없다. 왜냐하면 물은 습기(wet)고, 따라서 건기(dry)라는 상반자(opposite)를 갖기 때문이다. 한 쌍의 상반자들은 서로를 함축하며, 또한 그것들은 모두 분화되지 않았던 최초의 어떤 것에서 분화를 통해 발생했음에 틀림없다. 따라서 만물을 구성하는 것은 분화되지 않은 것이어야 한다. 이 안에서, 열기(hot)와 냉기(cold), 습기와 건기와 같은 상반자들이 생성되고

---

p. 18, 1. 31]. 아낙시만드로스가 이 다른 세계들이 적도 표면에 위치한다고 생각했다는 주장은 키케로를 제외한 다른 학자들에게서는 나타나지 않는 견해다.

(옮긴이 주) 위 인용문의 'A'는 '아낙시만드로스'를 언급하는 것으로 보인다.

동시에 분리됨으로써 창조적인 작용이 발생한다. 사실상 아낙시만드로스가 이런 방식으로 주장했다고 한다. 또한 그는 창조적인 과정이 무한정자의 내부 어디에서나 발생하고 따라서 그것의 내부 어디에서나 세계를 형성하는 원운동으로 이루어지는 것으로 생각했다고 말해진다.

이것은 아낙시만드로스가 신학적인 측면에서 탈레스의 초월 이론과는 반대되는 내재 이론을 주장하고 있다는 의미로 보인다.[24] 그는 신이 분화되지 않은 근원 물질을 분화시키는 과정을 통해 세계를 만드는 일종의 신적 주술사의 역할을 한다고 생각하는 대신에, 세계의 형성이 그 근원

---

[24] 만약 (아리스토텔레스가 말하듯이, 《영혼에 관하여》 411a 8) 탈레스가 정말로 "만물은 신들로 가득하다"라고 말했다면, 그는 신적인 자연이 단순히 세계에 비해서 초월적이라고 생각했을 리가 없다. 그리고 이것은 그다지 놀라운 일이 아닐 것이다. 왜냐하면 사상사에서 순수하고 엄격한 초월성을 주장하는 신학을 찾는다는 것은 순수하고 엄격한 내재성을 주장하는 신학을 찾는 것만큼이나 어렵기 때문이다. 기껏해야 이러저러한 신학에서 내재성 또는 초월성이 주된 성향이라고 말할 수 있을 뿐이다. 그러나 위의 말이 탈레스에게만 속하고 헤라클레이토스에게는 속하지 않는 것인지는 분명하지 않다. 또한 그 말이 실제로 탈레스의 것일지라도 그가 무엇을 의미했던 것인지도 분명하지 않다. 왜냐하면 그리스 문헌에서는 영혼들을 종종 신들이라고 불렀으며, 당연히 탈레스도 모든 자연적 신체들에 영혼이 깃들었다고 생각했을 것이기 때문이다. 프리드리히 위버베크(Friedrich Ueberweg), 《철학의 역사(Geschichte der Philosophie)》, ed. 12(Berlin, 1926), vol. 1, pp. 44~45 참조.

적 물질의 내부에 지역적인 소용돌이를 유발하는 하나의 과정이라고 생각했던 것 같다. 이처럼 세계는 무한정자 내부의 소용돌이가 일어나는 곳이면 어디에서나 그 자체를 만들며, 따라서 세계는 또한 세계 제작자 또는 신이기도 하다. (훨씬 뒤의 구분을 사용하자면) 이 세계의 소산적 자연(natura naturata)의 범위와 그 생명의 지속성은 유한하지만, 그것의 능산적 자연(natura naturans)은 무한정자의 창조적 성질과 그 원운동의 창조적 성질이며, 따라서 영원하면서도 무한하다.

아마도 추측을 한 단계 더 진행할 수 있을 것이다. 이미 보았듯이, 탈레스의 학설에서 자석과 같은 사물이 그 자체가 동물인 동시에 지구라는 동물의 일부라는 것은 그 학설의 역설적인 측면이다. 그것이 역설적인 이유는 유비를 깨뜨리기 때문이다. 한 사람 또는 한 마리의 새는 하나의 유기체다. 그 사람의 손 또는 그 새의 날개는 유기체의 일부지만, 그것이 그 자체로서 하나의 유기체는 아니다. 개별적인 사람이나 개별적인 새는 한 종족 또는 한 무리의 일부이지만, 그 종족이나 무리 자체가 유기체는 아니며, 단지 유기체들로 구성된 하나의 집단일 뿐이다. 그리고 지구는 유기체들로 구성된 하나의 유기체인 동시에, 그 안에서 발생하는 유기체들을 양육하는 유기체이기도 하다. 그것은 상대적인 의미에서 창조적이며, 따라서 신적이다.

다시 한번 후대의 학설을 통해 설명하자면, 그것은 '이차적인 원인'으로서, 제한된 범위와 특별한 성격을 갖고 있음에도 불구하고 그렇게 제한적이고 특별한 방식으로 신적인 창조성이 부여된 것이다. 만약 이렇게 구분할 수 있다면, 아낙시만드로스의 우주론에서 내재적 요소들과 선험적 요소들의 모순은 사라진다.

(3) 아낙시메네스

기원전 6세기 후반의[25] 아낙시메네스는 탈레스의 '평평한 지구' 이론으로 돌아갔다. 그러나 그는 더 이상 그 평평한 물체가 어떤 것의 표면 위에 떠 있다고 생각하지 않았다. 그는 지구가 그것을 둘러싼 매질 안에 떠 있고, 그 매질의 밀도에 의해 지탱된다고 말한다.[26] 다른 모든 이

---

[25] 라에르티오스는 아낙시메네스가 '사르디스가 멸망했던 시기'(기원전 546/545년)에 태어났으며, 기원전 528/525년에 사망했다고 기록하고 있다(딜스, p. 22). 이것은 아낙시메네스가 18세에서 20세에 사망했다는 것이기에 불가능한 이야기다. 에우세비우스(Eusebius)는 사르디스의 멸망이 아낙시메네스의 출생과 일치하지 않고, 오히려 관습적으로 40세를 의미하는 그의 활약 시기와 일치한다고 말하는데, 이것이 분명히 옳다. 이것은 그가 기원전 585년경에 태어났다는 것을 의미한다.

[26] "그는 지구가 평평하고, 공기에 의해 지탱된다고 말했다(τὴν δὲ γῆν εἶναι ἐπ' ἀέρος ὀχουμένην)"(히폴리토스,《모든 이단들의 반박》I. 7; 딜스, p. 23, l. 19). "그는 지구가 움직이지 않고 정지해 있는 이유는

오니아 철학자처럼, 아낙시메네스도 지구가 떠 있는 매질이 또한 지구를 구성하는 재료라고 믿었다. 아낙시만드로스와 마찬가지로, 그는 이 매질이 삼차원적인(입체적인) 용적을 가지며 세계를 중심으로 모든 방향으로 뻗는 연장성을 갖는다고 생각했다.27) 그러나 아낙시만드로스의 설명에도 불구하고, 아낙시메네스는 그 물질이 질적으로 무규정적이라고 생각해야 할 논리적 필연성을 찾지 못했다. 그는 탈레스로 돌아가서 그것을 하나의 특정한 자연적 실체와 동일시했으며, 다만 그가 그것을 물이 아니라 '아에

그것이 평평하기 때문이며, 그것이 그 밑에 있는 공기를 분리하는 것이 아니라 덮개같이 그것을 누르기 때문이라고 말한다(τὸ πλάτος αἴτιον εἶναι μένειν αὐτήν. οὐ γὰρ αὐτήν τέμνειν ἀλλ᾽ ἐπιπωματίζειν τὸν ἀέρα κάτωθεν)"(아리스토텔레스, 《천체에 관하여》 294b 13; 딜스, p. 25, 1. 24). 아낙시만드로스는 지구가 다른 방향으로 떨어지지 않고 어떤 하나의 방향으로 떨어져야 할 이유가 없기 때문에, 그것이 어떤 것에도 의지할 필요 없이 움직이지 않고 정지해 있을 수 있다고 말했는데, 이것은 그의 탁월한 직관 가운데 하나다. "그는 지구가 자유롭게 움직이며, 어떤 지지대도 없이 움직이지 않고 정지해 있는 이유는 모든 것들이 그것에서 동일한 거리에 있기 때문이라고 말했다(τὴν γῆν εἶν αι μετέωρον ὑπὸ μηδενὸς κρατουμένην, μένουσαν δέ διὰ τὴν ὁμοία ν πάντων ἀπόστασιν)"(히폴리토스, 《모든 이단들의 반박》 I. 6; 딜스, p. 16, 1. 31). 아낙시메네스는 이 부분에서 스승의 가르침을 따를 수 없었으며, 지구가 무엇인가에 의지한다고 생각했다.

27) "크기가 무한정한(τῷ μεγέθε ἄπειρον)"[위(僞)플루타르코스, 《잡저(Stromateis)》 3; 딜스, p. 23, 1. 2].

르(ἀηρ)', 즉 공기 또는 증기라는 이름으로 불렀다는 점이 탈레스와 달랐다.[28]

다양한 자연적 실체들의 차이점들은 이 증기가 희박해져 불이 되거나, 또는 바람, 구름, 물, 흙, 그리고 돌로 점차 응축되기 때문이다.[29] 우주의 증기는 우주 내부에 끊임없이 운동을 일으키고, 또한 순환하던 우주의 운동은 다양한 자연적 실체들로 분화되고 분리된다. 또한 희박해진 부분들은 외곽으로 분출되어 항성들을 형성하고, 응축된 부분들은 소용돌이의 중심부에 모여 지구를 형성한다.

이 모든 것은 아낙시만드로스의 이론과 상당히 비슷하다. 또한 아낙시메네스는 근원적 실체가 신적이라고 보고, 탈레스의 초월적인 주술사-신을 거부하고 세계 창조의 과정 자체와 동일시되는 내재적 신으로 대체하는 아낙시만드로스의 견해를 따랐다. 그러나 우리가 아는 한, 그에게 이러한 세계-신이 내재적인 동시에 초월적이라는

---

28) 호메로스(Homer)와 헤시오드(Hesiod)에게, '아에르'는 '안개' 또는 '아지랑이'를 의미했다.

29) "그는 실체들의 차이가 희박도와 농축도의 차이라고 말한다. 희박해지면 불 등이 된다(διαφέρειν δὲ μανότητι καὶ πυκνότητι κατὰ τὰς οὐσίας, καὶ ἀραιούμενον μὲν πῦρ γίνεσθαι κ τ λ)"(심플리키오스, 《아리스토텔레스의 《자연학》 주석》 24. 26; 테오프라스토스에서 인용; 딜스, p. 22, 1. 18).

것은, 비록 다소 초보적인 의미에서 물질론적이긴 하지만, 아낙시메네스의 철학이 갖는 새로운 측면으로 보였을 것이다. 왜냐하면 전해지고 있는 한 단편에서, 그는 "인간의 영혼이 인간의 신체를 에워싸고 하나로 유지하듯이", 신성한 증기도 세계를 구성하는 실체일 뿐만 아니라 그것을 에워싸고 또한 그것을 하나로 유지하는 봉투 또는 겉껍질이기도 하다고 말하기 때문이다.[30]

또다시 아낙시만드로스와 마찬가지로, 아낙시메네스는 세계의 다수성을 믿었다. 그리고 아낙시만드로스와 마찬가지로(그리고 분명히 같은 이유에서), 그는 그것들을 모두 신이라고 불렀던 것으로 보인다. 그러나 아낙시만드로스가 생각했던 것처럼, 그 세계들이 공간적으로 서로의 외부에 존재하지는 않는 것으로 보이지만, 하나가 소멸한 뒤에 다른 하나가 생성된다는 점에서 시간적으로는 서로의 외부에 존재한다. 그는 항상 하나 이상의 세계가 존재할 수는 없다고 생각했던 것으로 보인다.[31]

---

[30] "아낙시메네스에 따르면, 공기인 우리의 영혼이 우리를 하나로 묶듯이, 세계 전체는 그것의 숨(breath), 즉 공기로 둘러싸여 있다(οἷον ἡ ψυχή, φησίν, ἡ ἡμετέρα ἀὴρ οὖσα συγκρατεῖ ἡμᾶς, καὶ ὅλον τὸν κόσμον πνεῦμα καὶ περιέχει)"(아에티우스, I. 3. 4; 딜스, p. 26, 1. 20).

[31] "아낙시메네스를 따르는 사람들은 세계가 항상 존재하지만, 그 세계가 항상 같은 것은 아니라고 말한다. 왜냐하면 얼마간의 시간이 흐른

불명확하면서도 위대하다고 말해지는 인물인 탈레스를 그만큼이나 위대하면서도 훨씬 더 쉽게 파악할 수 있는 아낙시만드로스와 비교할 때, 아낙시메네스의 이론은 그다지 인상적이지도 않고 흥미롭지도 않다. 우리가 알고 있는 그의 사상은 대체로 아낙시만드로스의 이론을 단순히 반복한 것에 지나지 않는다. 그가 아낙시만드로스와 의견을 달리하는 부분들은 거의 항상 더 안 좋은 점에서 다르다. 그의 우주론에는 정말로 독창적으로 보이면서도 생산적이라고 알려졌던 한 가지 이론이 있다고 말해지긴 하지만, 그것조차 그에게는 생산적인 것이 아니었다. 왜냐하면 그 이론이 담고 있는 진보의 가능성들은 이오니아 우주론의 제일원리들을 포기하고 기꺼이 새로운 행로를 걷고자 하는 사람들에 의해서만 실현될 수 있기 때문이다.

뒤에 때때로 새로운 것이 생성되므로, 그 하나의 세계가 생성하고 소멸한다고 생각할 수 있기 때문이다(γενητὸν δὲ καὶ φθαρτὸν τὸν ἕνα κόσμον ποιοῦσιν ὅσοι ἀεί μέν φασιν εἶναι κόσμοι, οὐ μὴν τὸν αὐτὸν ἀεί, ἀλλὰ ἄλλοτε ἄλλον γινόμενον κυιὰ τινας χρόνων περιόδους, ὡς ’Αναξιμένης)"(심플리키오스, 《아리스토텔레스의 《자연학》 주석》 1121, 12; 딜스, p. 24, 1. 20). "그는 신들을 부정하지도 않았고, 말없이 무시해 버리지도 않았다. 그러나 그는 공기가 신들에 의해 만들어진다고 생각했던 것이 아니라, 신들이 공기로부터 발생했다고 생각했다"(아우구스티누스, 《신국론》 viii. 2; 딜스, p. 24, 1. 16).

이 이론은 응축화(또는 농축화)와 희박화에 관한 이론이었다. 아낙시만드로스는 "만약 다양한 종류의 자연적 실체들이 모두 같은 근원 물질로 만들어졌다면, 왜 그것들이 서로 다른 방식으로 운동하는가?"라는 문제를 해결하려고 노력했다. 그는 "왜냐하면 상반자들은 분화되지 않았던 근원 물질로부터 원운동에 의해 분화되고 분리되기 때문이다"라고 대답했다. 그러나 우리는 '분화되지 않았던' 물질이 어떻게 열기와 냉기, 습기와 건기 같은 상반자들을 자기 내부에 생성하는가를 아낙시만드로스가 설명할 수 있었다고 믿을 만한 근거를 갖고 있지 않다.

아낙시메네스가 스승의 우주론에 그런 결함이 있다는 것을 알고 있었고, 또한 그 결함을 제거하고자 노력했다는 것은 분명하다. 그는 "사람들이 뜨거운 입김과 차가운 입김을 어떻게 불 수 있는가?"라고 질문한다. 오늘날 전해지는 그의 단편들 중 가장 긴 단편에서, 그는 입을 많이 벌리고 입김을 부는가, 또는 입을 거의 닫고 입김을 부는가에 그 모든 것이 달려 있다고 대답한다. 입을 많이 벌리고 입김을 불면 따뜻한 입김이 나올 것이며, 반면에 입술을 오므리고 불면 차가운 입김이 나올 것이다. 이 두 가지 경우의 차이점은 무엇인가? 그것은 다만 입을 많이 벌리고 입김을 불 때는 공기가 낮은 압력으로 나오지만, 입술을 거의 닫다시피 오므리고 불 때는 공기가 압축되기 때문이

다.[32]

그런데 여기에 우주론에서 상당히 중요한 하나의 실험이 있다. 먼저 우리는 아낙시만드로스가 말했던 것처럼 운동의 영향을 받는 상반된 성질들(열기와 냉기)을 띠는 공기라는 실체를 갖게 된다. 따라서 이 중요한 점에서는 아낙시만드로스가 옳았다. 둘째, 한편으로는 운동과 다른 한편으로는 열기-냉기의 상반자들 사이에 아리스토텔레스가 '중명사(middle term)'라고 불렀던 어떤 것을 제공함으로써, 우리는 아낙시만드로스의 주장이 갖는 허점을 보완할 수 있다. 그 중명사가 바로 희박화와 응축화다. 운동이 공기를 응축할 때 냉기가 생성되며, 운동이 그것을 희박하게 할 때 열기가 생성된다는 것이다.

이것이 아낙시메네스로 하여금 아낙시만드로스의 '무규정적인 근원 물질'을 포기하고, 그 근원 물질을 공기와

---

[32] "따라서 아낙시메네스는 사람이 뜨겁고 차가운 입김을 모두 분다고 말하는 것이 전혀 불합리하지 않다고 말한다. 왜냐하면 숨은 입술을 이용한 압축과 응축을 통해 차가워지는데, 힘을 뺀 입으로 숨을 불면 그것이 희박해짐으로써 따뜻해지기 때문이다(ὅθεν οὐκ ἀπεικότως λέγεσθαι τὸ καὶ θερμὰ τὸν ἄνθρωπον ἐκ τοῦ στόματος καὶ ψυχρὰ μεθιέναι· ψύχεται γὰρ πνοὴ πιεσθεῖσα καὶ πυκνωθεῖσα τοῖς χείλεσιν, ἀνειμένου δὲ τοῦ στόματος ἐκπίπτουσα γίγνεται θερμὸν ὑπὸ μανότητος)"(플루타르코스, 《냉기의 우선성에 관하여(De primo frigido)》, 7. 947 이하; 딜스, p. 26, ll. 9~13).

동일시하게 만든 것이라는 점을 안다고 해서 놀랍지는 않을 것이다. 아낙시메네스가 무규정적인 근원 물질이란 아무것도 없는 것, 즉 아무것도 발견할 수 없고, 또한 아무것도 말할 것이 없는 단순히 아무것도 없는 것에 불과하다고 주장하는 것을 상상하는 사람도 있을 것이다. 최소한 아낙시만드로스가 자신의 무규정적인 근원 물질에 관해 말하고자 했던 내용의 일부는 공기에 관해 실제로 말해질 수 있으며, 단순히 말해질 뿐 아니라 증명될 수도 있을 것이다.

여기에서 아낙시메네스의 이론은 진보하고 있었다. 이미 말했듯이, 아낙시메네스는 근원 물질 내부의 운동이 어떻게 그 내부에서 상반자들을 생성하는가에 대한 아낙시만드로스의 답변이 지닌 결함을 보완함으로써 그를 넘어서고 있다. 그러나 이렇게 진보함으로써, 그는 이오니아 물리학의 세계를 자신의 뒤에 남겨 두고 아직 존재하지 않는 유형의 물리 과학으로 향하고 있었다. 물리학이라는 경기가 성행하던 시기에, 그는 그 물리학의 규칙들을 깨뜨렸다. (럭비 축구의 창시자인―옮긴이) 윌리엄 엘리스(William W. Ellis, 1806~1872)를 추모하는 한 럭비 축구 학교의 비문에는 "당시에 처음으로 공을 집어서 갖고 달림으로써 럭비 축구의 규칙들을 '긍정적으로 무시했고', 결과적으로 현대의 럭비 축구 경기를 만들어 낸 사람"

이라고 적혀 있다. 아낙시메네스도 이와 유사한 비문을 갖게 되었다. 그가 속했던 것으로 알려진 이오니아학파의 관점에서 보면, 그는 타락의 한 사례였다. 다른 관점에서 보면, 그는 타락의 한 사례가 아니라 진보의 한 사례였다. 그리고 이런 관점에서 보면, 그는 이오니아학파의 일원이라기보다 이오니아학파와 피타고라스학파의 연결 고리였다.

이 진술은 부정적으로 기록되는 동시에 긍정적으로 기록되어야 한다. 즉, 아낙시메네스가 진정한 이오니아학파의 일원이 아니었음을 보임으로써 부정적으로, 그리고 그가 이미 피타고라스학파의 체제에 올라 있음을 보임으로써 긍정적으로 기록되어야 한다.

그가 진정한 이오니아학파의 일원이 아니었다는 것은 두 가지 사실에서 분명하다. 첫째는 그가 실제로 아주 결정론적인 아낙시만드로스의 증명으로, 즉 근원적인 보편 실체는 질적으로 무규정적이어야 하며, 따라서 그것이 물과 동일시될 수 없듯이 공기와도 동일시될 수 없다는 것을 보였던 증명으로 돌아갔다는 사실이다. 그리고 둘째는 그가 자신의 주된 관심사를 근원적 실제의 단일성으로부터 각자의 고유한 행동 양식을 지닌 다양한 자연적 실체들의 다수성으로 전환했던 것처럼 보였다는 사실이다. 내가 옳게 해석한다면, 아낙시메네스는 "만물을 구성하는 하나의 것이 무엇인가?"라는 질문에는 더 이상 관심이 없었다. 아리스토텔레스에 따르면, 이것은 탈레스와 탈레스학파의 중심 질문이었다. 아낙시메네스가 그런 문제에 대한 관심을 잃었다면, 그는 더 이상 그 학파의 일원이 아니었다. 아낙시만드로스는 그런 질문이 어리석다고 평가했고, 아낙시메네스는 그 질문을 그곳에 그대로 남겨 두었다.

아낙시메네스가 초기 피타고라스학파의 일원이었음은 희박화와 농축화라는 개념을 주장하는 데서 분명히 드러난다. 그의 질문은 "왜 서로 다른 종류의 사물들은 서로 다르게 운동하는가?"라는 것이었다. 이것은 이오니아 물리학의 질문이 아니라 피타고라스 물리학의 질문이다. 그의 답변은 "왜냐하면 그 사물들을 구성하는 것이 무엇이든, 그것이 공간적으로 서로 다르게 배열되기 때문이다"라는 것이었다. 이것은 피타고라스학파의 답변이다. 아낙시메네스가 주장했듯이, 이것은 피타고라스주의의 아주 기본적인 이론이었다. 아낙시메네스가 말했던 배열의 유일한 차이는 물질이 공간적으로 더 응축되어 있는가 또는 덜 응축되어 있는가의 차이다. 피타고라스주의는 이것보다 훨씬 더 나아간다. 그러나 어쨌든 이것조차도 실체 개념으로부터 배열(arrangement) 개념으로의 전환, 즉 물질 개념으로부터 형상 개념으로의 전환이다. 지금까지 어떤 철학사학자[33]도 그를 그런 관점에서 바라본 적이 없지만, 위와 같은 이유에서 아낙시메네스는 이오니아학파의 일원이라기보다는 이오니아학파와 피타고라스학파의 연결 고리로 불러야 할 것이다.

2. 이오니아 자연 과학의 한계

이오니아 철학자들은 세계를 동질적인 근원 물질의 장소적 분화(local differentiation)로 보는 데 동의했다. 그들은 세계를 구성하는 것과 세계를 둘러싸고 있는 것이 같다고 생각했다. 탈레스는 이러한 근원 물질과 신을 구분했으나, 그의 후계자들은 그 두 가지를 동일시했고, 따라

---

33) 아벨 레이(Abel Rey)가 거의 그렇게 생각했다《그리스 과학의 청년기(La Jeuesse de la Science grecquen)》, Paris, 1933, p. 94]. "희박화와 응축화의 과정은 더 이상 질적 변형이 아니기 때문이다. 실제로 그것은 질적 변화 자체를 이해할 수 있게 하기 위한 양적 질서의 변화다. 여기에서 이미 예견된 것이 … (Car le procès de rarefaction et de condensation n'est plus une métaphorphose qualitative. Il est bien une transformation d'ordre quantitatif destinée à rendre intellible la transtormation qualitative elle-même Voila deja le pressentiment ...)"(독자는 '피타고라스주의'를 볼 수 있길 기대하겠지만, 진정한 프랑스인이 흔히 그렇듯이, 레이는 17세기로 건너뛴다). "데카르트의 밀랍 조각(du morceau de cire de Descartes)"이다.

서 분화되지 않은 근원 물질이 자기 내부에 분화들(differentiations) 또는 세계들을 창조하는 것이라고 생각했다.

그 대안들은 모두 만족스럽지 않다. 만약 우리가 균일한 물질을 염두에 두면서 우주론을 시작하고, 세계가 그 물질 내부에서 발생하는 장소적 분화라고 말한다면, 우리는 그 분화가 왜 다른 어떤 곳이 아니라 분화가 일어났던 바로 그곳에서 일어났어야만 했느냐는 질문에 대해 어떤 근거를 제시해야 할 논리적 필연성을 갖는다. 그러나 우리는 근원 물질을 균일한 것으로 규정함으로써, 우리 자신이 그런 어떤 근거를 제시하는 것을 불가능하게 만들거나, 또는 심지어 그것이 무엇인지는 모르지만 그런 근거가 분명히 있었으리라고 말함으로써 미래의 발견을 위해 빠져나갈 구멍을 남겨 두는 것조차 불가능하게 만든다.

우리는 지금 신이 스스로 선택한 균일한 물질 내부의 어떤 장소에서 세계를 창조하기로 선택했다는 말로써 그 문제를 해결할 수는 없다. 이것이 아마도 탈레스가 말했던 것이겠지만, 그것은 아무런 의미가 없다. 신이 자기 선택에 대한 이유를 갖지 않았다면, 그것은 선택이라 할 수 없다. 그것은 우리가 생각할 수 없는 어떤 것이며, 또한 그것을 선택이라고 부르는 것은 우리에게 친숙한 인간의 행위, 즉 우리가 사실상 비슷하다고도 생각하지 않는 선택

행위를 신의 선택과 동일시함으로써, 우리 자신을 속이는 것이다. 선택이란 대안들 가운데서 선택하는 것이며, 또한 이 대안들은 반드시 구분되어야 하고 그렇지 않다면 그것들은 대안들이라고 할 수 없다. 더구나 그 가운데 하나가 어떤 식으로든 다른 것보다 더 매력적으로 보여야 하며, 그렇지 않다면 그것은 선택될 수 없다.

또한 자기 자신을 운동하도록 할 수 있는 근원 물질이 그 자체의 신이고, 또한 분화가 발생하는 그 자체의 내부에서 위치를 선택한다는 말로써 그 문제가 해결되는 것도 아니다. 이것이 아마도 아낙시만드로스와 아낙시메네스의 말이었을 것이다. 신이 내재하든 또는 초월하든, 문제들은 똑같다. 신이 선택한다고 말할 때는 둘 중 하나를 의미한다. 첫째는 그가 어떤 이유로 인해 선택한 것으로서 이 경우에 그가 선택하는 대안들은 이미 분화되고 근원 물질의 균일성은 포기된 것이며, 또는 그렇지 않다면 그는 아무런 이유 없이 선택한 것으로서 이 경우에 그는 선택하지 않은 것이다.

또한 그 문제들은 종교적 무지에 호소함으로써 회피할 수도 없다. 이런 것들은 회피할 수 있는 것들이 아니다. 즉, 그것들이 우리가 꼬치꼬치 캐물을 수 없는 신비로운 것들이라고 말함으로써, 신의 방식들은 우리가 알 수 있는 것들이 아니라고 말함으로써, 또는 (만약 우리가 하나의 속임수를 다른 것보다 선호한다면) 그 문제들은 현명한 사람들조차 해결할 수 없는 것이며, 따라서 우리가 두려움 없이 직시하고 넘어가야 하는 궁극적인 질문들 또는 (원한다면) 형이상학적인 문제들이라고 말함으로써, 회피할 수 있는 것들이 아니다. 이오니아 철학자들이 그런 방식으로 회피하지 않았다는 것은 올바른 평가다. 그런 종류의 속임수는 신앙을 빙자한 일종의 광신이며, 그리스인들의 정신 속에는 들어 있지 않은 사악함이었다. 그것을 속임수라고 말하는 이유는 그런 신비로운 것들에 대해 꼬치꼬치 캐묻기 시작한 것이 우리 자신이었기 때문이다. 우리가 신이라는 이름을 우주론에 끌어들인 것은 그것으로 마술을 부릴 수 있으리라고 생각했기 때문이다. 지금 우리는 그것으로 마술을 부릴 수 없다는 것을 안다. 이것은 신이 위대하다는 것을 증명하는 것이 아니라 우리가 형편없는 마술사라는 것을 증명하는 것이다.

달리 말하자면, 그 문제들은 사물들의 자연(본성)에서 제기되는 것이 아니라 이오니아 자연 과학이 직면한 문제들을 다루려고 했던 방식에서 제기된다. 여기에서 얻는 교훈은 사물들의 본질이 불가사의하다는 것이 아니라 이오니아 자연 과학이 그릇된 방법을 취했다는 것이다. 특히, 물질적인 토대 위에서 우주론이 정립될 수 있다고 가정한 것이 그릇된 방법이었다. 만약 우리가 원한다면, 반대 방향으로 논의할 수도 있다. 즉, 자연 사물들의 세계로부터 그 세계를 구성하는 근원적이고 보편적인 물질이나 실체로 접근하는 것이다. 그러나 이런 종류의 기획에는 결코 피할 수 없는 두 가지 제약이 있다.

첫째, 우리는 이오니아 철학자들이 희망했던 것처럼 이 실체에 관한 명확한 정신적인 그림을 그리길 희망해서는 안 된다. 우리는 서로 다른 종류의 자연적 실체들이 갖는 모든 차이점들을 제외하는 추상화 과정을 통해 그것에 대한 개념을 구성한다. 그러나 그 작업이 완료되었을 때 남는 것은 탈레스가 상상했던 물도 아니고, 아낙시메네스가 기대했던 공기도 분명히 아닐 것이다. 아낙시만드로스가 그것을 무한정자(indefinite) 또는 무규정자(indeterminate)라고 기술했을 때, 그는 올바른 답을 찾은 것이다.

둘째, 우리는 이오니아 철학자들이 희망했던 것처럼 그 과정을 되돌릴 수 있다고 희망해서는 안 된다. 서로 다른 자연적 실체들의 모든 차이점을 무시하고, 단일한 보편적 근원 물질이라는 추상적 개념에 도달하는 것이 가능할지라도, 우리는 또다시 이런 근원 물질로부터 출발해 우리가 알고 있는 자연 세계로 주장을 벌여 나갈 수는 없다. 균일한 근원 물질로부터 그것으로 이루어진 자연 세계로 나아갈 수 있는 논리적인 통로가 없기 때문이다.

이오니아 철학자들은 이러한 두 가지 불가능성을 간과

했고, 결과적으로 그들은 ① 보편적이고도 근원적인 실체를 구체적인 방식으로 서술하고, 또한 ② 우리에게 알려진 것과 같은 자연 세계가 어떻게 그런 실체로 이루어졌는가를 설명할 수 있다는 희망에 모든 것을 걸었기 때문에, 위대했던 유럽 자연 과학 최초의 노력은 실패로 끝나고 말았다. 과학의 역사가 과학적 진보에 관한 역사인 한, 그것은 사실들에 대한 점진적인 축적이 아닐 뿐만 아니라 문제들에 대한 점진적인 분류도 아니다. 자연 과학자를 만드는 것은 자연적 사실들에 관한 그의 지식이 아니라 자연에 관한 질문들을 제기할 수 있는 그의 능력이다. 첫째는 무엇이 나타나는가를 단순히 기다리는 것이 아니라 질문을 하는 것이며, 그리고 둘째는 지성적인 질문들, 즉 답변할 수 있는 질문들을 하는 것이다. 지성적인 질문들이란 무의미한 질문들이 아니라 본질적으로 답변 가능한 질문들을 말하며, 또한 자신에게 감춰진 사실들에 접근할 수 있을 때만 답변할 수 있는 질문들이 아니라 마음대로 사용할 수 있는 정보에 비례해 답변할 수 있는 질문들이다. 이오니아의 물리학자들이 이 두 가지 의미에서 답변할 수 있는 많은 질문들을 했다는 것은 의심의 여지가 없으며, 또한 이 가운데 많은 질문들에 대해 그들이 옳게 답변했다는 것도 의심의 여지가 없다. 어쨌든 현재 전해지는 단편들을 통해 확인할 수 있듯이, 그들이 엄청난 지적 에너지를 가졌다는 것을 아는 사람의 마음속에는 그 두 가지 사실들에 대한 의심이 없을 것이다. 그러나 그들의 자연 과학이 의도했던 전반적인 효과는 줄어들었다. 그 이유는 그들이 현대적 실험 도구들의 도움 없이 맨눈으로 관찰할 수밖에 없었기 때문이 아니라 그들이 실험 기술을 아무리 개선하더라도 답변할 수 없는 무의미한 두 가지 질문들에 빠져 있었기 때문이다. 그 질문들은 다음과 같다.

첫째, 우리가 어떻게 보편적인 근원적 실체에 대해서 정신적인 그림을 명료하게 구성할 수 있는가?

둘째, 우리가 어떻게 이 근원적 실체로부터 자연 세계를 연역할 수 있는가?

3. '자연'이라는 단어의 의미

위에서 나는 이오니아 물리학자들이 "자연이란 무엇인가?"라는 질문을 제기했을 때, 그들이 즉시 그것을 "사물들은 무엇으로 만들어졌는가?"라는 질문으로 전환했다고 말했다. 이오니아 철학자들에 대한 설명을 끝마치기 전에, 나는 그 말에 대한 설명을 덧붙여야 한다. 이오니아 물리학자들의 사고가 여기에서 다소 이상한 방식으로 작용하는 듯이 보일 수도 있다. 현대 유럽인에게 "자연이 무엇인가?"라는 질문을 똑같이 한다면, 그는 그 질문을 "자연 세계에 어떤 종류의 사물들이 존재하는가?"라는 질문으로 이해하고, 자연 세계나 자연의 역사에 대해 기술함으로써 그 질문에 답변할 것이다.

그 이유는 '자연(nature)'[34]이라는 단어가 대체로 현대의 유럽 언어에서는 자연적 사물들의 전체 또는 총합이라는 집합적 의미로 사용되기 때문이다. 그와 동시에 그것이 현대 언어에서 흔히 사용되는 유일한 의미는 아니다. 그 단어가 그 단어의 고유한 의미에서 전체가 아니라 하나의 '원리(principle, principium, ἀρχη)' 또는 근원(source)을 언급할 때, 그것은 오히려 또 다른 의미, 즉 우리가 그것의 본래적인 의미, 또는 엄격히 말하자면 고유한 의미라고 생

---

34) (옮긴이 주) 그리스어의 '퓌시스(φύσις)'와 영어의 '네이처(nature)'는 하나의 단어로서 여러 가지 의미들을 담고 있으나, 그 의미들이 우리말로는 '자연', '본성', '본질', '성질' 등으로 달리 옮길 수 있다. 그 외국어 단어들을 '자연'과 같은 하나의 우리말로 옮기면 상당히 어색하게 읽히므로, 문맥에 따라 다른 용어들을 사용할 필요가 있다. 여기에서 우리는 '자연'과 '본성'이라는 두 가지 번역어를 사용하는데, 그 이유는 '자연'이 특히 우리 주변의 '자연 세계'라는 의미로 이해되는 한편, '본성'은 '본질'이나 '성질'의 의미로도 이해되기 때문이다. 무엇보다 이 책에서 사용한 '자연'과 '본성'은 '네이처'라는 한 단어의 번역어라는 점을 반드시 기억해야 한다.

각하는 또 다른 의미를 갖는다. 우리는 재(ash)의 본성(nature)이 부드럽다거나 또는 참나무의 본성이 질기다고 말한다. 우리는 어떤 사람이 다투기를 좋아하거나 다정한 본성을 갖는다고 말한다. 우리는 "개들이 짖고 무는 것을 즐기게 내버려둬라. 왜냐하면 그것은 그들의 본성이기 때문이다"라고 말한다. 여기에서 '본성'이라는 단어는 그것의 소유자가 현재 하는 방식대로 행동하도록 만드는 어떤 것을 의미한다. 이러한 행위의 근원은 그 행위자 내부에 있는 어떤 것이다. 만약 그것이 외부에 있었다면, 그것으로부터 진행되는 행위는 '본성적인' 것이 아니라 '강제적인' 것이다. 만약 어떤 사람이 강하고 힘차고 단호하게 빨리 걷는다면, 우리는 그 빠른 걸음이 그에게 본성적이라고 말한다. 만약에 큰 개가 목줄을 잡아끌기 때문에 어떤 사람이 빨리 걷는다면, 우리는 그의 빠른 걸음이 그의 본성 때문이 아니라 강제 또는 강압 때문이라고 말한다.

  '퓌시스(φύσις)'라는 그리스어 단어는 이 두 가지 방식 모두로 사용되며, 또한 영어에서 그 두 가지 의미들이 서로 관련되듯이, 그리스어에서도 그 두 가지 의미들이 서로 관련된다. 그리스의 초기 문헌들에 따르면, '퓌시스'라는 단어는 우리가 영어 단어 '네이처(nature)'의 본래적인 의미로 인식하는 의미를 항상 담고 있었다. 그 단어는 항상 사물의 내부에 있거나 사물에 밀접하게 속해 있는 운동의 근원을 의미했다. 이것은 그리스 초기 작가들이 생각했던 유일한 의미였으며, 또한 그리스 문헌의 역사 전반에서 지속되었던 일반적인 의미였다. 그러나 아주 드물게, 그리고 상대적으로 늦게, 그 단어는 자연적 사물들의 전체 또는 총합이라는 이차적 의미를 갖게 되었고, 그것은 점차 코스모스(κόσμος), 즉 '세계'라는 단어와 대체로 같은 의미로 사용되었다. 예를 들어, 기원전 5세기 후반의 유명한 시칠리아 사람인 고르기아스[35]는 《비존재, 또는 퓌시스에 관하여(Περὶ τοῦ μὴ ὄντος, περὶ φύσεως)》라는 책을 썼다고 알려져 있는데, 이 책의 내용에 대한 고대 작가들의 말에 따르면, 제목에 사용된 '퓌시스'는 원리가 아니라 총합, 즉 어떤 사물을 그 사물이 현재 운동하는 그런 방식으로 운동하게 만드는 원리를 의미했던 것이 아니라 자연 세계를 의미했던 것이 분명하다.

---

35) 그는 대략 기원전 5세기 초에서 4세기 초까지(아마도 기원전 483년~기원전 375년) 생존했던 것이 분명하다[프리드리히 위버베크, 《철학의 역사(Geschichte der Philosophie)》, ed. 12, Berlin, 1926, vol. 1, p. 120]. 이에 대한 증거는 딜스, No 76, vol. ii, pp. 235~266 참조. 이 자료들에 따르면, 고르기아스는 ① 아무것도 존재하지 않고, ② 만약 무엇인가 존재할지라도 그것은 알려질 수 없으며, ③ 만약 누군가 어떤 것이 존재한다는 것을 알더라도 자신의 지식을 다른 사람에게 전할 수 없다고 주장했던 것으로 보인다. 이로부터 그가 의미했던 '퓌시스'의 의미가 분명해진다.

이오니아 철학자들은 '퓌시스'라는 단어를 항상 일차적인 의미로 사용했고, 결코 이차적인 의미로 사용하지 않았다는 것이 내 견해다. 즉, 그들에게는 '자연'이 세계 또는 세계를 구성하는 사물들을 의미했던 적이 결코 없으며, 그것은 항상 그 사물들에 내재해 있으면서 그것들이 현재 행동하는 방식 그대로 행동하도록 만드는 어떤 것을 의미했다. 따라서 초기 이오니아 철학자는 자기에게 제시되었던 "자연은 무엇인가?"라는 질문을 '자연적 역사'의 모음집, 즉 자연적 대상들과 자연적 사실들을 기술하는 데 필요한 모든 내용을 담은 것이라는 의미로 이해했을 가능성은 없다. 또한 그런 철학자가 《자연에 관하여(Περὶ φύσεως, On Nature)》라는 제목으로 책을 출간했다면, 그가 그 제목을 통해 자신이 그 책에서 자연적 대상들이나 자연적 사실들을 기술하려 했다는 것을 독자에게 알리려 의도했을 가능성도 없다. 그리스 문학사의 그 시기에 그런 제목이 붙은 책은 자연 세계에 어떤 사물들이 존재하는가에 대한 자연적 역사나 설명이 아니라 자연 세계의 사물들이 현재 운동하는 그런 방식으로 운동할 수 있게 만드는 원리를 설명하는 설명적 자연 과학이었을 것이다.

이것은 그리스 문학의 모든 초기 작품들과 대부분의 후기 작품들 속에서 '퓌시스'라는 단어가 어떤 의미였는가에 대한 사전적 진술에 불과하다. 그리스어에서 그 단어가 가졌던 다른 의미들은 모두 '원리'라는 의미로 환원되거나, 또는 그것에서 파생된 것으로 설명할 수 있다. 또한 그것에 대한 어떤 권위 있는 자료를 원하는 사람은 그 단어에 대해 길고도 자세하게 설명하고 있는 아리스토텔레스의 철학 용어 사전을 참고해야 한다.[36] 이에 대해서는 다른 곳에서 더 자세히 살펴볼 것이다(아래 166쪽 이하 참조).

이미 말했듯이, 그리스어에서 '퓌시스'의 본래적이고 고유한 의미는 영어 '네이처'의 본래적이고 고유한 의미와 같다. 그 영어 단어가 사실상 그리스어 단어에 대한 라틴어 번역에 불과하다고 말하는 적절한 이유가 있다. 예를 들어, 총알은 그 뒤에 있던 화약이 폭발했기 때문에 공기를 가르며 날아간다. 우리는 그 총알이 '자연적으로(본성적으로)' 날아간다고 말해서는 안 된다. 왜냐하면 그 폭발이 총알 내부에 있던 것이 아니기 때문이다. 폭발이 총알에 전달한 가속도는 총알 외부로부터 전달된 것이고, 따라서 총알이 날아가는 것은 총알 내부의 '자연적인' 운동이 아니라 강제적인 운동이다. 그러나 총알이 날아가면서 두꺼운 판자를 관통했다면, 그 총알이 판자에 의해 멈추지

---

[36] 《형이상학》 5권, 1014b 16~1015a 19.

않고 판자를 뚫고 지나갈 정도로 무거웠기 때문이다. 그것이 더 가벼운 물건이었다면, 같은 속도로 움직이더라도 멈췄을 것이다. 따라서 총알이 판자를 관통하는 힘이 그 무게의 기능인 한에 있어서, 그 힘은 총알이 갖는 '본성'의 기능이며, 또한 그런 한에 있어서 판자를 관통하는 것은 총알의 '자연적인' 기능이다.

이오니아 철학자들은 '자연(본성)'이라는 단어를 이런 방식으로 사용했으며, 우리도 여전히 그 단어를 그런 의미로 사용한다. 그 단어를 그런 방식으로 사용하는 것은 과학적인 것도 아니며 철학적인 것도 아니다. 만약 '본성'이라는 단어가 사물의 내부에 있는 행위의 근원을 의미하더라도, 그런 이유로 인해 그 단어를 사용하는 사람이 그 단어가 의미하는 어떤 것이 실제로 존재한다고 주장해야 하는 것은 아니다. 누군가 '본성'이라는 것은 없다고 말할 수도 있다. 이때 그가 의미하는 것은 고르기아스가 의미했던 것처럼 존재하는 사물들의 세계가 없다는 것이 아니라 사물들의 운동을 진행하게 만드는 내적 근원을 갖지 않는다는 것이다. 또한 그는 만물의 운동에서 모든 구체적인 사항들이 전능한 신의 의지로 인한 특별한 목적 때문이라고 말할 수도 있다. 이 경우에도 '본성'이라는 단어는 여전히 그 본래적인 의미로 사용되겠지만, 그런 사물이 존재한다는 것은 부정되었을 것이다.

한편으로는 '자연(본성)'이라는 단어를 사용한다고 해서, 그 단어를 사용하는 사람이 "세계 내에 존재하는 다양한 종류의 사물들이 다양한 종류의 본성들을 갖는가 또는 하나의 동일한 본성을 갖는가?"라는 질문에 대한 어떤 이론을 받아들인다고 할 수는 없다. "본성이 하나인가 또는 여럿인가?"라는 질문은 '본성'이라는 단어가 사용된 것이 어떤 종류의 설명도 해 주지 않는다는 단순한 사실에 기초한 질문이다. 이에 따르면, 그 단어를 사용하는 사람은 "몇 가지인가?"라는 질문에 대해 아무런 제한 없이 하나의 '본성'이 있다거나 또는 여러 '본성'이 있다고 자유롭게 말할 수 있다. 물론 "자연(본성)이 하나인가 또는 여럿인가?"라는 질문이 "자연 세계가 사물들의 한 묶음인가 또는 여러 묶음들인가?"를 의미하지는 않는다는 것을 이해해야 한다. 그것은 현명한 사람이라면 구태여 하지 않을 그런 질문이다. 그 질문은 '우리가 세계에서 발견하는 다양한 종류의 운동이 하나의 원리에 기인하는가, 아니면 서로 다른 여러 원리들에 기인하는가?'를 의미한다.

무엇보다도 단순히 '자연(본성)'이라는 단어를 사용한다고 해서, 그 단어의 사용자가 그것을 갖는 사물들의 운동과 관련해 '본성'이라고 부르는 것이 본질적으로 무엇인가에 대한 어떤 이론을 받아들이는 것은 아니다. 왜냐하면 내가 본래적인 의미에서의 '본성'이라고 불렀던 것은 상대적인 용어이기 때문이다. 사물의 '본성'은 그 사물 안에 있으면서, 그 사물이 현재 운동하는 방식 그대로 운동하게 만드는 것이다. 이렇게 말할 때, "그 사물이 현재 운동하는 방식 그대로 운동하게 만드는 것은 무엇인가?"라는 질문은 여전히 완전히 열려 있다. 그 질문에 대해 '그것의 본성' 때문이라고 말하는 것은 적절한 답변이 아니다. 왜냐하면 "그것의 본성이 그 사물이 현재 운동하는 방식 그대로 운동하게 만든다"라고 말하는 것은 동어 반복이며, 따라서 아무런 정보도 말해 주지 않기 때문이다. 그것은 "그 여성이 누구와 결혼했는가?"라는 질문에 대해 '그녀의 남편과 결혼했다'라고 답변하는 것이나 마찬가지다.

이오니아 철학자들은 이 세 가지 문제들에 대해 사실상 명확한 견해들을 갖고 있었다. 그들은 '본성'이라는 그런 것이 있다고 믿었고, '본성'이 '하나'라고 믿었으며, 또한 운동과 관련해서 본성이라고 부르는 그것이 본질적으로 실체 또는 질료라고 믿었다. 그러나 이것들은 철학적 또는 과학적 학설들이며, 이오니아 철학자들은 '본성'이라는 단어의 사용을 포기하지 않으면서 그 학설들 가운데 하나를 포기했을 수도 있고, 또는 자신들이 사용하는 그 단어의 의미를 변형하지 않으면서 그 학설들 가운데 어떤 것을 변형했을 수도 있다. 예를 들어, 사물을 운동하게 하는 내적 원인은 그것을 구성하는 것이 아니라 그 부분들의 배열들, 즉 그것의 '질료'가 아니라 형상이라고 어떤 사람이 말했을 수도 있다. 이 경우에 그 사람은 "사물들의 진정한 자연은 물질이 아니라 형상이다"라고 말했을 수도 있다. 이것은 '본성'이라는 단어에 부여된 의미상의 변화를 함축하는 것이 아니다. 변한 것은 그 단어의 적용 방식뿐이다.

이 점을 분명히 해야 하는 이유는, 그리스 초기의 철학을 공부하는 모든 학생들이 가장 귀중한 안내자들 가운데 한 사람으로 간주하는 아주 저명한 학자 존 버넷(John Burnet)의 저술에서 그 문제가 아직도 혼란스러운 상태로 남아 있기 때문이다. 버넷은 다음과 같이 말한다. '퓌시스'라는 단어는 "원래 한 사물을 구성하는 특정한 물질을 의미했다. 예를 들어, 나무로 만든 것들은 하나의 '퓌시스'를 갖고, 바위들은 다른 '퓌시스'를 가지며, 살과 피는 그것들과는 또 다른 '퓌시스'를 갖는다. 밀레토스 철학자들은 모든 사물들의 '퓌시스'에 대해 질문했다".[37] 이것은 도 여사(Mrs. Doe)에게 '남편'이란 존 도(John Doe)를 의미하며, 로 여사(Mrs. Roe)에게 '남편'이란 리처드 로(Richard Roe)를 의미한다고 말하는 것과 같다. 그것은 옳은 말이지만, 오해의 여지가 있다. 도 여사와 로 여사는 한 남자를 남편

---

37) 존 버넷(John Burnet), 《그리스 철학 : 탈레스에서 플라톤까지 (Greek Philosophy, Thales to Plato)》, London, 1920, p. 27.

으로 만드는 것이 무엇인가에 대해 동의하고 있다. 즉, 그들은 그것이 한 남자와 한 여자의 특별한 관계라는 점에 동의하고 있다. 먼저 그들은 각각 이 관계의 한 가지 사례, 즉 그녀들 자신과 각각 관련한 사례에 주된 관심을 갖는다. 따라서 도 여사가 '남편'이라고 말할 때는 존 도를 말하는 것이고, 로 여사가 '남편'이라고 말할 때는 리처드 로를 말하는 것이다. 이것은 그들이 '남편'이라는 단어를 각각 다른 의미로 사용하기 때문이 아니라 각각 서로 다른 남자와 결혼했기 때문이다. 따라서 버넷이 "밀레토스 철학자들은 이러한 세 가지 형태들로 나타나는 것"(즉, 고체, 액체, 기체)이 "하나라고 믿었으며, 그리고 내가 주장하듯이 그들은 그것을 '퓌시스'라고 불렀다"라고 말할 때,[38] 그가 말한 것은 분명히 옳지만, 그것은 사람들을 오해하게 만들며 사실상 그 자신을 또한 오해하게 만들었다. 그는 자신이 '퓌시스'라는 단어의 독특하고도 '본래적인' 의미를 발견했다고 생각했다. 그러나 이것은 착각이었다. 버넷은 한 가지 특별한 이유로 인해, 즉 보편적이고 근원적인 실체를 근원적 물질이 내적 근원을 갖는 그런 모든 운동의 내적 근원으로 여겼기 때문에, 그 단어가 득별한 하나의

---

[38] 존 버넷, ibid.

것, 즉 그 실체에 적용되었다는 것을 발견했을 뿐이었다. 이것은 도 여사가 하나의 특별한 이유로 인해, 즉 그녀가 그와 결혼했다는 이유 때문에 '남편'이라는 단어를 특별한 한 남자, 즉 키가 크고, 날씬하고, 면도를 말끔하게 한 남자에게 적용했던 것과 마찬가지다.

버넷이 논의하는 것은 자신이 생각하는 것처럼 '퓌시스'라는 단어의 의미에 대한 것이 아니었고, 그 단어가 올바르게, 그리고 그것의 일상적인 의미로 적용될 수 있다고 여겼던 어떤 것의 발견에 대한 것이었다. 버넷이 옳게 지적하듯이, 이오니아 철학자들은 '만물을 구성하는 것(out of which everything was made)'에 그 단어를 적용했다. 그 단어가 이렇게 적용되기 위해서는, 그 단어는 말이나 글에서 이미 확립된 한 가지 의미를 미리 가졌어야 한다. 이것은 도 여사가 "존은 내 남편이다"라고 말하는 경우에, '남편'이라는 단어는 그녀가 사용하는 것처럼 그 자체의 의미를 미리 갖고 있어야 하고 단순히 존 도를 부르는 다른 이름이어서는 안 되는 것과 마찬가지다. 버넷은 '퓌시스'라는 단어가 그리스 초기에 어떤 의미였는가에 대해 질문하지 않았고, 다만 다양한 사람들이 그 단어를 어떤 것들에 적용했는가에 대해서만 질문했던 것으로 보인다.

II. 피타고라스학파

1. 피타고라스

피타고라스[39]는 그리스 사상사에서 가장 중요한 인물들 가운데 한 사람이다. 또한 그는 가장 덜 알려진 사람들 가운데 한 사람이기도 하다. 고대의 권위자들은 그의 전기에 기록된 하나의 사건, 즉 단 한 가지 사건에 대해서만 말해 주고 있는데, 그것은 그가 기원전 532년에 시작된 독재자 폴리크라테스(Polycrates)의 통치에 반대했기에 자신의 출생지인 사모스(Samos)를 떠나 남부 이탈리아로 이주했다는 것이다. 또한 그는 크로톤(Croton)에 있는 칼라브리아의 해안가에 정착했고, 그곳에서 엄격하게 규정된 생활 수칙을 가졌을 뿐만 아니라 부분적으로는 종교적이고, 부분적으로는 철학적이고 과학적이며, 또한 부분적으로는 정치적인 기능을 수행하는 공동체를 설립했다고 전해진

---

[39] (옮긴이 주) 우리가 흔히 '피타고라스'라 부르는 철학자의 그리스어 철자는 'Πυθαγόρας'로서, 두 번째 철자 'υ'의 발음은 '이'가 아니라 '위'이므로 '퓌타고라스'가 원어에 더 근접한 발음이나, 국내에서는 '피타고라스'를 사용하므로 여기에서도 그 발음을 유지한다.

다. 그러나 일부 고대 작가들은 피타고라스가 자기 자신의 견해를 가질 만큼 나이가 들기도 전에 그런 이유로 사모스를 떠나지는 않았으리라고 가정하는데, 그들은 폴리크라테스가 실권을 잡았을 때 피타고라스가 아크메(ἀκμή)라고 부르는 지적으로 성숙한 경지에 도달해 있었고, 피타고라스의 나이가 대략 40세 정도였을 것이라고 임의로 추측하고 있다. 이는 피타고라스가 기원전 572년경에 태어났다는 것이지만, 다만 추측에 불과하다. 한편 그가 기원전 497년경에 사망했다고 하는데, 이것은 그가 75세까지 생존했으리라는 가정에 기초한 또 다른 추측에 불과하다.

크로톤에 있던 피타고라스 공동체는 파란만장한 역사를 지녔고, 기원전 5세기 중반 이후에 마침내 해체되었다. 생존자들은 뿔뿔이 흩어졌고, 그리스의 여러 지역에서 피타고라스학파의 전통을 유지해 나갔다. 그러나 그들 가운데 누구도 그것을 기록으로 남긴 것으로 보이지 않으며, 피타고라스 자신도 아무런 글을 쓰지 않았다. 따라서 아리스토텔레스가 그리스 사상사를 저술하게 되었을 때, 그는 피타고라스 자신의 사상과 그 추종자들의 사상을 구분할 수 없을 뿐만 아니라 초기 추종자들과 후기 추종자들의 사상도 구분할 수 없다는 것을 알게 되었다. 오랜 기간에 걸친 학자들의 힘겨운 노력에도 불구하고, 오늘날 '피타고라스주의'라고 부르는 것은 유동적이면서도 형태가 없는 학설을 지칭하는 것에 불과하며, 어떤 부분들은 기원전 5세기까지, 다른 것들은 기원전 4세기까지, 그리고 또 다른 것들은 서기 초반의 몇몇 세기까지 거슬러 올라간다.

여기에서 우리는 이런 형태의 학설에서 우주론적인 요소만을 살펴볼 것이다. 그리고 나는 피타고라스 자신이 다루었을 방식으로 자연의 문제에 관한 대략적인 그림을 맞춰 보려 노력하겠지만, 그것은 대체로 추리에 근거하며 아주 적은 몇 가지 경우들을 제외하고는 고대의 권위자들에 의해 뒷받침되지 않은 것이다.

사모스에서 청년기를 보낸 피타고라스는 이오니아의 과학적인 분위기 속에서 자랐을 것이다. 그는 탈레스가 사망하기 전에 태어났던 것이 분명하고, 그의 청년기는 아마도 부분적으로나마 아낙시만드로스의 생존 시기와 겹치며, 아낙시메네스의 생존 시기와는 완전히 겹친다. 어쨌든 이오니아학파의 학설들은 오랫동안 지속되었고, 기원전 5세기에도 그것들을 여전히 가르쳤다. 따라서 피타고라스가 세 명의 이오니아 철학자들에게서 직접 배운 제자는 아니었을지라도, 그들에게서 배운 것이 전혀 없다는 결론이 나오지는 않는다. 사실상 우리가 아는 바에 따르면, 피타고라스주의는 이오니아의 자연 과학에 상당히 정통했던 사람, 이오니아의 자연 과학에 의해 전체적인 지적 생활에 한편으로는 긍정적이고 다른 한편으로는 부정적인 영향을 받은 사람, 그리고 어떤 부분들에서는 이오니아 자연 과학의 가르침을 수용하고 지속했고, 다른 어떤 부분들에서는 그것을 단호하게 비판했던 사람에 의해 설립되었음이 틀림없다.

피타고라스학파의 우주 구조론 또는 세계관은 이 점에서 피타고라스가 이오니아학파의 진정한 신봉자였음을 보여 주고 있다. 아낙시메네스와 마찬가지로, 그는 세계가 한없는 삼차원적인 수증기의 바다에 매달려 있고, 그것으로부터 영양분을 흡수한다고 생각했다. 또한 아낙시메네스나 아낙시만드로스와 마찬가지로, 그는 세계가 지구를 중심으로 한 이 수증기 속에서 순환하는 핵이며, 이 순환 운동이 상반자들을 생성하거나 분리한다고 생각했다. 그 자신의 새로운 발견은 지구의 모양이 둥글다는 것이었다.

자신의 우주론 또는 이 그림에 대한 이론적인 설명에서, 피타고라스는 중대한 결과를 가져올 새로운 경지를 개척했다. 이 점에 대한 피타고라스와 이전 철학자들 사이의 차이는 아주 분명하며, 따라서 우리는 그의 사고가 실제로 어떻게 움직여 갈 것인가를 어느 정도 확신을 갖고 추측할 수 있다.

피타고라스는 이전 철학자들이 근원 물질에 대한 개념에 대해 아무것도 선택할 수 없는 양자택일(dilemma)의

뿔들 위에 놓여 있었다는 것을 분명히 알았을 것이다. 만약 그들이 예를 들어 근원적 물질이 물이나 수증기 또는 다른 어떤 것이라고 단정하는 식으로 그에 대한 정확한 설명을 제시하려고 노력했다면, 그들은 답변이 될 수 없는 질문을 하는 것이었다. 왜냐하면 그것은 어떤 답변이 올바른 답변인지를 알지 못해서가 아니라 어떤 답변이든 그 이론 전체에 치명적일 수밖에 없기 때문이다. 만약 근원 물질이 정말로 모든 사물들을 구성하는 것이라면, 그것이 그것으로 구성될 수 있는 것들 가운데 어떤 하나가 아니라 다른 것과 더 비슷해야 할 이유가 없다. 즉, 그것이 안개나 불이나 흙이 아니라 물과 더 비슷해야 할 이유가 없다는 것이다. (아낙시만드로스가 이미 알았듯이) 근원 물질은 아무런 내적 특성을 갖지 않는 것이어야 하며, 또한 누군가 근원 물질에 대해 부정적인 용어들과 반대되는 긍정적인 어떤 것을 말하기 위해 노력할 때, 그가 그것에 대해 말할 수 있는 것은 다만 그것이 공간을 차지한다는 것이었다.

만약 이 대안적인 답변, 즉 근원 물질이 아무런 내적 특성을 갖지 않는다는 답변을 이오니아 철학자들이 받아들였다면, 그들은 양자택일의 다른 뿔에 의해 찔리는 것이다. 이 대안적인 답변에 따르면, 피타고라스에게 직접적인 영향을 준 스승이었던 아낙시메네스가 주장했듯이, 근원 물질이 희박화 또는 응축화를 통해 불이나 안개나 물 또는 흙이 된다고 주장해야 할 것이다. 그러나 이 희박화와 응축화는 물질 자체와 그 물질이 차지하는 공간의 구분을 함축했다. 왜냐하면 그것은 물질의 변화하는 양들이 같은 공간을 차지한다는 것과 같은 양의 물질이 더 크거나 더 작은 공간을 차지한다는 것을 함축했기 때문이다. 그러나 만약 물질이 전적으로 비규정적이거나 또는 아무런 특성을 갖지 않는다면, 그 물질과 그 물질이 차지하고 있는 공간을 어떻게 구분할 수 있는가? 1입방피트[40]라는 부피는 특정한 어떤 것의 1입방피트의 부피가 아니며, 또한 이것과 1입방피트 부피의 빈 공간을 구분할 방법이 없다. 이런 식으로 생각할 때, 우리는 이오니아 우주론의 귀류법(reductio ad absurdum)에 도달하게 된다. 즉, 물질이라는 개념을 진공(void)이라는 개념과 구분할 수 없으며, 따라서 그 이론의 전체 체계가 실패로 끝나게 된다는 것이다.

그러나 피타고라스는 그 질문을 이렇게 남겨 놓는 데 만족하지 않았다. 이전의 이오니아 철학자들은 기하학의 발전에 상당히 많이 기여했고, 피타고라스 자신도 그 분야에 상당한 재능을 갖고 있었다. 그는 우주론의 문제들과

---

40) (옮긴이 주) 1입방피트(cubic foot)는 부피를 가리키는 단위로서 가로×세로×높이 약 30센티미터이며, 용적으로는 약 28.3리터를 말한다.

기하학의 성과들 사이에 지금까지 경시했던 어떤 연결 고리가 있을 수 있다는 것을 발견했다. 서로 다른 기하학적 도형들은 모두 동일한 공간적 형태들을 갖기 때문에 물질적 특징들이 없이 오직 형상적 특징들만을 갖는다. 이러한 새로운 토대에 기초해, 피타고라스는 자연의 질적 차이들이 기하학적 구조의 차이들에 기초한다고 주장했다. 어쨌든 이것이 피타고라스학파의 학설이었고, 그것을 피타고라스 자신의 학설이었다고 말하더라도 틀리지 않을 것이다. 이 새로운 이론의 핵심은 우리가 이제부터는 근원 물질이 어떤 것이냐고 굳이 질문할 필요가 없다는 것이다. 그런 질문은 아무 소용이 없다. 우리는 근원 물질에 공간적 특성 이외의 다른 어떤 특성도 부여할 필요가 없다. 우리가 그것에 **반드시** 부여**해야** 할 것은 기하학적 형태를 갖는 힘이다. 사물들의 자연(본성), 즉 그것들이 개별적으로 또는 집합적으로 그것들이게끔 하는 자연은 기하학적 구조 또는 형상이다.

이 견해는 이오니아 이론의 큰 발전이었다. 이오니아 철학자들은 서로 다른 종류의 사물들이 갖는 차이들을 설명할 수 없었다. 물질은 동질적이며 분화되지 않았기 때문에, 그 차이들이 물질에 근거한 것일 수는 없었다. 또한 그 차이들이 어쨌든 자연적이지 않고 또한 외부로부터 아무렇게나 강제된 것으로 여겨질 뿐만 아니라 (사실상 그렇게 보이듯이, 만약 물질의 희박화와 응축화가 불가능하다면) 심지어 외부로부터의 그러한 강제마저도 불가능하다. 탈레스에 따르면, 활성적인 자석과 활성적인 곤충은 모두 물이었고, 물 이외의 다른 것이 아니었다. 그렇다면 왜 그것들 가운데 하나는 자석처럼 움직이고, 다른 것은 곤충처럼 움직이는가? 이오니아 철학자들의 이론은 아무런 답변을 제시할 수 없다. 사실상 그것은 자석-자연 또는 곤충-자연과 같은 어떤 것이 있다는 것을 부정해야 한다. 즉, 자석이나 곤충의 특징적인 운동이 그것에 자연적이라는 것을 부정해야 한다는 것이다. 그러나 그것들 각자의 기하학적 구조 때문에 자석이 자석이고 벌레가 벌레라고 가정해 보자. 그리고 사물들의 자연이 단지 그러한 기하학적 구조를 의미한다고 가정해 보자. 그렇게 되면 그것들 각자의 운동은 그런 종류의 사물에 자연적일 것이다. 따라서 피타고라스는 이오니아 철학자들이 답변할 수 없다고 생각했던 질문들에 대한 답변을 원칙적으로 가능하게 만들었고, 실질적으로 그는 사실상 그런 종류의 질문들에 타당하고도 잘 확립된 답변을 제시했다.

그가 이런 종류의 성공을 거둔 분야는 음향학(acoustics) 분야였다. 그는 음정과 음정 사이의 질적 차이들이 그런 음정들을 만들어 내는 현(string)들의 재료에 의존하는 것이 아니라 전적으로 그것들의 진동 비율에, 즉 규칙적인 음조(rhythm)를 성공적으로 만들어 내는 각각의 현이 일정한 기하학적 형태들의 연속을 보이는 방식에 의존하고 있다는 것을 보였다. 음조의 박자를 바꾸는 것은 음정(note)을 바꾸는 것이고, 두 개의 다른 현들로 똑같은 음조를 만들어 내는 것은 그 현들이 모두 똑같은 음정을 내게 만드는 것이다. 더 나아가 피타고라스는 음악적인 음정들(intervals)[41]이 '조화(concordance)'를 이루는 성질과 그것에 상응하는 비율들의 수학적 단순성 사이에 어떤 중요한 상관관계가 있다는 것을 보였다. 1:2, 2:3, 3:4의 비율은 '조화를 이루는(concordant, 협화음의)' 음정들을 산출하며, 동일한 연속 선상에 있는 다른 비율들은 (각각의 독특한 성질이 있긴 하지만) 점차 '조화를 이루지 못하는(discordant, 불협화음의)' 음정들이 된다. 이렇게 해서 피타고라스는 수학적인 용어들을 사용해 음악 이론을 만들어 내는 것이 가능하다는 것을 발견했다. 그것은 단지 음의 고저 차이를 설명하는 음향학적 이론만이 아니라 협화음과 불협화음의 차이를 설명하는 하나의 미학적 이론이

---

41) 그리스 음악에서 '조화를 이루는'과 '조화를 이루지 못하는'이라는 단어들은 화음에서 음정들의 결합이 아니라 곡조에서 음정들의 연속을 가리킨다. 그러나 화음이 처음 만들어졌을 때, 화음에서 비슷한 규칙들이 유효한 것으로 밝혀졌다.

기도 했다. 사물의 구조를 수학적인 용어들로 설명할 수 있듯이, 음악적인 소리(악음), 그것의 음향학적 성질, 그리고 그것의 미학적인 성질은 (사물의 내부에 있으면서 그 사물을 일정한 방식으로 운동하게 만드는 것인) 사물의 자연(본성)이 그 사물을 구성하는 물질이 아니라 그 사물의 구조라는 가정의 결과들을 해결함으로써 설명되었다.

피타고라스주의의 위대한 승리는 그것이 현존해 있을 때 음악 이론의 영역에서 이루어졌다. 그러나 이것이 단지 다른 업적들을 산출하는 전조에 불과하다는 것은 처음부터 예견되었다. 만약 하나의 악기를 기하학적 형태를 지닌 운율을 만들어 내는 구조물로 간주할 수 있다면, 자석이나 곤충에 대해서는 왜 그럴 수 없는가? 그리고 피타고라스가 원칙적으로 옳았다는 것은 과학사에서 입증되고 있다. 화학에서 물의 질적 특수성과 H_2O라는 분자식을 연결할 때, 이것은 피타고라스의 원리를 새롭게 적용한 것에 불과하다. 또한 빛, 방사능, 원자 구조 등의 수학적 이론들을 포함하는 전체적인 현대 물리학은 피타고라스의 견해와 동일 선상의 사고가 이어지는 것이며, 또한 그 견해의 정당성을 입증하는 것이다. 현대 과학자가 빛이 미립자로 구성되었는지 파동으로 구성되었는지 모르고, 또한 그것을 때로는 이런 방식으로 때로는 다른 방식으로 구성되었다고 생각하지만, 지식을 모두 방정식으로 표현할 수 있는 속도, 굴절 등에 대해 많이 알고 있다고 말할 때, 그는 피타고라스가 제자들에게 말했으리라고 우리가 상상하는 것을 그대로 따라 하는 것이다. 즉, 세계가 무엇으로 구성되었든 상관없으며, 또한 우리는 근원 물질이 무엇이든 그것이 수용하고 겪는 양식(pattern)의 종류들과 변화들을 연구해야 한다는 피타고라스의 말을 그대로 따라 하는 것이다.

우리가 자연 과학에서 피타고라스적 혁명이 어떤 상황에서 발생했는가를 기억한다면, 그 혁명의 탁월한 성공을 이해하는 것은 그리 어렵지 않을 것이다. 그 혁명의 성공은 사물들을 구성하는 물질이나 실체와 관련해 그것들의 운동을 설명하려는 시도를 포기하고, 그 대신에 수학적으로 설명이 주어질 수 있는 어떤 것으로 여겨지는 그것들의 구조, 즉 그것들의 형상과 관련해 설명하려는 시도에서 이루어졌다. 이런 태도의 변화가 그토록 성공적이었던 이유는 사물들의 운동을 설명하기 위해서 서로 다른 사물들의 유사점과 그것들의 차이점을 모두 공정하게 다룰 필요가 있었기 때문이다. 그런 운동을 물질적으로 설명하려는 시도는 이러한 두 가지 요구를 모두 충족할 수 없었다. 만약 우리가 하나의 궁극적인 근원 물질에 도달하지 못한다면, 아직도 할 일의 절반이 남아 있는 것이다. 만약 우리가 그것을 결론까지 밀어붙여서 하나의 궁극적인 근원 물질에 도달하게 된다면, 그것은 모든 차이를 허물어 버린 것이 된다. 하나의 원리로 여겨지는 물질은 너무 균일하거나, 또는 충분히 균일하지 못하다. 그러나 수학적 형상은 무한한 다양성을 가진 수학적 형상들의 위계 속에서 그 자체를 다른 것들과 차별화하는 원리다. 수학적 형상들은 삼각형, 사각형, 오각형…; 피라미드, 정육면체, 정십이면체…; 1:2, 2:3, 3:4…의 비율 등처럼 무한한 다양성을 갖고 있다. 이렇게 무한하게 연속되고 또 연속되는 형상들은 차별성의 근거를 그 자체의 내부에 갖게 되며, 따라서 수없이 많은 종류의 사물들이 갖는 차이들을 설명할 수 있게 된다.

피타고라스주의의 성공에는 주제가 더 흥미롭고도 철학적으로 더 심오하다는 두 번째 이유가 있었다. 이오니아 철학자들은 물리학과 수학이라는 두 분야를 동시에 다루고 있었다. 그러나 그것들이 그들의 생각 속에서 서로 효과적으로 접촉하지는 못했던 것으로 보인다. 그들의 물리학이 실패했던 이유는 물리학이 알지도 못하고 이해하지도 못할 하나의 원리, 즉 추상적인 물질에 호소했기 때문이다. 피타고라스학파 또는 피타고라스 자신은 (그처럼 단순한 일을 한 사람은 최고의 천재였기 때문이다) 이오니아 철학자들이 일하는 동안 한편으로는 자물쇠를 만들고, 다른 한편으로는 그 자물쇠에 맞는 열쇠를 만들고 있었다는 점을 지적했다. 물리학의 문제를 해결하는 데 필요했던 원리는 수학적인 관점에서 접근할 수 있었다. 물리학이 필요로 했던 원리, 즉 예전에는 지성을 통해 이해할 수 없는 어떤 것인 물질과 헛되이 동일시되었던 원리가 이제는 지성을 통해 이해할 수 있는 최상의 어떤 것인 수학적 진리와 동일시되었다. 사람들이 수학적으로 사고하는 방법을 배웠을 때(그리고 그리스인들이 이오니아 철학자들로부터 그것을 배웠을 때), 수학이 인간의 정신을 완전히 편안하게 할 수 있는 어떤 무대, 다른 어떤 것보다 명료하고도 확실한 지식을 얻을 수 있는 무대, 즉 이오니아 철학자들의 천문학적 예측과 우주론적 사고에서 얻는 것보다 훨씬 더 많은 것을 얻을 수 있는 그런 무대를 제공했음은 분명했다. 피타고라스학파는 (아마도 우리는 '피타고라스는'이라고 말해야 하겠지만) 명료하고도 확실한 이런 종류의 지식을 사물의 본질에 대한 지식이라는 위치에 놓았다. 즉, 사물이 가질 수도 있는 형태(모양)는 물론이고 그 사물에 그것의 특수한 속성과 서로 다른 차이를 부과하는 것에 대한 지식이라는 아주 새롭고도 즉각적인 믿음을 주는 위치에 놓았다는 것이다. 우연히 이것은 수학을 연구하는 아주 강력한 동기가 되었지만, 사물들의 본질, 즉 그 사물들을 그 사물들이게끔 만드는 것이 가장 잘 알 수 있는 것이라는 선언으로서의 그 철학적 중요성은 훨씬 더 커졌다.

따라서 소크라테스가 윤리적 개념들을 수학적 개념들보다 더 잘 알 수 있다고 주장했을 때, 그리고 소크라테스 또는 그의 제자 플라톤이 사물들의 궁극적인 자연(nature, 본성)과 선(good) 개념을 동일시했을 때, 그러한 새로운 사고의 흐름이 어느 정도는 수학에서 다른 곳으로 관심을 돌렸지만, 그것은 철학적으로는 아무런 변화도 아니었다. 그래서 그리스 사상의 전반적인 역사를 돌이켜보던 아리스토텔레스가 플라톤을 피타고라스학파의 일원으로 설명할 수 있었다. 왜냐하면 만약 형상이 본질적으로 형상들의 위계 속에서 그 자체를 다른 것과 차별화하는 어떤 것이라면, 무수히 많은 수학적 형상들이 무한한 다양성을 가짐에도 불구하고 그 위계를 모두 채우리라고 생각할 필요는 없기 때문이다. 즉, 수학적인 형상들이 아닌 것들도 있을 수 있다는 것이다.

2. 플라톤 : 형상 이론

(1) 형상의 실재성과 지성성

이처럼 피타고라스학파, 그리고 아마도 그 학파의 설립

자는 무수히 많은 형상들의 위계에서 스스로를 차별화하는 형상이 사물들의 자연을 구성한다고 생각했다. 사물들이 현재 운동하는 방식으로 운동하게 만들고, 또한 사물들을 현재의 사물들과 같은 사물들로 만드는 것이 그 사물들 내부에 있는 형상이었다. 그 이후로 물질도 아니고 형상을 받아들일 수 있는 어떤 것이 아니라 형상 또는 구조가 본질과 동일시되었다. 형상이 내재하는 사물들의 운동과 관련해서 말하자면, 형상은 본질(essence) 또는 자연(nature, 본성)이다. 형상을 연구하는 인간의 정신과 관련해서 말하자면, 형상은 자연 세계를 구성하는 사물들처럼 지각되는 것이 아니라 지성적인 것이다. 형상들의 다수성은 이른바 지성 세계(intelligible world, mundus intelligibilis, νοητὸς τόπος)를 구성한다.

이 지성 세계는 완전한 의미에서, 그리고 모든 의미에서 실재한다. 둥긂(circularity)이나 좋음(goodness)이 우리 마음속에 있는 단순한 관념, 즉 우리 인간 지성의 창조물(νόημα, ens rationis)이라는 견해는 피타고라스나 플라톤의 사고와는 아주 다르다. 자연 세계를 구성하는 지구와 별들 등과 마찬가지로, 둥긂과 좋음은 그것들을 탐구하는 인간의 사고로부터 독립적이다.

만약 '실재하는(real)'이란 단어가 '상상적인(imaginary)' 또는 '환상적인(illusory)'이란 단어와 상반된 의미라면, (플라톤이 그렇게 부르기 시작했듯이) 이 '관념들'은 신체적인 또는 물질적인 사물들과 마찬가지로 '실재하는' 것으로 여겨졌다고 말할 수 있다. 만약 '실재하는'이 그리스어 단어 '알레쎄스(ἀληθής)'의 번역어라면, 그 '관념들'은 훨씬 더 실재한다. 왜냐하면 그리스어에서 '알레쎄스'는 문자 그대로 '숨겨지지 않은', '감춰지지 않은', 또는 '속임이 없는'을 의미하기 때문이다. 어떤 사람이 '알레쎄스'하다고 말하는 것은 그가 위선자가 아니라 자신에 대해 솔직하고 개방적이고 진술하다는 것을 의미한다. 어떤 사물이 '알레쎄스'하다고 말하는 것은 그것을 그것이 아닌 다른 것으로 생각하게끔 사람들을 속이지 않는다는 것이다. 이런 의미에서 '실재하는'은 '실재하는(진짜) 신발 끈' 또는 '실재하는(진짜) 골동품'이라고 말할 때와 같은 의미다.

그런데 삼각형들과 원들은 속임이 없는 것들이다. 그리스적 의미에서, 수학적 원은 전적으로 '실재하는' 것, 즉 실제로 둥근 것을 말한다. 둥글다고 여겨지는 쟁반이나 컵은 실제로 둥근 것이 아니다. 왜냐하면 도공은 그것을 완전히 둥글게 만들 수 없기 때문이다. 그것이 실제로 둥글지 않지만 실제로 둥근 것처럼 생각하도록 눈을 속이는 것이다.

현대인들이 '실재하는'이라는 단어의 두 가지 의미를 구분하려는 노력을 기울이지 않는다면, "지각되는 것들은 비실재적이거나, 또는 최소한 지성적인 것들 또는 '형상들' 또는 '관념들'보다 훨씬 덜 실재한다"라는 플라톤의 이론을 이해하기 어려울 것이다. 만약 그것이 "이 신발 끈은 실재하고 저것은 그렇지 않다"라고 말할 때 우리가 사용하는 '실재하는'이란 단어의 의미와 동일한 의미를 함축한다는 것을 사람들이 볼 수 있다면, 그것은 이해하기 쉬워질 것이다.

플라톤의 철학에서, 자연 세계를 구성하는 사물들이 변화되기 쉽다는 것, 즉 그것들이 외부의 힘들로 인해 그것들에 가해진 작용에 의해 변화될 수 있을 뿐만 아니라 그것들이 스스로 변화하기 때문에 본질적으로 일시적이란 것을 보여 주는 것은 그 사물들의 '비실재성(unreality)'을 증명하는 것이다. 플라톤은 이것들을 존재하는 것들(ὄντα)이 아니라 생성되는 것들(γιγνόμενα)이라고 말한다. 이것은 그것들이 비실재적임을 보여 준다. 왜냐하면 그것이 그것들의 표면적인 특성들에 대한 지배력이 안정적이지 않다는 것을 보여 주기 때문이다. 예를 들어, 태양은 죽어 가고 있는 태양이며, 이것은 태양이 태양으로서의 특성들을 점차 넘어서고 또한 몰아내는 비(非)태양적인 특성들 또는 반(反)태양적인 특성들을 그 안에 갖고 있다는 것을 말하는 하나의 방법에 불과하다. 그것이 속속들이 진정한 태양은 아니다. 그 안에 있는 태양의 특성들 가운데 지배적인 것은 다만 스쳐 지나는 존재의 국면에 불과하며, 이것은 전체적으로 스쳐 지나는 국면들로 이루어진 것이다. 만약 플라톤이 태양을 비실재적이라고 말한다면, "태양이 있다"라고 우리가 말할 때 사실상 그곳에는 전혀 아무것도 없다는 것을 그가 의미하는 것은 아니다. 그가 의미하는 것은, 그곳에 실제로 있는 사물이 우리가 그것을 태양이라고 부를 때 그것이 갖고 있으리라고 생각하는 성질들을 사실상 확고하고도 숨김없이 갖지는 않는다는 것이다. 태양은 그런 성질들을 일시적으로 가지며, 그 성질들은 태양이 항상 갖는 속성이 아니다. 우리가 그렇게 생각하는 것은 속은 것이다.

    수학의 삼각형 또는 수학의 원(circle) 형태를 갖는 사물들을 이 설명과 비교해 보자. 삼각형은 비삼각형의 어떤 요소도 숨기고 있지 않으며, 원은 원이 아닌 것의 어떤 요소도 숨기고 있지 않다. 금속 조각처럼 지각되는 어떤 물체가 뜨겁더라도 그것은 다만 어느 정도까지만 뜨겁다. 그것이 더 뜨겁지는 않다고 말하는 것은 그 안에 차가움의 어떤 요소가 여전히 있다는 것을 표현하는 한 가지 방법이다. 태양 자체의 내부에도 열기와 냉기라는 '상반된 것들(상반자들)'이 공존하며, 만약 하나가 숨겨져 있다고 해도 그렇다고 해서 다른 하나가 없다는 것은 아니다. 그러나 삼각형이나 원은 그 자체와 상반되는 성질들을 포함하고 있지 않다. 그것은 순수하게 또는 전적으로 그것 자체일 뿐이다. 이것은 모든 '관념들', '형상들', 또는 '지성의 대상들'의 경우에도 적용된다. 그것들은 전적으로 그것들 자체일 뿐이다. 반면에 지각되거나 물질적인 모든 사물들에 대한 진실은 그것들이 (내가 표면적인 특성들이라고 불렀던) '그것들인 것(what they are)'과 (그 표면적인 특성들과 상반된 것들인) '그것들이 아닌 것(what they are not)'의 혼합물이라는 것이다.

(2) 처음에는 내재적인 것으로, 나중에는 초월적인 것으로 생각된 형상들

이것은 플라톤의 작품에서 '지각의 대상들(perceptibles)'과 '지성의 대상들(intelligibles)'이 서로 관련되어 보이는 방식이거나, 또는 최소한 그 방식의 일부다. 그리스인들의 사고에서 그것들의 관계는 두 가지 단계가 있는 것으로 보인다. 먼저 지성적 형상 또는 '관념'은 (전체적으로 조망할 때) 어떤 특정한 방식으로 형성된 물질을 구성하는 사물의 형상적(formal) 요소나 구조였던 것처럼 보인다. 물질은 형상화나 조직화를 거친 것이었고, 형상은 물질이 조직되는 방식이었다. 자연물들의 총합인 세계의 전체적인 구조는 물질과 형상의 복합체였다. '형상화되지 않은(unformed)' 물질은 세상 어디에도 없으며, '체화되지 않은(not embodied)' 형상도 없다. 이오니아 철학자들은 세계의 외부에 형상을 갖지 않은 물질이 무한히 많이 있다고 믿었지만, 그렇다고 해서 물질 속에 신체화되지 않은 형상이 반드시 있다는 결론이 나오지는 않았다. 형상은 전적으로 세계에 내재하는 것이었다. 지성의 대상인 형상은 그것이 내재해 있는 세계를 지성적으로 만드는 것으로서만 존재했다.

그러나 그리스의 철학 문헌에서는 형상을 내재적으로 보는 이러한 견해 이외에 형상을 초월적으로 보는 또 다른 견해도 발견된다. 여기에서 형상은 지각되는 자연 세계에 존재하는 것이 결코 아니며, 별도의 세계에서 형상 '그 자체로서(by iteself, αὐτ' καθ' αὐτό)' 존재한다. 즉, 형상은 지각되는 물질적인 사물들의 세계가 아니라 지성적인 순수 형상들의 세계에 존재한다.

《향연(Symposium)》과 《파이돈(Phaedo)》에서, 플라톤은 형상이 초월적이라는 견해를 강력하고도 공들여 말하고 있다. 집필 시기를 밝히기 위해 플라톤의 대화록들에 나타나는 언어들을 통계적으로 분석해 온 학자들은 위의 두 대화록이 비슷한 시기에 쓰였으며, 그들이 분류했던 플라톤의 네 가지 집필 시기 가운데 두 번째에 속하는 것으로 본다.[42] 그 후 플라톤의 대화록들에 대한 '문체 분석 방법(stylometry)'은 많은 구체적인 발전을 거듭했는데, 그

가운데 어떤 견해를 선택하든 학자들은 《향연》과 《파이돈》을 기원전 385년이나 그 직후, 즉 플라톤이 아카데미를 막 설립했던 시기인 40세에서 45세경에 집필했으리라는 데 동의하고 있다.

---

42) 윈센티 루토슬라브스키(Wincenty Lutosławski), 《플라톤 논리학의 기원과 성장(The Origin and Growth of Plato's Logic)》(London, 1897). 그가 네 가지 집필 시기에 붙이는 명칭은 (pp. 162~183), (1) 소크라테스적 시기(《변명》, 《에우티프론》, 《크리톤》, 《카르미데스》, 《라케스》, 《프로타고라스》, 《메논》, 《에우티데모스》, 《고르기아스》); (2) 플라톤 초기(《크라튈로스》, 《향연》, 《파이돈》, 《국가》 I); (3) 플라톤 중기(《국가》 II-X, 《파이드로스》, 《테아이테토스》, 《파르메니데스》); (4) 마지막 시기(《소피스트》, 《정치가》, 《필레보스》, 《티마이오스》, 《크리티아스》, 《법률》)다. 루토슬라브스키의 연구는 루이스 캠블(Lewis Campbell)이 1867년에 처음 시작했던 연구가 지속되고 정교해진 것이었다. 캠블의 방법들이 원칙상 적절했으며, 그 방법들을 이용함으로써 플라톤 대화록들의 연대기가 사실상 중요한 부분들에서는 확실하게 정착된 것으로 받아들여지고 있다. 따라서 알프레드 테일러[Alfred E. Taylor, 《플라톤(Plato)》, 1926, p. 19]는 루토슬라브스키가 모든 대화록의 집필 시기를 나머지 대화록들과 관련시키려고 시도함으로써 "적절한 원칙을 불합리한 시도의 정점으로 몰아붙였다"라고 비난하지만, 자신의 책에서 "《국가》를 대표자으로 하는 일련의 초기 대화록들과 후기 대화록들로 폭넓게 구분한 것"을 받아들여 사용하고 있다. 그리고 리옹 로빈[Léon Robin, 《플라톤(Platon)》, Paris, 1935, p.37]은 캠블의 방법이 옳았으며, 또한 루토슬라브스키가 그것의 매력에 끌려 정당화할 수 없는 상황까지 이끌렸다는 점에 사실상 동의한다. 기원전 385년이라는 연도는 그해에 있었다고 《향연》에 언급된 한 사건에 근거한다.

(3) 형상들의 초월성은 플라톤의 개념이었는가?

형상이 내재적이라는 개념이 본래적인 개념이었을 가능성이 있다. 즉, 수학적 형상들과 자연 세계의 경우에는 피타고라스의 초기 개념, 그리고 윤리학적 형상과 인간 행위의 경우에는 소크라테스의 초기 개념이었을 것이다. 이것은 일반적인 근거들에 의존했던 것 같다. 왜냐하면 사람들이 형상, 그리고 형상과 물질의 관계에 대해 처음 생각할 때, 그들은 그것이 물질과 상관성을 가지며, 또한 그것이 물질적인 요소도 갖는 사물들 내부에서만 존재한다고 생각하기 시작했다고 말하는 것이 자연스러워 보일 것이기 때문이다. 이러한 초기 개념을 처음으로 포기하고, 형상이 초월적이라는 개념을 처음으로 제기했던 인물이 아마도 플라톤이었을 것이다.

이 제안을 뒷받침하는 데 사용되었을 수도 있는 증거를 살펴보기 전에, 나는 그 제안 자체를 조금 더 정확하게 설명해 보고자 한다. 먼저 두 가지 제한 조건들을 염두에 두어야만 한다.

첫째, 내재성과 초월성은 상호 배타적인 개념들이 아니라는 것을 이해해야만 한다. 탈레스의 초월적인 주술사-신과 아낙시만드로스의 내재하는 세계-신의 대조와 관련해서 내가 이미 지적했듯이, 순수하게 내재성만을 주장하는 신학과 마찬가지로 순수하게 초월성을 주장하는 신학은 사상사 속에서 찾아보기 어렵다(위 71쪽 각주 24 참조). 비록 이러저러한 경우에 이 요소나 저 요소가 불분명하거나 감춰져 있을 수는 있지만, 사실 모든 신학은 내재적 요소와 초월적 요소를 모두 가지고 있다. 신학에서 옳은 내용은 형상 같은 형이상학적인 개념의 경우에도 옳다. 따라서 우리가 살펴볼 제안은 '순수하게 내재하는 형상 개념'이 '순수하게 초월적인 형상 개념'으로 대체되었다는 것이 아니라 '내재성이 강조된 개념'이 '초월성이 강조된 개념'에 자리를 내준 경우다. 상대적으로 덜 강조된 요소는 전혀 부정되지 않거나, 또는 최소한 아주 무능력하거나 생각이 혼란스러운 사람들에 의한 경우를 제외하고는 전혀 부정되지 않는다.

둘째, '발견(discovery)', '처음(first)' 또는 '새로움(novelty)' 같은 단어들이 철학의 역사와 관련해 사용될 때, 그 단어들은 다소 특별한 의미를 갖는다. 일반적으로, 40세가 되는 해에 "철학적 발견을 했다"고 말해지는 사람에게 묻는다면, 그는 자신이 발견했다고 말해지는 것을 사실은 오랫동안, 아마도 평생 알고 있었다고 답할 것이다. 따라서 40세가 되는 해에 그가 했던 것은 그것을 발견한 것이 아니라 자신이 알고 있던 것과 다른 어떤 것들의 관계를 처음으로 깨닫거나, 또는 전보다 더 분명하고 확고하게 깨달은 것이다. 또는 여태껏 지루하고 혼란하게만 보았던 어떤 관계가 새로운 관점에서는 유용하고 명확한 관계라는 것을 깨달은 것이다. 다시 말해서, 일반적으로 "철학적 발견을 했다"고 말해지는 사람에게 묻는다면, 그는 다른 어떤 사람이 이미 썼거나 말했던 어떤 것에서 그런 생각을 얻게 되었다고 말할 것이다. 그 사람이 자기 자신이 쓰거나 말하는 것을 완전히 이해했는지는 분명하지 않지만, 만약 완전히 이해했다면, 그 발견은 그에게 속하는 것이며 그 이전에 썼거나 말했던 발견한 사람에게 속하는 것이 아니다. 그리고 그가 완전히 이해하지 못했을지라도, 그는 그 명성의 일부를 공유할 자격이 있다. 왜냐하면 일반적으로 어떤 사람이 이런 것들을 이미 알았던 것에 대한 공헌을 다른 어떤 사람이나 과거의 그 자신에게 돌릴 준비가 얼마나 잘되어 있는가의 문제는 그의 관대함, 그의 솔직함, 다른 사람들에게 진 빚, 또는 현재의 자신이 과거의 자기 자신에게 진 빚, 또는 이런 성질들의 반대되는 것들을 인정하는 자세 등에 달려 있기 때문이다. 역사적으로, 그런 빚이 인정되든 인정되지 않든, 그런 빚은 항상 있게 마련이다. 어떤 사람이 심리적으로는 그런 빚을 인정할 능력을 갖고 있지 않지만, 지적으로 중요한 것을 발견할 능력을 갖고 있을 수도 있다. 그러나 이것은 예외적인 경우다. 일반적으로, 중요한 발견들은 이런 질문들과 관련한 심리적 조건이 건전한 사람들에 의해 이루어졌다. 만약 상대적으로 내재적인 형상 개념으로부터 상대적으로 초월하는 형상 개념으로 전이하는 중대한 철학적 발걸음을 내딛었던 사람이 플라톤의 대화록들을 썼던 사람과 같은 사람이었다면, 그는 무척이나 겸손하고 무척이나 재치 있는 사람이었다. 그는 자신의 발견들에 대한 독자적인 명성을 세상에 요구하지 않을 사람이었고, 자신의 극장 무대에서 우리에게 분명하고도 호의적으로 내보였던 선배 학자들에게 빚을 졌다는 사실을 과소평가하기보다는 과대평가할 가능성이 많은 그런 사람이었다.

이렇게 설명할 때, 우리가 고려하는 제안은 두 부분으로 나뉜다. 첫째, 초기 피타고라스주의에서 수학적 형상들은 (내재적이기만 한 것은 아니지만) 근본적으로 내재적이라고 생각되었으며, 또한 플라톤이 완전히 최초의 인물이 아니었고 그 자신도 스스로 완전히 최초의 인물이라고 믿지는 않았으나, 어쨌든 그는 그 형상들이 (초월적이기만 한 것은 아니지만) 근본적으로 초월적이라는 이론을 완성하고 강화했던 인물이었다. 그리고 둘째, 소크라테스의 인문주의적인 철학에서 윤리적 형상들은 (내재적이기만 한 것은 아니지만) 근본적으로 내재적이라고 생각되었으며, 플라톤은 그 형상 개념이 근본적으로 초월적이라는 동일한 제한 조건들을 동일한 방식으로 완성하고 보완했다.

(4) 참여와 모방

위의 두 부분 가운데 첫 번째 부분과 관련해, 아리스토텔레스의 《형이상학》 987b 11~13에는 "피타고라스학파는 사물들이 숫자들을 **모방한다**고 말했고, 플라톤은 그것들에 **참여한다**고 말했는데, 이것은 단지 언어적 차이에 불과하다(οἱ μὲν γάρ Πυθαγόρας μιμήσει τὰ ὄντα φασὶν εἶναι τῶν ἀριθμῶν, Πλάτων δὲ μεθέξει, τοὔνομα μεταβαλών)"라는 다소 이상한 증거가 있다. 이것은 플라톤의 철학을 다루면서 그것의 일반적인 특징들이 피타고라스주의와 아주 유사하지만 특별한 어떤 점들에서는 서로 다르다고 기술하는 자리에서 나타난다. 일반적인 유사성이 연관성(affiliation)을 함축하는 것은 아니다. 왜냐하면 위와 동일한 《형이상학》의 구절에서 아리스토텔레스는 플라톤의 철학적 견해들이 그가 이전에 만났던 헤라클레이토스주의자인 크라튈로스와 나중에 연관되는 소크라테스로부터 유래했다고 말하기 때문이다(987a 32). 이 구절은 이상하다. 왜냐하면 '모방'은 초월성을 함축하는 반면에, '참여'는 내재성을 함축하기 때문이다. 이런 이유에서, 데이비드 로스(David Ross)는 그 문장에 대한 각주에서 "아리스토텔레스가 '미메시스(μίμεσις, 모방)'에서 '메쎅시스(μέθεξις, 참여)'로의 변화를 단지 언어적인 것으로 묘사했다는 것은 놀라운" 일이라고 말한다.[43] 만약 플라톤의 용어 변화가 피타고라스학파 철학자들이 형상의 내재 이론을 제시하면서 초월 이론을 함축했던 어휘를 사용했다는 사실을 알리려는 의도였더라면, 그것은 덜 놀라운 일일 것이다. 그 경우에, 초월 이론을 제시하고자 했던 후기 피타고라스학파 철학자가 이전 철학자들이 했던 것보다 더 명확하게 초월 언어와 내재 언어를 구분할 필요가 있음을 느꼈고, 또한 초기 피타고라스 철학자들이 내재성이라고 말해야 할 때 초월성이라고 잘못 말했던 것을 아주 적절하게 비판했던 것일 수도 있다.

플라톤이 자신의 초월 이론을 제시하기 시작했을 때, 이미 존재하고 있었지만 다른 목적을 위해 사용되던 적절한 용어가 있었다는 것을 그가 발견했다는 별개의 증거가 있다. 《파이돈》에서 플라톤은 초월성을 나타내는 '아위토 호 에스티(αὐτὸ ὃ ἔστι, 존재 자체)'나 '아위토 카쓰 아휘토(αὐτὸ καθ' αὑτό, 본질 자체)' 등의 용어들이 마치 일반 대중에게 이미 친숙했던 것처럼 아무런 설명 없이 사용하고 있다(이것이 기원전 399년에 소크라테스의 청중에게 친숙했는가, 또는 기원전 385년에 플라톤의 독자들에게 친

---

43) 《아리스토텔레스의 형이상학(Aristotle's Metaphysics)》. Oxford, 1924, vol. i, p. 162.

숙했는가 하는 것은 또 다른 문제다). 그러나 이것이 초월 언어에 친숙했다는 것을 함축하는 것은 분명하지만, 소크라테스가 그 용어를 사용해서 표현하는 초월 이론에는 아무런 친숙함이 함축되어 있지 않다는 것도 더욱더 분명하다. 기원전 399년의 청중이나 기원전 385년의 청중이 아주 불완전하게 성찰된 초월 이론을 표현하는 데 사용된 초월 언어에 익숙했거나, 또는 그 언어가 내재 이론을 표현하는 데 사용되는 것을 들었을 수도 있다. 그러나 이런 차이점들이 실제로는 그렇게 분명하지 않다. 왜냐하면 그것은 '미메시스'나 '메쎅시스(메텍시스)', 또는 '아위토 호 에스티'나 '아위토 카쓰 아휘토', 또는 사실상 다른 모든 용어들이 마치 초월성만을 또는 내재성만을 의미하는 것처럼 그것들을 '초월 언어'나 '내재 언어'라고 기술하는 것은 지나친 단순화다. 초월성과 내재성은 서로를 함축하며, 결과적으로 초월성을 주장하는 '미메시스'는 내재성을 함축하는 반면에, 내재성을 주장하는 '메쎅시스'는 초월성을 함축한다.

어떤 하나의 사물이 하나의 형상에 '참여한다(participate in)'거나, 또는 그것을 '공유한다(share in)'고 말하는 것은 그런 문맥에서 정확한 의미를 측정하기 쉽지 않은 법적 은유를 사용하는 것이다. 은유적으로 사용되고 있는 그 법적 개념은 공동 소유라는 개념으로서, 일반적으로 '메테케인

(μετέχειν)'이라는 동사는 '공유'의 대격과 '공유되는 것'의 소유격이라는 이중적인 목적어를 갖는다. 따라서 한 송이 장미가 '빨간색을 공유한다'고 말하는 것은 장미 속에 빨간색이 있으며, 따라서 빨간색이 장미에 내재한다고 말하는 것이다. 그러나 그것은 또한 그 장미가 공유하지 않고 따라서 그 장미의 외부에 다른 빨간색이 있다는 것을 의미한다. 빨간색이 공유하는 다른 것들이란 물론 다른 장미들 속에 있는 것이다. 그러나 우리가 이런 법적 은유를 통해 말하고자 하는 것은 하나의 동일한 색깔, 즉 많은 다른 장미들에서 빨간색이 발견되지만, 그 빨간색이 어디에서 발견되든 그것은 사물들이 지닌 하나의 동일한 상태로 남아 있다는 것이다. 모든 장미들이 '빨간색'을 공유한다고 말할 때 함축하는 것이 바로 이것이다. 심지어 우리가 '빨간색'이라고 부르는 이러한 단일 개체는 장미들이 그곳에 있느냐의 문제와는 무관하다는 것을 의미하기도 한다. 이것은 영국 철도가 분할 소유되며, 내가 그 일부를 소유한다고 주장하는 진술, 즉 "나는 영국 철도를 공유한다"라는 진술이 영국 철도가 분할할 수 없는 단일 사업체이고, 이 사업체는 '그 안에 주주들'이 있느냐의 문제와는 무관하며, 따라서 만약 모든 주식이 무효화되고 영국 철도가 사회주의 정부에 의해 몰수되더라도 그것은 여전히 영국 철도라는 것을 의미한다.

어떤 것이 하나의 형상을 '모방한다'고 말하는 것은 그 형상이 그 사물 내부가 아니라 외부에 있다고 말하는 것이다. 그러나 우리는 그 사물과 그 사물이 모방하는 형상이 어떤 공통점을 갖는다는 것을 의미하고 있다. 왜냐하면 다른 것과 공통된 어떤 것을 갖지 않고서는 다른 어떤 것을 모방할 수 없기 때문이다. 그것들이 '공통적으로 갖는 것'은 그것들이 '공유하는' 어떤 것이다. 예를 들어, 우리가 '빨간색'은 '장미들 사이에서 공유되지 않지만 단일하고도 분할되지 않는 어떤 것', 즉 '세상의 모든 장미로부터 분리된 전형적인 빨간색'이라고 말한다면, 그것은 장미가 빨간색을 '모방한다'고 말함으로써 '주어진 장미'와 '전형적인 빨간색'의 관계를 기술하는 것이다. 그러나 우리가 "장미가 어떻게 빨간색을 모방하는가?"라고 물을 때, 우리는 "그 자체의 색깔을 가짐으로써, 즉 빨간색을 모방하는 것으로 여겨질 정도의 빨간색과 비슷한 색깔을 갖기 때문"이라고 대답해야 할 것이다. 그리고 우리가 "그것이 얼마나 비슷해야 하는가?"라고 물을 때, 우리는 "빨간색이 빨간색에 대비되는 만큼"이라고 대답해야 할 것이다. 장미가 빨간색을 모방할 수 있는 이유는 단지 그것 자체가 빨간색을 갖기 때문이다. 내재성이 초월성을 함축하듯이, 초월성도 내재성을 함축한다.

(5) 《파르메니데스》: 내재성과 초월성은 서로를 함축한다.

초월성과 내재성이 서로를 함축한다는 것은 진리이며, 더 나아가 그것은 플라톤이 발견하고 설명했던 진리다. 그에 대한 설명은 그가 초월 이론에 대해 설명하는 글을 쓰고서 15년에서 20년쯤 지난 뒤에야 글로 쓰였다. 그곳에서 그는 자신의 발견이 거의 100여 년 전에 그것을 가르쳤던 한 위대한 사람에 대한 뒤늦은 평가였다고 아주 특징적으로 제시하고 있다.

그 위대한 사람은 바로 엘레아의 파르메니데스였다. 그리고 플라톤은 기원전 450년에 파르메니데스와 소크라테스가 서로 대화를 나누고 파르메니데스의 이름을 제목으로 붙인 대화록에 자신의 발견을 담아 출간함으로써, 자기 자신이 그 이탈리아 출신의 철학자에게 빚을 졌다는 사실을 인정하고 있다. 그 대화록은 기원전 369년경에 쓰였다.[44]

소크라테스는 젊은 시절 형상의 내재 이론(immanence-theory)을 설명하고 변론하는 한편, 이러한 '내재 이론'과 '참여 언어(participation-language)'로 형성되는 사물들의

---

44) 이 대화록의 집필 시기는, 알프레드 테일러(Alfred Edward Taylor), 《플라톤의 〈파르메니데스〉(The Parmenides of Plato)》, Oxford, 1934, pp. 1~4 참조.

관계를 묘사하면서 시작한다(《파르메니데스》129). 파르메니데스는 만약 이 참여 언어를 진지하게 받아들이게 되면, 우리가 형상의 단일성을 포기하고 형상을 분할할 수 있다고 생각하게 된다고 말한다. 반면에 만약 형상이 하나가 아니고 분할할 수 없다면, 그것은 아무것도 아니라고 말한다(131). 절망감에 빠진 많은 철학자들이 그렇듯이, 젊은 소크라테스는 제한적인 주관적 관념론으로 대피하고서, 형상들이 아마도 생각들(thoughts)에 불과할 것이라고 말한다. 파르메니데스가 손목을 한 번 돌려 그들을 은신처에서 끌어내고, 이제 소크라테스는 초월 이론에 대해 말하고 또한 모방 언어(imitation-language)를 사용함으로써 다시 한번 비난에 직면한다. 파르메니데스는 만약 어떤 것이 형상과 유사하다면, 그것은 반드시 형상과 공통된 어떤 것을 분명히 갖고 있을 것이며, 이 '공통된 어떤 것'은 물론 내재적인 두 번째 형상이라고 (이 대화록의 특징이면서도, 플라톤이 철학적인 문제들에 심취하게 되어 이제 극작가로서의 그의 재능이 쇠약해졌다고 생각하는 사람들의 견해가 잘못되었음을 보여 주는 신속하고도 확정적인 방식으로) 응답한다. 그리고 만약 내재하는 이 형상을 초월하는 형상으로 전환한다면, 우리는 세 번째 형상을 갖게 될 것이며, 이러한 과정은 계속 진행될 것이다. 따라서 내재성(참여)을 초월성(모방)으로 전환하는 것은 우리의 문제를 해결하지 못한다(132~133).

모두 개별적으로 다루어진 내재 이론과 초월 이론, 즉 일방적이고도 상호 배타적인 이론들에 비해, 파르메니데스의 주장들은 결정적이다. 그러나 그 주장들은 '내재성과 초월성이 서로를 함축하는 상관 개념들'이라고 주장하는 이론에는 아무런 영향을 미치지 못한다. 이 주장들을 아는 사람들은 종종 그런 제3의 이론이 가능하지 않다고 생각한다. 즉, 그들은 모든 형상 이론이 일방적으로 내재 이론이거나 또는 일방적으로 초월 이론이어야만 한다고 생각한다. 따라서 그들은 파르메니데스가 그러한 두 가지 견해를 모두 제거했기 때문에 '플라톤적인 형상 이론'이 무효라고 생각한다. 그러나 이것은 잘못된 생각이다. 파르메니데스가 보여 준 것은 형상 이론이 옹호될 수 없다는 것이 아니다. 그가 보여 준 것은 우리가 내재성을 통해 그 이론을 설명하려 할 때는 초월성을 함축하며, 또한 우리가 초월성을 통해 그것을 설명하려 할 때는 내재성을 함축한다는 것이다.

따라서 본래 피타고라스가 생각했던 자연 세계의 형상 개념이 완전히 그런 것은 아니지만 대체로 내새싱을 통해 설명된 개념이며, 아마도 주로 어휘 선택에서 초월적인 요소를 보이는 것으로 나타난다. 나는 이것이 증명되었다는 것이 아니라 우리가 가진 증거를 통해 볼 때 그럴 가능성이 있어 보인다고 말하는 것이다. 플라톤은 이 두 가지 요소를 이전의 그 어느 철학자들보다 더 명확히 구분했으며, 그동안 등한시했던 요소를 (아마도 과도하게) 강조하기 시작했던 것으로 보인다. 뒤에 가서야 플라톤은 그 두 가지 요소가 논리적으로 상호 의존적이란 사실을 깨달았던 것으로 보인다.

인간이 활동하는 세계를 설명하는 데 사용된 소크라테스의 형상 개념과 관련해서도 같은 일이 발생했던 것으로 보인다. 아리스토텔레스의 말을 다시 한번 인용하자면, "소크라테스가 보편자들이나 정의들을 분리 가능한 것으로 만들었던 것이 아니라, 다른 사람들이 그것들을 분리했다(ὁ μὲν Σωκράτης τὰ καθόλου οὐ χωριστὰ ἐποίει οὐδὲ τοὺς ὁρισμος. οἱ δ' ἐχώρισαν)"(《형이상학》 1078b 30~31). 아리스토텔레스가 말하는 '다른 사람들'은 플라톤을 의미한다. 그러나 이것은 '소크라테스'가 플라톤의 대화록들에서, 또는 어쨌든 《향연》, 《파이돈》, 그리고 《국가》를 포함한 일련의 대화록들에서 상세하게 설명한 견해들이 정말로 소크라테스 자신의 견해였다는 이론을 유지하기 위해 거부되어 왔다. 이 이론에 따르면, 그 세 가지 대화록에서 상세하게 설명한 초월 개념은 원래 소크라테스의 개념이며, 이 문장에서 주장하고 있는 소크라테스적인 내재성과 플라톤적인 초월성의 대조는 분명히 착각이다. 그러나 데이비드 로스는 위의 인용문을 다루고 있는 아리스토텔레스의《형이상학》13(M)권에 나오는 그 주장과 그 주장이 반복되어 나타나는 1(A)권을 비교함으로써,[45] '다른 사람들'이 분명히 플라톤을 의미하며, 여기에서 아리스토텔레스는 소크라테스가 윤리적인 형상들을 내재하는 것으로 간주했고, 플라톤은 그것들을 초월하는 것으로 간주했다는 것을 말해 주고 있다.

(6) 크라튈로스가 미친 영향

만약 피타고라스주의와 소크라테스 철학의 형상 개념이 근본적으로 내재 개념이었다면, 플라톤을 상반되는 극단으로 몰고 갔던 것은 무엇인가? 아리스토텔레스는 플라톤이 젊은 시절에 크라튈로스로부터 헤라클레이토스의 견해들을 배웠다고 말한다(《형이상학》987a 32). 또한 다른 곳에서 그는 헤라클레이토스의 보편적인 변화 이론(만물유전설, 萬物流轉說 - 옮긴이)에서 출발한 많은 사람들이 회의적인 결론, 즉 만약 모든 것이 끊임없는 변화 속에 있다면, 어떤 것에 관한 진술도 참일 수 없다는 회의적인 결론에 도달했다고도 말한다(περί γε τὸ πάντῃ πάντως με

---

45) 데이비드 로스(David Ross),《아리스토텔레스의 형이상학 (Aristotle's Metaphysics)》, 1924, vol. ii, pp. 420~421.

ταβάλλον οὐκ ἐνδέδχεσθαι ἀληθεύειν,《형이상학》1010a 7). 아리스토텔레스는 마침내 크라튈로스가 결코 말을 하지 않겠다고 결심하고 손가락만 까닥였다고 전한다(οὐθὲν ᾤετο δεῖν λέγειν ἀλλὰ τὸν δάκτυλον ἐκίνει μόνον).

만약 사실상 플라톤이 정말로 이런 회의주의의 영향을 받았을지라도, 그는 분명히 소크라테스에 의해 그런 회의주의로부터 구원되었을 것이다. 철학적 근거를 토대로 해서 말하기를 포기하고 손가락으로 가리키기만 하겠다고 결심하고자 하는 사람은, 성장의 토대가 되었던 것을 바로 죽일 수 있는 (지성적인 인간의 일반적인 관심들에 기생해 온) 철학의 성장으로 인해 그 관심들이 완전히 억눌렸던 사람이다. 소크라테스는 그와 정반대의 철학자였다. 그는 자신의 철학이 성장해 나왔던 관심들 가운데 특히 로고이(λόγοι)에 대한 관심, 즉 바로 크라튈로스가 포기했던 것들인 대화, 진술, 정의, 논증, 이유, 명제, 비율, 또는 형상이라는 의미에서의 로고이에 대한 관심을 명료하고도 강력하게 만들었던 철학자였다. 다양하고도 역동적인 소크라테스의 지성적인 삶을 접하게 되었던 젊은 플라톤에게, 크라튈로스를 기억한다는 것은 어떤 망령을 기억하는 것과 비슷했을 것이다. 크라튈로스는 지팡이를 엉뚱한 방향으로 잡고 있으면서도 그것을 놓아 버릴 의지력을 갖지 못했기 때문에, 돌이켜보면 그는 지적인 자살을 범했던 사람으로 보였을 것이다. 그와 반대로, 소크라테스가 잡았던 지팡이의 끝은 올바른 방향이었기 때문에, 그는 지성적인 삶에 대한 지대한 욕구를 갖고서 살았고 또한 성장했던 사람이 분명했다.

이러한 대조는 우리가 지각하는 그대로의 자연 세계에 크라튈로스가 집착했다는 사실과 분명히 어떤 관련이 있었다. 이오니아 철학자들이 알았던 지각되는 세계란 끊임없이 변화하는 세계다. 이오니아 전통에 충실했던 헤라클레이토스는 우리가 같은 강물에 두 번 들어갈 수 없다고 말했다. 크라튈로스는 우리가 한 번이라도 강물에 들어갈 수 있다고 헤라클레이토스가 생각했던 것은 잘못이라고 말했다(이것이 유일하게 남아 있는 그의 말이다, 아리스토텔레스, 《형이상학》 1010a 15). 지각 대상에 집착함으로써 그가 도달했던 결론은 윌리엄 제임스(William James)가 도달했던 결론과 같다. 즉, 세계는 '분주하고도 활기찬 혼돈' 속으로 사라졌다는 것이다. 플라톤이 크라튈로스의 가르침에서 멀어지게 된 것은, 지각 대상에 집착할 때 그런 혼돈이 일어날 수밖에 없다는 확고한 실험적 지식 때문이었음이 아주 명백하다. 내가 '아주 명백하다'라고 말하는 이유는 플라톤의 저술들이 그것에 관해 아무런 의심의 여지를 남기지 않았기 때문이다. 플라톤은 지각 대상이 들썩이고 뒤척이고 불안정한 것이며, 그 안에서 사물이 어떤 특정한 형태를 가졌다가 잃어버릴 것이라고 반복적으로 생생하게 기술한다. 여기에서 사고는 발붙이고 쉴 수가 없게 된다. 분명한 것이 아무것도 없기에 알 수 있는 것도 아무것도 없다. 소크라테스가 이렇게 들썩이고 뒤척이고 불안정한 지각 세계의 혼돈에 대해 얼마나 인지하고 있었든 간에, 그는 지각 세계에 집착하지 않았다. 왜냐하면 소크라테스가 참여하고 있다고 플라톤이 생각했던 윤리적인 문제들의 탐구에서, 소크라테스는 예를 들어 사람이 용감해지려고 시도하는 데 필요한 심리적 과정들보다는 그 시도를 위해 자기 앞에 설정해 놓은 용기의 이상적인 전형(ideal)에 관심을 두고 있었기 때문이다. 소크라테스는 용기라고 부르는 것이 무엇인가라고 묻곤 했다. 그것의 로고스(λόγος), 즉 그것의 정의는 무엇인가? 어떤 로고스를 통해, 즉 어떤 사고, 이성, 또는 논증의 과정을 통해, 우리는 그 정의를 찾아내려 노력할 것인가? 손가락을 가로젓는 것은 여기에서 아무런 도움이 되지 않고, 또한 필요하지도 않다. 그것이 도움이 되지 않는 이유는 그것이 용기의 본성(nature)을 이해하는 데 아무런 보탬이 되지 않기 때문이며, 또한 그것이 필요하지 않은 이유는 용기가 일시적인 심리적 측면이 아니라 그 과정이 지속되는 동안 그 사람이 계속해서 간직하는 이상적인 전형이기 때문이다.

아리스토텔레스는 소크라테스가 용기의 형상 등과 같

은 형상을 "분리하지 않았다"고 말한다. 소크라테스는 그런 형상을 그것이 발현되는 (나는 화이트헤드의 용어를 사용한다) '경우들에 필요한' 하나의 '구성 요소'로 간주했다. 이것이 바로 플라톤의 대화록《파르메니데스》에 등장하는 '젊은 소크라테스'가 제시하기 시작하는 형상의 내재 이론이다. 나는 플라톤이 이러한 내재 이론으로부터 자기 자신의 초월 이론으로 전환한 이유가 크라튈로스의 잔재로부터 자신을 보호할 필요를 느꼈기 때문이라고 생각한다. 만약 용기의 형상이 모두 내재적이고, 또한 만약 그것이 용감해지려는 시도에 필요한 심리적 작용들이라고 우리가 말하는 들썩이고 뒤척이는 혼돈으로 인해 잠깐 있다가 다시 사라지는 일시적인 형상에 불과하다면, 그 형상의 단일성이나 비분할성(indivisibility, 분할 불가능성)은 상실된다.

'우리가 용기라고 부르는 어떤 것'(이 표현은 플라톤의 저술에서 흔히 나타난다)이 있으려면, 우리가 어떤 한 가지 경우에 용기라고 부르는 것과 또 다른 경우에 용기라고 부르는 것이 서로 같아야만 한다. 그리고 어떤 사람이 용감해지기 위해 자기 앞에 설정해 놓은 하나의 이상적인 전형은 그가 용감해진 뒤에 얻게 되는 것과 같은 것이고, 또한 용감해지지 못했을 때 얻지 못하게 되는 것과도 같은 것이어야만 한다. 간단히 말해서, 윤리적 개념들에 대한 소크라테스적인 분석은 소크라테스 자신에게는 그 개념들을 어떤 종류의 행동들에 내재해 있는 것으로 제시했고, 플라톤에게는 그와 동일한 개념들을 초월적인 것으로 제시했다. 즉, 그 분석이 플라톤에게는 그 개념들이 단순히 어떤 행동 집합들의 특성들이 아니라 이상적인 전형들로서, 즉 그런 행동들을 하는 사람들이 자신들의 앞에 이상적인 전형들**로서**(as) 설정한 것들이며, 또한 그 행동들 자체들을 그 행동들의 사례들로서가 아니라 비슷한 것들로서 관련되는 개념들로 제시했다는 것이다. 이와 같은 초월 이론이 극도로 발전되었을 때, 어떤 사례들이 있다거나 필요하다는 주장은 더 이상 유지되지 않았다.

소크라테스적인 윤리적 형상들은 이런 행동 또는 저런 행동을 통해 예시되는 특성들로 생각된 적이 결코 없었고, 항상 또는 전적으로 이런 행동이나 저런 행동에서 행위 주체가 목표로 하는 이상적인 전형들로 생각되었다. 이것은 크라튈로스를 엄습했던 회의주의에 대비한 완전한 보호막을 제공했다. 그리고 플라톤은 자신의 마음속에서 크라튈로스의 영향을 강하게 느끼면 느낄수록, 자기 자신의 형상 개념에 들어 있는 초월적 요소를 더 강하게 강조했다고 볼 수 있을 것이다. 그와 동시에, 플라톤 자신의 초월 이론과 소크라테스의 내재 이론의 대조가 아리스토텔레스에게 그랬던 것만큼 플라톤에게 뚜렷해 보이지는 않았으리라고 믿기 쉽다.

　플라톤으로 하여금 초월성 이론을 만들게 했던 생각들은 분명히 모두 소크라테스의 가르침에 들어 있었다. 다만 소크라테스는 크라튈로스의 회의주의로 인한 시련을 겪지 않았으며, 결과적으로 그는 그 생각들을 신중하게 형성되고 신중하게 유지된 초월성 이론으로 선별하고 함께 결합하고 또한 체계화할 의무감을 느끼지 못했다. 그런 이유로 인해, 플라톤은《향연》과《파이돈》에서 '(아리스토텔레스에 따르자면) 소크라테스의 가르침과 주된 차이점으로 여겨졌던' 바로 그 학설을 소크라테스의 입을 통해 말할 수 있었다.

　나중에 플라톤의 마음속에서 크라튈로스가 미친 초기의 영향이 이런 방식으로 극복되었을 때, 플라톤은《향연》과《파이돈》의 초월 이론이 과장되었음을 알 수 있었다. 이제 더 이상 어떤 것을 특별히 강조하기 위해 소크라테스의 사상에 담겨 있는 초월 요소들을 뽑아낼 필요가 없었다. 왜냐하면 그런 선택과 그런 강조가 이미 충분히 제 몫을 했기 때문이다. 플라톤은 이런 생각을 토대로 해서《파르메니데스(Parmenides)》를 집필했다.

(7) 파르메니데스가 미친 영향

　파르메니데스 자신, 그리고 그가 설립했던 엘레아학파

가 플라톤의 초기 발전에 긍정적인 어떤 영향을 미쳤는가에 대해 말하기는 쉽지 않다. 이 부분에 대해서는 아리스토텔레스도 도움이 되지 않고, 플라톤 자신도 별다른 도움이 되지 않는다. 그러나 플라톤의 중년 초기의 초월 이론을 보면 엘레아학파의 가르침에 의해 조율되었을 가능성이 상당히 크다. 우리에게 전해지고 있는 많은 단편들 속에서, 파르메니데스는 진리의 길(Way of Truth)과 믿음의 길(Way of Belief)이라는 두 가지의 사고 방법을 구분하고 있다. 믿음(또는 억견)은 어떤 진리도 포함하지 않는 것으로 여겨진다. 믿는다는 것은 속는다는 것이고, 믿음의 길이란 사고하는 사람이 체계적이고도 지속적으로 기만당하는 사고의 길을 의미한다.

이런 설명을 통해, 파르메니데스는 이미 일종의 초월 이론을 주장했다. 그는 오류 덩어리를 부풀게 하는 일종의 누룩처럼, 진리가 믿음에 내재하는 것은 아니라고 사람들에게 말했다. 믿음은 단순히 믿음에 불과하며, 결과적으로 완전한 오류다. 진리는 그것과 아주 다르며, 또한 그것과 조화되어야 할 아무런 의무가 없다. 진리는 완전한 사고를 통해 도달해야 하며, 완전한 사고는 믿음의 그럴듯함에 주목하지 않는다. 여기에서 파르메니데스는 방법론 또는 인식론의 초월 개념이라고 부를 수 있는 어떤 것을 설명하고 있다. 이 개념에 따르면, 성공적인 진리 추구로서의 사고는 믿음이라고 불리는 불완전한 진리 추구와 초월성에 의해 관련된다.

이것은 세계에 대한 초월 개념으로 이어진다. 파르메니데스는 현재 존재하는 것이 과거에 생성되었을 수 없으며, 또한 그것은 미래에 소멸할 수도 없다고 주장한다. 그것은 '하나(one)'임에 틀림없다. 즉, 존재하는 것 외에 다른 어떤 것이 있을 수 없다는 것이다. 여기에서 '존재하는 하나'란 물리적 또는 물질적 세계를 의미하며, 파르메니데스가 말하는 것은 이 세계가 시작이나 끝을 가질 수 없고, 세계가 영원하며, 또한 세계의 내부나 외부에 비어 있는 어떤 공간도 있을 수 없다는 것이다. 세계는 지속적이고 동질적이고 나눌 수 없는 플레넘(plenum, 물질이 가득 차 있는 공간 - 옮긴이), 즉 그 자체나 그 내부에 운동이 있을 수 없는 플레넘이다. 이것이 진정한 세계이자 참된 세계이며, 또한 우리가 명료하게 생각할 때 존재한다고 알고 있는 세계, 즉 다른 말로는 지성 세계다. 분화된 실체들의 세계, 변화와 운동의 세계, 생성과 소멸의 세계, 즉 간단히 말해서 지각 세계는 믿음의 세계다. 그것은 이오니아 철학자들이 생각했던 것과 같은 실재자(reality)가 아니다. 그것은 우리가 잘못 생각함으로써 우리 자신에게 부과한 착각에 불과하다.

초월성 이론에 대한 플라톤의 대화록들 가운데 특히

《국가》에서 그런 생각의 반향을 찾지 못한다는 것은 있을 수가 없다. 다른 대화록들에서 그랬던 것처럼, 우리는 그곳에서도 '지식(ἐπιστήμη)'과 '믿음(δόξα)'이라 부르는 두 가지 사고방식들에 대한 동일한 구분, 대부분의 사람들이 안다고 여기는 것이 단지 믿음에 불과하다는 동일한 주장, 믿음이란 것이 불안전하고 무규정적인 지각 대상들의 세계에 의해 기만당하는 것이라는 동일한 신념, 그리고 유일한 실재, 즉 우리를 기만하지 않는 유일한 것은 지각되지 않는 또는 지성적인 지식의 대상이라는 신념을 발견하게 된다.

(8) 성숙해진 플라톤의 형상 개념

플라톤과 엘레아학파의 분명한 차이점은, 엘레아학파의 철학에서 실재하는 것(real) 또는 지성적인 것(intelligible)이 물리적 세계이지만 '역설적인(paradoxical)' 세계라는 점이다. 즉, 엘레아학파의 철학에서 실재하는 것 또는 지성적인 것은 우리가 지각하는 물리적 세계에서 발견하는 것들과 상반된 특징들을 갖는 세계인 반면에, 플라톤의 철학에서 실재하는 것 또는 지성적인 것은 전혀 물리적인 것이 아니라 어떤 물질도 갖지 않는 순수 형상이라는 것이다. 플라톤의 철학에서 물리성(physicality)이라는 것은 지각 대상의 특징이며, 물리적인 것은 그만큼 비지성적이다.

이런 차이점 외에 다른 차이점도 있다. 플라톤은 지성적인 것을 형상과 동일시함으로써, 지각을 통해 우리에게 나타나는 물리적 세계와 사고를 통해 우리에게 드러나는 물리적 세계를 구분하는 파르메니데스의 구분을 포기했다. 다시 말해서, 플라톤은 감각을 통한 증거에 따라 우리가 거짓되게 생각하는 물리적 세계 또는 자연 세계와 순전히 사고를 통해 우리가 참되게 아는 그와 동일한 세계의 구분을 포기했다는 것이다.

플라톤의 학설은 우리가 물리적 세계 또는 자연 세계에 대해 알 수 있는 모든 것은 지각을 통해 우리에게 알려진다는 것이다. 따라서 지각은 다른 방법을 통해 더 효과적으로 연구할 수 있는 것들에 대해 우리를 기만하는 방법이 아니다. 지각은 항상 변화하기 때문에 어떤 규정적인 특성들을 갖지 않으며, 따라서 엄격히 말하자면 결코 알려지거나 이해될 수 없는 사물들을 연구하는 가장 좋은 방법이다. 그러나 이것은 우리가 그것들을 주의 깊게 관찰하고, 심지어는 그것들 내부의 지성적인 것들, 즉 그 사물들에 내재하는 형상적(formal) 요소들을 이해하지 못할 이유가 되지 않는다.

따라서 초월성의 측면을 일방적으로 강조할 때조차, 플라톤은 엘레아학파와는 반대로 우리가 오늘날 경험적 자연 과학이라고 부르는 것, 즉 지각을 통해 관찰되는 자연적 사실들의 묶음 또는 체계를 이미 옹호했다. 또한 그가 이러한 일방적인 초월성의 측면을 넘어섰을 때, 그는 자연 과학이 조잡한 사실들을 관찰하거나 분류하는 학문이 아니라 형상적인 한, 그 자체로서 지성을 통해 알려질 수 있는 구조적 요소들 또는 형상적 요소들을 자연 세계 자체의 내부에서 발견하는 단순한 경험적 자연 과학 이상의 것이라고 이미 옹호했다.

이것은 단순히 초월 이론만으로도 설명할 수 없고 또한 단순히 내재 이론만으로도 설명할 수 없는 형상과 자연 세계의 관계에 대한 이론을 함축한다. 나는 피타고라스의 형상 개념과 소크라테스의 형상 개념에는 모두 처음부터 초월성과 내재성이 복합되어 있다고 주장했다. 그리고 플라톤은 형상의 초월성 개념과 내재성 개념을 분명하게 구분했던 최초의 인물이었던 것으로 보인다. 그러나 그 두 가지가 분명하게 구분될 때까지, 그것들이 어떻게 결합될 수 있었느냐는 질문은 제기되지 않았다. 플라톤은 그것들을 다음과 같은 방법으로 결합했던 것으로 보인다. 엄밀하게 이해하자면, 형상은 그것이 수학적이든 또는 윤리적이든 상관없이 초월적인 것이지 내재적인 것이 아니다. 하나의 접시가 둥글다거나 또는 하나의 행동이 정당하다고 말할 때 우리가 의미하는 것은, 그 접시가 완전히 둥글다거나 또는 그 행동이 완전히 정당하다는 것이 아니다.

완전한 둥긂은 그 접시를 만드는 도공에 의해 파악되고, 또한 그 접시를 바라보는 사람에 의해 파악되는 전적으로 초월적인 형상이다. '도공에 의해'라고 말하는 이유는 그가 자신이 할 수 있는 최대한으로 그 접시를 둥글게 만들려고 노력하며, 따라서 그가 둥긂 자체, 즉 완전한 둥긂을 알고 있을 것이기 때문이다. '그 접시를 바라보는 사람에 의해'라고 말하는 이유는 그 접시가 둥긂 자체 또는 완전한 둥긂을 그 사람에게 (플라톤의 용어를 사용하자면) '상기시키기' 때문이다.

이 두 가지 경우에서, 그 접시와 참된 또는 완전한 둥긂 사이에는 연관성이 있다. 그러나 이 연관성은 내재성이 아니다. 그 접시의 형태(shape)는 참된 또는 완전한 둥긂의 사례가 아니다. 지금까지 반대로 말했던 모든 것에도 불구하고, 플라톤의 형상은 '논리적 보편자(logical universal)'가 아니다. 또한 플라톤의 형상이 '일과 다(one-many, 하나와 여럿)'의 관계를 갖는 자연 세계나 인간들이 행동하는 세계에 존재하는 것들은 그 형상의 사례(instance)들이 아니며, 또한 우리가 때때로 '개별자(particular)'들이라고 부르는 것들도 아니다. 접시의 형태는 둥긂의 사례가 아니라 둥긂과 유사한 것의 사례다.

따라서 지각 대상들 안에 내재하는 형상, 즉 이 지각 대상들을 사례들 또는 '개별자들'로 갖는 '논리적 보편자'인 형상은 순수 형상이 아니다. 순수 형상은 수학적 또는 윤리적 사고를 통해 이해되는 형상인 반면에, '논리적 보편자'인 형상은 단지 그 순수 형상과 유사한 것에 불과하다. 자연적 사물이나 인간의 행동 '내부에' 있는 구조나 형상은 그것의 본질을 구성하며, 또한 그것의 일반적인 또는 특별한 성격의 근원이다. 그렇지만 그것은 순수 형상 그 자체는 아니며, 그 순수 형상과 유사해지려는 성향이다. 접시와 바퀴, 그리고 행성 궤도가 공통으로 갖는 것, 즉 그것들에 참여하는 것으로서 그것들 모두의 내부에 내재하는 것은 둥긂이 아니라 둥긂을 향한 성향이다. 서로 다른 법적 판결들이 공통으로 갖는 것은 정의 그 자체가 아니라 그 판결들을 정의로운 판결에 도달하게 만들려는 법정의 시도들이다. 그런 시도들이 모두 성공적일 수는 결코 없으며, 그런 이유에서 순수 형상은 초월적인 채로 남아 있게 된다. 만약 그런 시도들이 모두 성공적이려면, 형상은 초월적인 동시에 내재적이어야 한다. 그것들이 결코 모두 성공적일 수는 없기 때문에, 초월적인 형상은 순수하게 초월적인 채로 남아 있어야 하고, 내재적인 형상은 단순한 '모방' 또는 유사한 것으로 남아 있어야 한다.

훨씬 뒤에 등장했던 신플라톤주의자들은 순수 형상을 신체화하려는 시도들이 왜 결코 모두 성공적일 수 없느냐고 묻고, 그 이유가 물질의 저항성, 즉 형상을 완전히 유동적으로 자기 위에 받아들이려 하지 않는 물질의 저항성 때문이라고 말했다. 이처럼 신플라톤주의자들은 물질을 불완전성, 결함 있는 조직, 또는 일반적으로 사악함의 원인으로 간주했다. 이런 생각은 플라톤 자신의 저술 속에 표현되지도 않고, 또한 함축되지도 않는다. 그런 시도들이 왜 항상 부분적으로 실패하느냐는 것은 그에게는 제기되지 않았던 질문이다. 그것들이 항상 부분적으로 실패한다는 것은 단적인 사실이었다.

3. 플라톤의 우주론 : 《티마이오스》

플라톤은 위에서 살펴본 개념들의 영향 하에서 전개되었던 우주론을 《티마이오스(Timaeus)》에서 서술하고 있다. 일반적으로 플라톤이 그곳에서 자신의 우주론적 견해들을 전개하고 있다고 여겨졌으나, 그 저술에 대해 상세하고도 뛰어난 학식을 가졌던 테일러(Taylor)는 플라톤이 자신의 견해들을 전개하는 것이 아니라 기원전 5세기 후반에 활동했던 피타고라스학파의 학설을 설녕하고 있다고 주장한다.[46] 현재로서는 우리가 어떤 가설을 수용하든 관련이 없으며, 플라톤이 피타고라스학파의 일원이라는 아리스토텔레스의 주장을 우리가 심각하게 받아들이면 받아들일수록, 그것은 더욱더 문제가 되지 않는다. 이 경고와 더불어, 나는 이제 《티마이오스》에 포함된 우주론적 학설을 설명할 것이다.

여기에서는 물질세계 또는 지각 세계가 신에 의해 만들어진 하나의 살아 있는 유기체 또는 동물이라는 이오니아 철학자들의 중심적인 사상들이 재생되었다. 그러나 피타고라스적 혁명과 마찬가지로, 강조점이 물질 개념에서 형상 개념으로 옮겨 갔다. 신이 이미 존재했던 물질을 가지고서 또는 그 내부에서 세계를 만들었다고 티마이오스가 명시적으로 말한 적은 결코 없으며, 또한 그 대화록 전체에서 물질에 대한 강조가 아주 적기 때문에, 테일러는 《티마이오스》의 우주론이 물질이 없는 우주론, 즉 물질적인 모든 것이 순수 형상으로 이해되는 우주론이라는 대담한 주장을 제시했다. 이것은 아마도 너무 지나친 해석일 것이다. 다른 근거들은 피타고라스의 우주론이 희박해지고 응축될 수 있는 물질이란 개념은 아니지만 어쨌든 물질이란 개념을 사용했다는 것을 보여 주기 때문에, 이 주장은 《티마이오스》가 피타고라스적이라는 그 자신의 견해와 충돌하기에 이르렀다. 《티마이오스》의 물질은 단지 기하

---

46) 알프레드 테일러(Alfred E. Taylor), 《플라톤의 《티마이오스》에 대한 주석(A Commentary on Plato's Timaeus)》, Oxford, 1928.

학적 형상을 취할 수 있는 물질일 뿐이다. 그리고 그것이 받아들일 수 있는 형상은 그러한 물질적인 체화와 상관없으며, 또한 그 자체로서 그리고 물질이 없이 지성 세계를 구성한다. 이 지성 세계는 신의 창조 활동의 전제이자 영원하고 변하지 않는 세계이며, 신은 그것을 원형으로 삼아 한시적이고 변화하는 자연 세계를 만들었다. 자연 세계는 자발적으로 운동하며 어디에서든 살아 있는 물질적 유기체 또는 동물이다. 반면에 지성 세계는 비물질적인 유기체 또는 동물이라고 불린다. 형상들 사이의 변증법적 연결들로 인해 서로 역동적으로 연결되기 때문에, 지성 세계는 살아 있다. 그러나 운동은 공간과 시간을 함축하고, 형상들의 세계에는 공간이나 시간이 없으며, 따라서 지성 세계는 운동하면서 살아 있는 것이 아니다.

여기에서 다음과 같은 질문이 즉각적으로 제기된다. 만약 형상들의 세계에 공간도 없고 시간도 없다면, 자연 세계의 특징들이 되는 공간과 시간은 어디에서 유래하는가? 자연 세계는 형상 세계의 복사물 또는 모방품이라고 불리며, 따라서 우리는 자연 세계의 어떤 특징이 그것의 원형인 형상 세계의 어떤 특징과 상응하리라고 기대하기 때문이다. 이 질문에 답하기 위해, 우리는 공간과 시간을 분리해서 살펴봐야 한다.

《티마이오스》에서, 공간은 지성 세계의 어떤 특징에도

들어맞지 않는다. 공간은 단지 그 복사물을 구성하는 것에 불과하며, 그것은 조각가의 진흙이나 화가의 도화지와 유사하다. 《티마이오스》의 논증은 공간에 대한 추론을 포함하지 않는다. 이오니아 철학자들이 물질을 주어진 사실로 주장하거나, 또는 (그들이 물질을 희박화와 응축화가 될 수 있는 것으로 생각하는 한) 물질과 공간을 주어진 두 가지 사실들로 주장하면서 자신들의 우주 기원론을 시작했듯이, 이 시기에 물질과 공간이 구분되지 않았기 때문에 《티마이오스》는 공간 또는 물질과 더불어 그것의 우주 기원론을 시작한다. 《티마이오스》는 테일러가 생각했던 것처럼 물질을 제거하지는 않는다. 《티마이오스》는 물질을 형상들의 수용처인 공간과 동일시하며, 물질을 전제한다. 공간이 전제된 것이지 추론된 것이 아니라고 내가 말할 때, 《티마이오스》에서는 신이 공간을 **만들었다**는 것을 보이려는 어떤 시도도 없다고 말함으로써 내가 의미하는 바를 그 대화록의 언어로 진술할 수 있을 것이다.

시간과 관련해서는 그렇지 않다. 그 대화록에 명시적으로 제시한 학설에 따르면, 시간은 신의 창조적 활동의 전제 조건이 아니다. 그것은 신이 창조한 것들 가운데 하나다. 결과적으로, 그것은 어떤 원형을 본떠서 만든 것이다. 즉, 그것은 지성 세계의 어떤 것에 상응해야 한다. 티마이오스는 시간이 자연 세계와 동시에 생성되었으며, 따라서 창조 이전에 아무런 사건 없는 영원한 시간이란 없었고, 또한 창조 그 자체는 시간 속의 사건이 아니었다고 말한다. 즉, 시간은 영원한 활동이지 일시적인 사건이 아니다. 잘 알려져 있으나 다소 난해한 표현을 사용하자면, 시간은 '영원성의 움직이는 상(the moving image of eternity)'으로서 창조되었다. 이것은 무엇을 의미하는가? 첫째, 시간은 자연적이고도 물질적인 세계의 한 가지 특징이며, 그 세계의 모든 것은 변화의 일반적인 과정에 관여한다는 것이다. 따라서 시간은 흘러가고 소멸하는 그 과정에 관여한다. 둘째, 그 세계의 모든 것은 지성 세계에 존재하는 어떤 것의 복사물이라는 것이다. 따라서 시간은 분명히 지성 세계에 있는 어떤 것의 복사물이며, 이것은 감각 세계에 있는 시간의 흐름과 상응하는 것이다. 그렇다면 그렇게 상응하는 것이란 도대체 무엇인가? 그것은 무시간성이 아니다. 왜냐하면 무시간성이란 단순한 부정이고, 그런 경우에는 아무것도 아닌 무(nothing)에 불과하기 때문에, 그것은 긍정적인 어떤 것이어야 한다. 이 긍정적인 어떤 것이란 영원성인데, 이것은 단순히 시간의 결핍이 아니라 (물론 무한한 양의 시간도 아니고) 어떤 변화나 소멸을 포함하지 않는 존재의 한 형태로 여겨진다. 왜냐하면 그것이 존재하는 매 순간 그것은 그 자체에 필요한 모든 것을 포함하고 있기 때문이다.

지각 세계에서는 사물의 모든 자연(본성)이 결코 한꺼번에 실현되지 않는다. 예를 들어, 동물이 잠을 자는 것과 잠에서 깨어나는 것은 모두 자연적인 어떤 것이다. 그러나 동물은 잠을 자는 것과 잠에서 깨어나는 것을 동시에 할 수는 없다. 그것은 오직 그것에 자연적인 이 두 부분을 서로 다른 시간에, 즉 하나로부터 다른 하나로 전환함으로써만 실현할 수 있다. 반면에, 지성 세계에서는 모든 것이 그것의 자연(본성) 전체를 동시적으로 실현한다. 예를 들어, 삼각형의 속성들은 모두 주어진 모든 순간에 삼각형 속에 존재한다. 삼각형의 영원성이란 그것이 모든 속성들을 동시에 소유한다는 사실을 말하며, 따라서 그것이 그 속성들을 차례로 실현하는 데 시간의 흐름은 필요하지 않다. 시간적인 연속성이란 지성 세계의 모든 부분을 특징짓는 이러한 무시간적인 자기 향락의 '움직이는 상'이라 할 수 있다.

만약 자연 세계가 시간 그 자체만큼이나 오래되었고, 따라서 주어진 어떤 순간에도 결코 생성된 적이 없었다면, (우리는 아마도 다음과 같이 질문할 수 있을 것이다) 그것이 저절로, 또한 그 자체로서 존재한다고 여길 수 없는 이유는 무엇인가? 우리는 왜 창조자를 자연 세계의 외부에서 찾아야 하며, 또한 우리는 왜 우리의 우주론에서 신을 배제해서는 안 되는가? 티마이오스의 답변은 자연 세계 전체가 하나의 생성 또는 과정이며, 또한 모든 생성이 반드시 원인을 갖기 때문이라는 것이다(τῷ γενομένῳ φαμὲν ὑπ' αἰτίου ἀνάγκην εἶναι γενέσθαι, 28c). 이 주장에 대해, 칸트는 이 주장을 '현상들의 총합'과 '현상이 아닌 어떤 것'을 연결하는 데 사용함으로써, 하나의 현상을 다른 현상과 연관시키는 고유한 기능을 갖는 범주를 잘못 사용하고 있기 때문에, 그것이 궤변적(또는 그가 말하는 것처럼 '변증법적')이라고 응수할 것이다. 달리 말하자면, 결과와 원인 간의 관계는 하나의 생성이나 과정과 다른 하나의 생성이나 과정 간의 관계이며, 따라서 그런 관계는 '과정들의 총합'과 '과정이 아닌 어떤 것'을 연관시키는 데 사용할 수 없다는 것이다. 칸트의 관점에서 모든 생성이 원인을 가져야만 한다는 티마이오스의 진술은 애매해 보인다. 만약 '모든 생성'이 '주어진 모든 생성의 경우'를 의미한다면, 그 진술은 참이며, 또한 원인은 그것에 선행하는 생성의 또 다른 경우일 것이다. 만약 (티마이오스에게 당연히 그랬던 것처럼) '모든 생성'이 '생성들의 총합'이라면, 칸트는 그 진술이 전적으로 근거 없는 거짓이며, 결국 무의미하다고 말할 것이다.

그러나 이런 비판이 그 어려운 문제를 제거하지는 못한다. 그 비판은 '원인'이라는 단어가 그것의 18세기적 의미, 즉 흄(Hume)에 의해 처음으로 형이상학에 정착되었던 의미를 가질 때만 유효하다. 18세기적 의미란 하나의 사건이 '결과'라 부르는 다른 사건에 선행하고, 또한 필연적으로 연결되어야 한다는 것이다. 그리스인에게 '원인'이라는 단어는 그 단어의 다양한 의미들 가운데 어떤 의미로든, '왜'라는 단어로 시작되는 질문에 대한 답변을 제공한다. 우리가 모두 알듯이, 아리스토텔레스는 그 단어의 네 가지 의미, 즉 물질인, 형상인, 작용인(또는 능동인), 그리고 목적인이라는 네 가지 종류의 원인 또는 네 가지 단계(order)의 원인을 구분했다. 그리고 그 가운데 어떤 것도 그것의 결과에 시간적으로 선행하는 사건으로 여겨지지 않았다. 아리스토텔레스에게는 심지어 작용인조차도 하나의 사건이 아니라 하나의 실체, 즉 힘이 자리하는 실체를 의미했다. 이처럼 새로운 유기체의 작용인은 생식이라는 사건 또는 행동이 아니라 그 행동을 했던 수컷이다. 그러므로 만약 자연 세계가 왜 존재하느냐고 질문한다면, 우리는 칸트와 흄이 이해했던 식으로 이해되는 인과의 범주를 현상들과 가능한 경험 영역 외부에 있는 어떤 것에 적용하는 오류를 반드시 범하지는 않는 질문을 하는 것이다. 사실상 이것은 질문하기에 적절하다고 칸트 자신이 생각했던 질문인 동시에, 그가 이해력(오성)이 자연을 만든다고 말함으로써 아주 독창적이고도 중요한 답변을 제시했던 질문을 제기하는 것이다. 또한 이 질문은 자연 세계가 스스로 설명하는 것이 아니라 오히려 설명을 요구하는 사실들의 복합체로서 우리에게 나타난다는 것을 깨닫자마자 제기해야 할 질문이다. 이 사실들의 관계를 보임으로써, 즉 그 가운데 어떤 한 가지 사실을 나머지 사실들을 통해 설명함으로써 그 사실들을 설명할 수 있는 한 가지 방법이 분명히 있다. 그러나 그와 똑같이 필수적인 또 하나의 방법이 있는데, 그것은 우리가 자연적이라고 부르는 그런 종류의 사실들이 도대체 왜 존재하는가를 설명하는 것이다. 칸트는 이것을 자연의 형이상학이라고 불렀으며, 또한 이것이 《티마이오스》가 속한 탐구의 유형이다.

따라서 만약 우리가 변화의 세계, 즉 지각 세계 또는 자연 세계가 도대체 왜 존재하느냐고 질문한다면, 이 세계의 근거를 반드시 창조적인 신에게서 찾아야 하는 것인가? 변화의 불변하는 근거는 형상들과 동일시될 수 없는 것인가? 분명히 티마이오스는 이것이 불가능하다고 생각한다. 그는 신뿐만 아니라 형상들의 지성 세계도 반드시 있어야만 한다고 생각한다. 그러나 왜 그래야 하는가? 그는 그 답변을 우리에게 해 주지 않았으나, 나중에 아리스토텔레스가 답변한다. 그것은 형상들이 '아르카이 기네세오스(ἀρχαὶ κινήσεως)', 즉 변화의 근거들이나 작용인들이 아니라 단지 형상인들이나 목적인들이라는 것이다. 형상들은 변화를 유발하지 않으며, 다만 다른 곳에서 시작된 변화를 규제할 뿐이라는 것이다. 그것들은 기준들이지 행위 주체들이 아니다. 따라서 우리는 세계 내부의 운동과 생명의 활동 근원을 다른 곳에서 찾아야 한다. 그리고 이것은 오직 (시간의 흐름을 필요로 하는-옮긴이) 사건들이 아닌 활동들을 하는 행위 주체, 자연 세계의 일부가 아닌 영원한 행위 주체, 즉 신이라는 고유 명사가 적용되는 어떤 것일 수밖에 없다.

그런 뒤에 티마이오스는 신이 도대체 왜 세계를 창조해야 했느냐고 질문한다. 그는 신이 선하고, 선함이 외부로 흘러넘쳐 그 자체를 재생산하는 본성을 갖기 때문이라는 이유를 제시한다. 그가 설명하듯이, 선은 시기심을 배제한다. 그리고 이것은 선한 것이 그 자체의 선함을 위해 자신을 소중히 여길 뿐만 아니라 그 선함을 홀로 즐기는 데 만족하지 않고 본성적으로 그 선함을 다른 어떤 것에 부여해야 한다는 것을 의미한다. 이 주장은 그 선함이 부여되는 다른 어떤 것이 존재한다는 것을 함축한다. 다시 말해서, 이것은 신의 세계 창조 이전에 형상을 수용할 수 있고, 또한 그렇기 때문에 선함을 수용할 수 있는 무형의 세계 또는 혼돈이 (물론 시간적이 아니라) 논리적으로 있었거나, 또는 있다는 것을 함축한다. 《티마이오스》의 우주론에서 물질 개념이 아무런 역할을 하지 않는다는 입장을 취하는 테일러는 그 대화록이 의도적으로 신화적인 언어를 사용하고 있으며, 또한 피타고라스학파의 어느 한 사람도 그것을 문자 그대로 받아들이지는 않았을 것이라고 말함으로써, 그 주장을 해명할 수밖에 없었다.

그렇다면 신화적인 언어가 전달하고자 하는 이론은 무엇인가? 테일러는 그 이유를 말해 주지 않으며, 나 자신도 티마이오스가 그 하나의 구절에서 비유적으로 말했어야 했던 이유를 알지 못한다. 그가 말했던 것을 그가 의미했을 가능성이 더 크다. 《티마이오스》의 신은 결국 데미우르고스(δημιουργός), 즉 제작자 또는 기술자다. 그의 창조적인 행위는 어쨌든 절대적인 창조의 행위가 아니다. 왜냐하면 그것은 그 자체 외의 어떤 것, 즉 신이 세계를 만들기 위한 원형을 전제하기 때문이다. 그리고 만약 신이 이미 존재했던 원형을 본떠 세계를 만들었다는 이론으로 인해, 절대적이고 완전히 자유로운 신의 창조성이 미리 포기된다면, 신이 이미 존재했던 물질을 사용해 세계를 만들었다는 주장에 더 이상의 손실이나 더 이상의 모순은 생기지 않는다. 사실상, 만약 원형이나 형상이 그것을 복사하는 행위보다 미리 존재했다면, 물질도 미리 존재했음이 틀림없다. 왜냐하면 물질과 형상이 상관적인 용어들이기 때문이다. 그리고 만약 어떤 것의 제작이 그 사물의 형상을 전제하는 것으로 생각된다면, 그것도 그것의 물질을 전제해야 한다는 것이 논리적이다. 그렇게 되면 그 사물의 제작

행위가 이 물질 위에 이 형상의 부과라고 생각하는 것은 아주 논리적이다.

《티마이오스》의 우주론에 물질 개념이 함축된다는 것을 부정하는 테일러가 자신의 저서 전체에서 분명히 애쓰고 있듯이, 그는 사실상 플라톤을 왜곡함으로써 자신이 감탄하고 공유하는 몇몇 현대적 관점들과 일치시키고 있다. 이런 종류의 오류에 빠지지 않고 고대 철학자들을 설명하는 것은 거의 불가능하며, 분명히 우리 모두가 그렇게 한다. 이 경우의 오류는, 아무것도 전제하지 않는 절대적 창조라는 개념, 즉 그것이 미리 존재하는 물질이나 미리 존재하는 형상이든 아무것도 전제하지 않는 창조 행위라는 개념이 기독교에서 비롯했으며, 또한 기독교의 창조 개념과 헬레니즘의 창조 개념(그리고 이 문제와 관련해서는 창세기 편에서 설명되는 유대인의 창조 개념)을 구별하는 주된 특징적 차이점이란 사실을 잊었다는 것이다.

그런 뒤에 티마이오스는 연장적이고 가시적인 세계에서 서로 다른 요소들이 어떻게 필연적으로 발생하는가의 문제를 논의한다. '연장적'이란 것은 3차원적이라는 의미이며, 따라서 물질세계의 모든 측량들은 분명히 부피나 체적에 대한 측량들이다. '가시성'은 불이나 빛, 즉 복사(radiation) 형태의 물질을 함축한다. 그러나 물질세계는 또한 만질 수도 있는 것이며, 이것은 고체 형태의 물질을 함축한다. 피타고라스의 전통에서 인정했던 질적으로 서로 다른 물질의 이러한 형태들은 수학적으로 서로 다른 구조의 유형들에 기초한다. 복사의 한 단위를 a^3라고 부르고, 고체의 한 단위를 b^3라고 부르자. 그렇게 되면 그 양극단 사이에는 물질의 두 중간 형태들인 기체와 액체를 표시하는 두 가지 비례 중항들인 a^2b와 ab^2가 있다. 이처럼 세계는 수학 원리로부터 전형적으로 피타고라스적인 방식으로 추론된 엠페도클레스의 네 가지 원소들로 (따라서 추론되었기 때문에, 사실상 엠페도클레스가 생각했던 원소들이 아닌 원소들로) 구성된다. 그리고 그것들이 구성하는 전체는 구체(둥근 형태의 것 - 옮긴이)여야 한다고 주장된다. 왜냐하면 오직 구체만이 균일하게 단단하고, 따라서 구형에서 벗어난 것은 가설적으로는 현존할 수 없는 (압력이나 인력 등의) 어떤 외적인 영향에 의해 야기된 것임에 틀림없기 때문이다.

이제 세계의 몸(body)에 대해서는 충분히 이야기했다. 다음으로 티마이오스는 세계영혼의 창조에 대해 고찰한다. 그는 영혼이 몸 전체에 주입되고 봉투처럼 외부에서 그것과 중첩되며, 따라서 말하자면 세계의 놈봉이 그 자체의 영혼으로 둘러싸여 있다고 기술한다. 왜냐하면 영혼은 존재의 특별한 계층에 속하기 때문이다. 즉, 그것은 물질적인 세계(또는 물질적인 과정들의 복합체로서의 자연)와 비물질적 세계(또는 영원하고 비분할적인 형상들의 복합체로서의 자연)의 중간에 있다. 이처럼 인간의 영혼은 인간의 육체에 퍼져 있는 동시에 시각, 청각, 그리고 사고의 영역을 벗어나 있듯이, 세계영혼은 세계의 내부에 있는 동시에 외부에 있다. 이 구절은 상당히 난해하지만, 나는 그 구절을 분석하기 위해 여기에서 멈추지는 않을 것이다. 나는 다만 그 안에서 플라톤이나 티마이오스가 두 가지 시도를 하고 있다는 것만을 지적할 것이다. 플라톤이나 티마이오스는 첫째 수학적인 고찰들로부터 행성 운동과 거리 체계가 어떻게 네 가지 원소들의 표처럼 추론될 수 있는가를 보이고자 했으며, 또한 둘째로 그런 운동 체계 속에서 자신을 드러내는 생명체가 어떻게 본질적으로 자기 내부에 사고와 판단을 생성하는 지각하고 사고하는 생명체일 수도 있는가를 보이고자 했다.

여기에서 나는 우주론에 관한 피타고라스적 방법의 한 가지 사례로서 내가 제시했던 것을 제공하면서, 분석을 중단해야 한다. 《티마이오스》에 대한 설명을 마치면서, 나는 그것이 일련의 우주론적 학설을 담은 저술이라는 탁월한 견해를 피력했던 화이트헤드(Whitehead)를 언급하고 싶다. 그의 판단은 살아 있는 가장 위대한 철학자들 가운데 한 사람이자, 아마도 살아 있는 가장 위대한 우주론 저술가로서 최고의 존중을 받을 가치가 있다. 화이트헤드의 견해에 따르면, 《티마이오스》는 현대 자연 과학적 이론들이 요구하는 철학적 설정을 다른 어떤 저술들보다 더 많이 제공한다. 분명히 그것은 화이트헤드 자신의 일반적인 우주론적 견해들과 아주 많이 일치하고 있다. 두 가지 경우에 모두, 자연 세계는 공간이나 시간 속에 있지 않은 (화이트헤드가 영원한 대상들이라고 부르는) 형상들의 세계라는 또 다른 복합체를 전제하는 운동들 또는 과정들의 복합체이다. 물론 플라톤의 견해와 화이트헤드의 견해에는 차이점들이 있으며, 그 가운데 어떤 것들은 매우 중요하다. 그것들에 대해서는 나중에 좀 더 자세히 말하겠지만, 지금 나는 두세 가지의 차이점을 간단히 언급할 것이다.

첫째, 플라톤 또는 티마이오스에 따르면 가시 세계의 사물들은 형상들을 원형으로 삼지만, 이게 바로 그것들이 얻을 수 있는 최상의 것이다. 예를 들어, 어떤 행성 운동도 사실상 그것의 원형이 되는 수학적 곡선을 재현하지 못한다. 화이트헤드에게 영원한 대상들이란 사실상 그가 순간적인 현상들의 구성 요소라고 부르는 것이다. 가시 세계는 단순히 지성 세계와 유사한 것이 아니다. 그것은 바로 여기에서 지금 실현된 지성 세계다.

둘째, 결과적으로, 화이트헤드에 따르면, 자연 세계에

서 발견되는 성질(quality)이란 영원한 형상들의 세계에서 자리를 차지하는 영원한 대상임에 틀림없다. 이 하늘 조각의 푸름이나 이 양파의 냄새는 평등이나 정의와 마찬가지로 영원한 대상이다. 반면에 《티마이오스》에서는 가시 세계에서 발견되는 다양한 성질들이 말하자면 한 가지 사실의 부산물들, 즉 이 세계가 지성 세계의 똑같은 복사물이 **아니라는** 사실로부터 얻어지는 부산물들일 것이다.

셋째, 《티마이오스》에서 세계영혼은 그것의 몸통 전체에 퍼져 있고, 따라서 그 세계 전체는 그것의 운동들이 원형으로 삼는 영원한 형상들을 사고를 통해 파악하는 것으로 이해된다. 화이트헤드에 따르면, 정신들이란 그가 지각적인 경우들이라고 부르는 특별한 현상들의 한 집합이고, 따라서 그에게 정신이란 자연 세계에 퍼져 있는 것이 아니라 그 세계의 특별한 장소와 시간에 여기와 저기에 나타나는 것이다. 이것이 이론적 차이점으로서, 그리스 자연 개념과 현대 자연 개념의 가장 특징적인 차이점이다.

III. 아리스토텔레스

 이제《형이상학》12(Λ, 람다)권에서 상세하게 설명되는 아리스토텔레스의 우주론으로 넘어가자. 아리스토텔레스 사상의 발전에 관한 탁월한 저술 속에서, 예거(Jaeger)는《형이상학》12권이 플라톤의 영향하에서 집필된 초기 작품이며, 아리스토텔레스의 사고가 덜 신학적인 것이 되는 한편, 더 과학적이고 실증적인 것이 되면서 포기되었던 작품이라고 주장한다. 이 견해는 케임브리지의 거쓰리(W. K. C. Guthrie)에 의해 사실상 반박되는데, 그는《고전학 계간지(Classical Quarterly)》(1933~1934)에 발표한 두 편의 논문에서,《형이상학》12권이 아리스토텔레스의 후기 저술의 특징들과 성숙한 사고의 특징들을 모두 담고 있다는 것을 보여 줬으며, 사실상 그 작품에서 아리스토텔레스가 순수하게 물질론적이었던 사고의 단계를 거쳐 자신의 결론들을 찾아 나아가고 있다고 주장했다.

1. '퓌시스'의 의미

 12권의 논의를 살펴보기 전에, 아리스토텔레스가 '퓌시스(φυσις, 자연)'라는 용어의 의미에 대해 논의하고 있는 《형이상학》 5권인 델타(Δ)권을 분석할 필요가 있다. 아리스토텔레스의 철학 사전에는 특징적인 방법이 있다. 그는 하나의 단어가 여러 가지 의미를 가질 수 있음을 인식하고 있으며, 하나의 단어가 단지 하나의 의미만을 갖는다고 생각하는 어리석은 실수를 결코 범하지 않는다. 한편으로 그는 이처럼 다양한 의미들이 서로 연결되어 있으며, 또한 그 단어가 하나 이상의 의미를 갖기 때문에 애매한 것도 아니라는 점을 인식하고 있다. 즉, 그는 그 단어의 다양한 의미들 가운데 하나의 의미가 가장 심오하고도 진정한 의미이며, 다른 의미들은 이처럼 심오한 의미를 다양한 수준으로 파악하지 못하는 데서 야기되는 유사한 의미들이라고 생각한다는 것이다. 결과적으로 아리스토텔레스는 과녁의 주변을 맞히다가 정중앙을 맞히는 일련의 화살들처럼 자신의 단어들을 정리한다.

그는 다음과 같이 '퓌시스(φυσις)'의 일곱 가지 의미를 구분한다.

첫째, 기원 또는 탄생 : 아리스토텔레스는 '마치 위(υ)가 길게 발음되는 것처럼'이라고 말한다. '퓌시스(φυσις)'의 '위(υ)'는 사실상 짧다. 데이비드 로스는 실질적인 그리스의 문헌에서 '퓌시스'라는 단어가 이런 의미를 가진 적이 전혀 없었음을 지적하고, 이 의미가 기원전 4세기의 잘못된 어원 연구로 인해 사변적으로 부여된 의미라고 옳게 추측하고 있다. 따라서 아리스토텔레스가 쏘았던 첫 번째 화살은 과녁을 완전히 빗나갔다.

둘째, 사물들이 생성되어 나오는 것, 즉 사물들의 씨앗 : 이것도 어느 고대 그리스에서도 발견되지 않는 의미다. 나는 이것이 첫 번째 의미와 세 번째 의미를 연결하기 위해 첨가되었다고 생각한다.

셋째, 자연적 대상들의 운동 또는 변화의 근거(뒤에서 우리는 자연 대상이 스스로 움직이는 것임을 알게 될 것이다) : 이것은 우리가 본성적으로(by nature) 돌이 떨어진다거나 불이 피어오른다고 말할 때 의미하는 것과 같은 의미다. 이것은 일상적인 비전문적 그리스어 용법과 상응한다.

넷째, 사물들을 구성하는 근원 물질 : 이것은 이오니아 철학자들이 강조했던 의미다. 버넷(Burnet)은 이깃이 초기 그리스 철학에서 그 단어가 가졌던 유일한 의미로 간주할 것이다. 나는 기원전 6세기 철학에서 퓌시스가 그것이 항상 실제로 의미했던 것, 즉 사물들의 본질 또는 본성을 의미했다고 말하는 것이 아니라 이오니아 철학자들이 사전적인 특징이 아니라 철학적인 특징 때문에 사물들의 본질이나 본성을 그것들을 구성하는 물질(stuff)을 통해 설명하려고 노력했다고 말하는 것이 더 옳다고 생각한다(위 93쪽 이하 비교).

다섯째, 자연물들의 본질 또는 형상 : 이것은 기원전 5세기 작가들이 철학과 일상적인 그리스어에서 실제로 그 단어를 사용했던 것으로 보이는 방식이다. 그러나 이 정의는 순환적이므로 오류라고 할 수 있다. 자연을 자연물들의 본질로 정의하는 것은 '자연물들(natural things)'이라는 용어를 정의하지 않고 남겨 놓는다.

여섯째, 본질 또는 형상 일반 : 예를 들어, 플라톤은 '헤 투 아가쑤 퓌시스(ἡ τοῦ ἀγαθοῦ φύσις, 선한 자연)'에 대해 말하지만, 그 '선함'은 자연물이 아니다. 여기에서 순환은 제거되지만, 아리스토텔레스는 그 용어가 너무 광범위하고도 느슨하게 사용되고 있다고 생각한다. 따라서 그는 그것을 다시 축소하려고 하며, '자연물'을 '운동의 원천을 내부에 갖는 사물'이라고 정의함으로써 그 순환을 제거한다.

일곱째, 운동의 근거를 내부에 갖는 사물들의 본질 : 아리스토텔레스는 이것을 참되고도 근본적인 의미로 간주하며, 따라서 그는 그 단어(퓌시스)를 이런 용법으로 사용한다. 이것은 분명히 일상적인 그리스어 용법과도 정확하게 일치한다. 그리스 작가가 퓌시스(φύσις)와 테크네(τεχνη), 즉 '사물들이 그대로 남겨졌을 때 그것들은 무엇인가'와 '인간의 기술은 그것들을 무엇으로 만들 수 있는가', 또는 퓌시스와 비아(βια), 즉 '사물들이 그대로 남겨졌을 때 그것들은 어떤 방식으로 움직이는가'와 '사물들이 방해받았을 때 그것들은 어떤 방식으로 움직이는가'를 대비할 때, 그는 사물들이 그 자체로서 성장, 조직, 그리고 운동의 원리를 갖는다는 것을 함축하고, 또한 이것이 자기가 의미하는 그것들의 자연(본성)이라는 것을 함축한다. 그리고 그가 사물들이 자연적이라고 말할 때, 그가 의미하는 것은 그 사물들이 내부에 그런 원리를 갖고 있다는 것이다.

2. 스스로 운동하는 자연

이오니아 철학자들과 플라톤에게 그랬던 것처럼, 아리스토텔레스에게도 자연 세계는 스스로 운동하는 사물들의 세계다. 그것은 살아 있는 세계다. 즉, 그것은 17세기의 물질세계처럼 관성에 의해 특징지어지는 세계가 아니라 자발적 운동에 의해 특징지어지는 세계다. 자연 그 자체는 과정이고, 성장이며, 변화다. 이런 과정은 발전이다. 즉, 그런 변화는 a, b, c…와 같이 연속적인 형태를 취하며, 여기에서 각각의 것은 그 뒤에 오는 것의 잠재태지만, 그것은 우리가 부르는 '진화'와는 다르다. 왜냐하면 아리스토텔레스의 철학에서 자연 세계에 드러나는 변화와 구조의 종류들은 영원한 진행 목록을 구성하며, 그 목록의 항목들은 서로 시간적이 아니라 논리적으로 연결된다. 그 변화는 결국 순환적이며, 아리스토텔레스의 철학에서 순환적인 운동은 완전한 유기체의 특징이지 우리에게 그런 것처럼 무기체의 특징이 아니라는 결론이 나온다.

자연은 스스로 운동하며, 따라서 자연 내부에서 발생하는 변화들을 설명하기 위해 자연 외부의 작용인을 상정하는 것은 비논리적이다. 자연이 아직 존재하지 않았던 시기가 있었다면, 그것을 존재하게 하는 데 외부의 작용인이 필요했을 것이다. 그러나 아리스토텔레스는 그런 때가 결코 없었다는 입장을 취하는 플라톤의 《티마이오스》를 따른다. 그러므로 그에게 세계의 과정이란 바로 《티마이오스》에서 플라톤이 거부했던 것, 즉 스스로 원인이 되고 스스로 존재하는 과정이다.

이것은 마치 아리스토텔레스가 물질론자들과 운명을 함께하기라도 하려는 듯이 보인다. 이에 대해 아리스토파네스(Aristophanes)는 제우스(Zeus)가 왕위에서 쫓겨나고 그 대신에 보르텍스(Vortex)가 통치했다고 썼다. 그러나 《형이상학》 12권에서는 완전히 새로운 논증을 통해 신(God)이 그의 우주론에 다시 소개된다. 많은 현대 사상가들이 그랬고, 또한 몇몇 사상가들이 여전히 그렇듯이, 이런 식의 물질론자가 되려고 하는 사람은 "자연법들이란 단지 사물들이 실제로 발생하는 방식들에 대한 경험적인 기술들에 불과하다"라고 주장해야 할 것이다.

운동하는 물체들이 있다. 그것들은 어쨌든 운동해야 하며, 그것들이 지금 그런 것처럼 실제로 운동하는 방식들을 우리는 자연법칙들이라 부른다. 여기에서 우리가 그것들을 법칙들이라고 부르는 것은 입법자를 함축하거나 또는 그것들에게 어떤 명령이나 강제적인 힘을 부여하는 것이 아니며, 단지 사물들의 **일반적인** 특징을 의미할 뿐이다. 그러나 그리스의 사고는 결코 이런 입장을 취하지 않았다. 그리스인들은 자연의 특징을 단지 변화만이 아니라 노력(effort) 또는 경향(nisus) 또는 성향(tendency), 즉 어떤 일정한 방식으로 변화하려는 성향을 통해 규정했다. 씨앗은 토양을 뚫고 솟아오르며, 돌은 그 위에서 아래로 짓누르며, 어린 동물은 성체의 크기나 형태를 갖출 때까지 자신의 몸집을 불리고 모습을 발전시킨 뒤에 그 목표에 도달하면 그런 노력을 멈춘다. 모든 작용은 잠재태와 현실태로 구분되는데, 잠재태는 경향의 자리로서 이것으로 인해 잠재태는 현실태를 향해 진행해 나간다. 한때 현대 과학은 자연 세계 전체를 관통하는 요소인 경향이란 이 개념, 즉 자연적 과정들이 지향하는 목적들에 관한 목적론적 함축들을 갖는 이 개념을 의인화의 일종이라는 이유로 거부했다. 그러나 우리가 경향(nisus)을 의식적인 의욕(volition)으로 잘못 이해하지 않는 한, 그것은 결코 의인화된 개념이 아니다. 씨앗이 자기가 무엇을 하려 노력하는지에 대한 지식을 갖는다고 믿는다면, 즉 자신을 성장한 나무로 상상한다고 믿는다면 최악의 의미에서 의인화가 분명하다. 그러나 씨앗은 자기가 성장한 나무가 되고자 한다는 것을 알지 못하기 때문에, 우리는 그것이 무의식적으로 그렇게 하려고 노력하는 것이 아니라고 말할 수 없다. 무의식적인 노력이 불가능하다고 생각할 근거는 없다는 것이다. 그리고 최근에 진화론은 아리스토텔레스의 잠재태 이론과 완전히 다르지는 않은 어떤 것으로 돌아갈 수밖에 없게 만들었다. 아직 현실화되지 않은 어떤 것이 스스로 지향하는 목표로 생성 과정에 영향을 주는 경우에, 그리고 종(species)의 돌연변이가 우연한 법칙의 점진적인 작용을 통해서 아니라 상위의 형태, 즉 더 효과적이고 생생하게 살아 있는 생명의 형태를 어떤 식으로든 지향하는 단계들에 의해 발생하는 경우에만 생성 과정이 생각될 수 있다는 것이 널리 인식되었다. 이런 점에서 볼 때, 현대 물리학이 위대한 고대 수학자이자 철학자인 플라톤에 더 가깝다고 한다면, 현대 생물학은 위대한 생물학자이자 철학자인 아리스토텔레스에 더 가까우며, 로이드 모건(Lloyd Morgan), 알렉산더(Alexander), 화이트헤드의 철학과 같은 진화론적 철학들은 잠재태, 경향, 그리고 목적론이란 개념들을 솔직하게 수용하고 있다.

발전(development)이란 개념은 물질론에 치명적이다. 물질론적 형이상학, 즉 몸의 존재가 유일한 종류의 존재라는 형이상학에 따르면, 작용하거나 또는 결과들을 산출하는 것은 모두 몸임에 틀림없다. 달리 말해서, 비물질적인 원인들이란 있을 수 없다는 것이다. 그러나 발전은 비물질적인 원인을 함축한다. 만약 하나의 씨앗이 실제로 한 그루의 나무로 발전하는 것이고, 외부 물질의 적절한 입자들이 무작위적으로 충돌함으로써 순전히 우연하게 나무로 변하는 것이 아니라면, 이 발전은 물질적이지 않은 어떤 것, 즉 나무의 형상과 그 특정한 나무의 형상에 의해 조절되는 것이다. 이것은 나무에 대한 플라톤적인 관념으로서, 이 관념은 완전히 성장한 나무의 형상인이자 그 씨앗을 나무로 성장하도록 만드는 과정의 목적인이다. 물론 이 관념은 어떤 사람의 마음속에 있는 사고라는 일반적인 의미에서의 관념이 아니다. 그것은 나무의 마음속에 존재하지 않는다. 왜냐하면 나무가 정말로 마음을 가질지라도, 그것은 추상적인 관념들을 생각할 수 있는 그런 종류의 마음을 갖지 않기 때문이다. 그것은 플라톤적인 의미에서의 관념으로서, 객관적으로는 실재하지만 물질적이지는 않은 어떤 것이다.

지금까지 우리는 플라톤을 살펴보았다. 그러나 아리스토텔레스는 그보다 한 단계 더 나아간다. 플라톤에 따르면, 관념에 의해 유도된 에너지는 그 관념에 의해 자극되는 것이 아니라 그 관념으로부터 독립되어 존재한다. 이 에너지의 근원은 작용인(efficient cause)이며, 아리스토텔레스의 언어로 표현하자면 플라톤의 학설은 형상인과 목적인이 서로 동일할 수도 있지만 작용인은 그것들과는 아주 다른 어떤 것이라는 주장이다. 씨앗을 성장하게 하는 단순한 힘(force)은 나무를 생성하도록 그 힘을 조절하는 통제력과 다르다. 그와 대조적으로, 아리스토텔레스는 목적인이란 개념을 제시하는데, 이 목적인은 적절한 대상 속에서 신체적 형태를 실현하려는 그 자체의 경향(nisus)을 불러일으킴으로써 그것이 통제하는 에너지를 조절할 뿐만 아니라 자극하거나 불러일으킨다고 생각한다. 따라서 그것은 목적인이자 작용인이지만, 그것은 아주 독특한 종류의 작용인, 즉 비물질적인 작용인이다. 또한 아리스토텔레스는 발전이라는 사실에 대한 성찰을 통해 이러한 비물질적인 작용인이란 개념에 도달한다. 왜냐하면 발전은 경향, 즉 운동이나 과정을 함축하기 때문이다. 여기에서 운동이나 과정은 단지 아직 실현되지 않은 어떤 신체적인 형태의 것을 실현하기 위해 지향하는 것이 아니라 실제로 그러한 실현을 지향하는 성향에 의해 움직여진 것을 말한다. 씨앗이 **조금이나마** 성장하는 것은 그것이 나무가 되기 위해 작용하기 때문이다. 이처럼 나무의 형상은 그것을 그런 방식으로 자라게 하는 원인일 뿐만 아니라 그 성장의 원인이기도 하며, 따라서 성장의 작용인인 동시에 목적인이다. 씨앗이 자라는 것은 그것이 나무가 되기를 **원하기** 때문이다. 그 씨앗은 스스로 물질적인 형태로 체화되길 욕구하며, 그렇게 되지 않으면 그것은 단지 관념적이거나 비물질적인 존재만을 갖는 나무의 형상이다. 비록 나무가 지성이나 마음을 갖지 않고 또한 여기에서 언급되는 형상을 생각할 수는 없을지라도, 그것은 영혼 또는 프쉬케(ψυχή)를 갖는다. 따라서 나무가 무엇을 원하는지는 **알지** 못할지라도 원하는 것들이나 욕구하는 것들을 갖기 때문에, 우리는 여기에서 '원한다(want)' 또는 '욕구한다(desire)'와 같은 단어들을 사용할 수 있다. 형상은 이러한 욕구들의 대상이다. 아리스토텔레스 자신의 말에 따르면, (그것은 물질로 된 것이 아니고, 따라서 운동할 수 없으므로) 그것 자체가 운동하지는 않지만 욕구의 대상이 됨으로써 다른 것들의 운동을 야기한다(κινεῖ ὡς ἐρώμενον, 1072b 3).

그렇다면 물질적 사물의 욕구는 이 형상을 그 자체의 물질 안에 체화하려는 욕구이자 그 자체를 형상과 일치시키려는 욕구이며, 또한 그 물질 안에서 형상을 가능한 잘 모방하려는 욕구다. 그런 욕구를 자극하기 위해서는 형상이 그 자체로서 이미 모방할 만한 가치가 있는 어떤 것, 즉 본질적으로 가치 있는 그 자체의 작용을 갖는 어떤 것이어야 한다. 우리는 비물질적인 존재자가, 즉 이런 의미에서는 자연 세계의 움직여지지 않은 최초의 원동자(the unmoved first mover, 부동의 제일 원동자)가 어떤 종류의 작용을 한다고 말할 수 있는가?

3. 아리스토텔레스의 지식 이론

위 질문에 답변하기 위해서는 아리스토텔레스의 지식 이론을 살펴보아야 한다. 아리스토텔레스의 시대보다 오래전에 그리스인들은 소리가 공명체(sonorous body, 소리를 내는 물체-옮긴이)에 의해 만들어지는 규칙적인 진동이며, 공기를 통해 청각 구조에 전달된다는 것을 발견했다. 이 구조의 본질은 그것이 공기로부터 진동을 포착하고 그와 동일한 주기(rhythm)로 자기 자신을 진동시키는 유기체의 일부라는 것이다. 우리의 귀가 스스로 재현할 수 없는 주기를 갖는 소리는 모두 우리에게 들리지 않는다. 나 자신의 내부에서 그런 종류의 주기적인 진동을 재현하는 것과 소리를 듣는 것은 동일한 것이다. 왜냐하면 그리스인들에게 영혼은 바로 신체의 활발한 작용이며, 따라서 현대적인 사고 속에 존재하는 청각 구조의 신체적 진동과 정신적인 소리 감각의 차이점이란 그들에게 존재하지 않았기 때문이다. 종의 재료인 청동이나 공기의 재료인 기체들은 우리의 몸으로 들어오지 않으나 그것들의 진동 주기는 들어온다. 따라서 내가 소리를 듣는다는 것은 바로 그런 주기가 내 머릿속으로 들어온다는 것이다. 그러나 주기라는 것은 피타고라스적인 형상 또는 플라톤적인 형상이다. 즉, 그것은 비물질적인 것으로서 일종의 구조, 또는 아리스토텔레스식으로 말하자면 하나의 로고스(λόγος)다. 그렇다면 종소리를 듣는다는 것은 울리고 있는 종의 로고스를 물질(ὕλη)이 없이 우리의 몸 안에 받아들이는 것을 말한다. 그리고 이것을 일반화하면 감각에 대한 아리스토텔레스의 일반적인 정의라 할 수 있다. 종의 울림, 즉 종의 주기적인 진동은 그 자체를 우리 머릿속에서 재현하며, 이것이 바로 듣는 것이다. 시각과 다른 감각들에 대해서도 비슷하게 설명할 수 있다. 모든 경우에 지각한 대상이 있으며, 이것은 영구적으로 또는 일시적으로 어떤 형상을 소유하는 물질의 일종이다. 대상을 지각한다는 것은 그것의 형상을 우리 내부에서 재현하는 것인 반면에, 물질은 우리 외부에 남아 있다. 따라서 아리스토텔레스는 감각을 '감각적 형상을 그것의 물질이 없이 받아들이는 것'으로 정의한다.

이것은 지각의 재현(representational, 표상) 이론이나 복제(copy, 복사) 이론이 아니다. "아리스토텔레스의 견해에 따르면, 우리가 듣는 것은 종 울림의 높이(pitch)와 음조(tone)를 닮은 우리 머릿속의 울림이다"라고 말하는 것은 틀릴 것이다. 왜냐하면 종의 음(note)이란 단지 로고스 또는 주기에 불과하기 때문이다. 그것은 단지 1초 동안에 480번을 진동하는 주기나 그런 어떤 것이다. 결과적으로, $(x+y)^2 = x^2 + 2xy + y^2$이라는 방정식이 x가 2이고 y가 3일 때나, 또는 x가 3이고 y가 4일 때나 동일한 방정식이듯이, 우리 머릿속에서 울리는 음은 종의 울림과 비슷한 또 다른 음이 아니라 그와 동일한 바로 그 음이다. 그 음은 물질이 아니라 형상이다. 그렇다. 그것은 존재하기 위해서라면 반드시 어떤 물질 안에 존재해야 하는 형상이지만, 그것은 어떤 종류의 물질에서 존재하든 동일한 형상이다.

감각은 인식의 일종이지만, 완벽한 것은 아니다. 왜냐하면 종소리를 들을 때, 우리는 단지 그것의 음을 듣는 것이지 그것의 형상이나 색깔, 또는 화학적 구조를 듣는 것이 아니기 때문이다. 그러나 그런 한에서, 그것은 인식의 적절한 사례다. 즉, 우리가 실제로 듣는 것은 형상이라는 것, 그리고 그 형상을 우리의 청각 기관에 받아들임으로써 그것을 듣는다는 것은 인식에 대한 적절한 설명이다. 그렇다면 어떤 종류의 물질에도 체화하지 않은 형상을 대상으로 하는 지식의 일종, 즉 선(good)의 형상과 같은 그런 것이 있다고 가정해 보자. 만약 우리가 사고를 통해 그 형상을 파악한다면, 우리는 그것을 우리의 정신에 받아들임으로써, 즉 우리는 우리의 정신이 현재 조직되어 있는 방식으로 형상을 경험함으로써만 그렇게 할 수 있을 것이다. 이것은 우리의 귀가 현재 조직되어 있는 방식으로 음을 경험함으로써 하나의 음을 듣는 것과 마찬가지다. 종의 경우에 청동은 우리의 외부에 남아 있지만, 물질은 없고 오직 형상만이 있는 선(good)의 경우에는 우리의 외부에 아무것도 남아 있지 않다. 대상 전체가 그것 자체, 즉 그것 자체의 복사물이 아니라 바로 그것 자체를 우리의 지성 내부에 재현하는 것이다. 따라서 아리스토텔레스가 말하듯이, 물질이 없는 대상들의 경우에는 그것을 '아는 사람'과 '알려지는 대상'이 동일하다.

4. 아리스토텔레스의 신학

이런 견해를 토대로, 《티마이오스》에서 구별되었던 영원한 사색가이자 주체이자 정신인 신과 영원한 비물질적 대상들인 형상들을 다시 살펴보자. 《티마이오스》에서 신은 분명히 형상들을 생각하며, 따라서 아리스토텔레스에 따르면, 신과 형상들은 둘이 아니라 하나다. 형상들은 신이 사고하는 방식들이고, 그 형상들의 변증법적 구조는 신의 사고를 표현하는 것이다. 또한 그와 달리 신은 활동이며, 우리가 이런 형상 또는 저런 형상을 파악할 때 우리는 그 활동의 다양한 측면들을 기술하는 것이다. 신과 형상들의 이러한 동일시는 플라톤의 형상 이론에 반대해서 아리스토텔레스가 제기했던 반론들을 모두 제거한다. 왜냐하면 그 반론들은 형상이라는 개념 자체를 반대하기 위한 것들도 아니고(아리스토텔레스 자신도 그 개념을 꾸준히 사용한다), 또한 모든 물질에서 떨어져 존재하는 초월적인 형상들을 반대하기 위한 것들도 아니다(이것 또한 플라톤의 학설일 뿐만 아니라 아리스토텔레스 자신의 학설이기도 하다). 아리스토텔레스의 반론들은 그 형상들이 사고하는 정신의 작용과 동떨어진 완전하고도 단적으로 객관적인 이 형상들이라는 개념을 반대하기 위한 것들이다.

《티마이오스》에서 플라톤은 신이 창조적인 행위의 의지를 갖는다는 이유에서 신을 자연의 작용인으로 제시하며, 또한 형상들이 정적인 완전성을 갖는다는 이유에서 형상들을 자연의 목적인으로 제시한다. 반면에 신과 형상들을 동일시하는 아리스토텔레스는 하나의 단일한 부동의 원동자를 그 자체의 자족적인 활동, 즉 그 자신의 사고 범주들인 형상들을 생각하는 자기 지식(self-knowledge, νοήσεως νόησις)이라고 생각한다. 또한 그 활동은 있을 수 있는 최상의 것이자 최고의 것으로서(《니코마코스 윤리학》 X. 7), 자연 전체가 그것이 할 수 있는 최대한의 힘을 다해 그것에 대한 욕구는 물론이고 그것을 재현하려는 경향도 갖도록 자극한다.

이 이론에는 이상하게 보일 뿐만 아니라 기독교적 전통에서 자란 사람들에게는 심지어 반감을 불러일으킬 수도 있는 몇 가지 점들이 있다. 먼저 아리스토텔레스는 신의 사랑에 관해 말하고 싶은 것이 많았다. 그러나 아리스토텔레스에 따르면, 신은 세계를 사랑하지 않으며, 오히려 세계가 신을 사랑한다. 세계를 움직이게 만드는 사랑은 우리에 대한 신의 사랑도 아니고 우리 서로에 대한 우리의 사랑도 아니며, 그것은 신에 대한 보편적인 사랑으로서 전혀 보상받지 못하는 사랑이다. 나는 이 이론과 기독교 이론의 차이점을 설명하고 싶지는 않다. 그러나 나는 우리가 용어의 다름에 주목할 때 그 이론들의 차이점이 줄어든다는 것을 지적해야겠다. 아리스토텔레스의 철학에서 '사랑'은 에로스(ἔρως)인데, 이것은 본질적으로 불완전한 어떤 것이 그 자체의 완전함을 열망한다는 의미다. 에로스는 스스로 열등하다고 느끼는 존재가 우월하다고 인식하는 다른 존재에 대해 느끼는 위를 향한 또는 열망하는 사랑이다. 이 설명은 플라톤의《향연》에서 에로스에 대한 고전적인 논의 중에 제시되었다. '사랑'에 대한 기독교의 단어는 아가페(ἀγάπη)이며, 이것은 우월한 자가 열등한 자에 대해 느끼는 아래를 향한 또는 겸손한 사랑이다. 이것은 우리가 사물들에 대해 갖는 만족감으로서, 그것들은 비록 불완전할지라도 우리의 삶에서 그것들의 목적들을 아주 잘 수행한다. 신이 세계를 사랑한다는 것을 부정함으로써, 아리스토텔레스는 다만 신이 이미 완전할 뿐만 아니라 그 내부에 변화의 근거도 갖지 않고, 또한 더 나은 어떤 것에 대한 경향도 갖지 않는다는 것을 말하고 있다. 그리고 세계가 신을 사랑한다고 말함으로써, 그는 세계가 신의 내부에 이미 존재하는 완전성을 추구하느라 분주하며, 또한 신과 동일시된다는 것을 말하고 있다.

그러나 두 번째 것은 우리의 일반적인 개념들과 조화시키기가 더 어렵다. 아리스토텔레스는 신이 세계를 안다는 것을 부정하며, 또한 사실상 신이 의지 행위를 통해 세계를 창조했다는 것, 또는 세계의 역사나 그 내부에 있는 모든 생명에 대한 신의 어떤 계획이 있다는 것을 부정한다. 그런 부정은 분명히 마음에서 느끼는 많은 당혹감을 덜어 준다. 즉, 그런 부정은 신이 세계에 가득한 악마들을 지켜 보고 인내하거나, 또는 심지어 만들었다고 생각할 필요성, 즉 통상적인 기독교 신학에서 항상 심각한 도덕적 어려움으로 제기되는 문제를 제거한다. 또한 그것은 신이 색깔을 보거나 소리를 듣는 등의 행위를 하는 존재자로서 눈과 귀를 갖는다고 생각할 필요성을 제거하며, 또는 그렇지 않으면 신이 우리의 세계와 아주 달라서 우리가 더 이상 같은 이름으로 부를 수 없는 세계를 알고 있다고 생각할 필요성을 제거한다. 그러나 이런 점들이 커다란 수확들이기는 하지만, 그것들은 우리가 커다란 손해들이라고 느낄 수밖에 없는 결과들로 인해 상쇄된다. 신이 세계의 삶을 지켜보고, 세계의 역사 과정을 이끌고, 세계의 행위를 판단하고, 또한 궁극적으로는 세계를 그 자신과 통합하도록 이끈다고 생각하지 않는다면, 우리는 그다지 신에 대해 생각하고 싶지 않을 것이다. 여기에서 다시, 나는 아리스토텔레스적 개념과 기독교적 개념의 차이점을 부정하거나, 또는 심지어 순수하게 철학적인 토대 위에서도 아리스토텔레스적 개념이 더 낫다고 주장하지는 않을 것이다. 그러나 아리스토텔레스의 이론에서 '신의 자기 지식'이란

'누스(νοῦς, 지성) 자체와 구조로 표현된 그것의 형상들에 대한 신의 지식'을 의미한다는 점을 기억한다면, 그리고 우리가 이성적인 한, 누스를 공유하므로, 우리의 자기 지식과 형상들에 대한 우리의 지식은 우리가 신의 삶에 참여하는 것이며, 바로 그런 이유에서 우리를 신의 자기 지식이라는 영역 내부로 끌어들인다는 점을 기억한다면, 그 차이점은 줄어들 것이다. 심지어 무기체적 성질로부터 나온 맹목적인 충동들 자체는 신의 부분들도 아니고 또한 신에게 알려진 것들도 아니지만, 그것들은 신에게 알려진 목표들이자 사실상 신의 본성이 지닌 다른 모습들인 목표들을 지향한다.

5. 다양한 부동의 원동자들

그러나 아리스토텔레스가 어떻게 해서 자연의 과정들이 신의 사랑에 의해 산출된다고 생각하게 되었는가를 보이기 위해서는 그의 우주론을 좀 더 자세히 살펴볼 필요가 있다. 이 과정들은 아주 복잡하며, 너무도 복잡해서 그 과정들이 모두 동일한 목표를 지향한다고 보기 어려울 정도다. 우리는 자석과 벌레가 모두 단순히 물이라고 탈레스가 말한 것은 쓸모없는 것이었다고 이미 말했다. 그것은 왜 하나가 자석같이 움직이고 다른 하나가 벌레같이 움직이는가를 설명해 주지 않는다. 그런데 비록 아리스토텔레스가 모든 것이 신의 삶을 모방하고 있다고 말함으로써 세계 내부의 과정들을 설명하려 할지라도, 그것도 마찬가지로 과정들의 명백한 차이점들, 즉 종적으로 아주 다르고 분명히 서로 다른 목적의 실현을 지향하는 과정들의 명백한 차이점들을 설명하지 못한다. 다시 말해서, 목적들의 위계가 분명히 있어야 하며, 또한 존재자들의 각 위계는 그 자체의 목적을 반드시 가져야 한다는 것이다.

아리스토텔레스는 이런 어려움을 해결하기 위해 부동의 원동자들의 수가 하나가 아니라 다수라는 이론을 고안해 낸다. 이 원동자들 가운데 하나가 제일 원동자, 즉 신이고, 그것의 활동은 순수한 자기 사고(self-thought, νόησις νοήσεως)이며, 또한 전적으로 자기 충족적이고 자기 의존적인 이 비물질적 행위 주체의 활동은 물질적 행위 주체의 활동(즉, 운동)에 의해 복제된다. 이것은 운동이 할 수 있는 한도 내에서 가장 자기 충족적이고 자기 의존적인 작용으로서 제일 원동자(primum mobile)의 완벽하게 균일한 순환 운동, 즉 천체의 가장 바깥쪽 구체나 천구의 순환 운동이다. 이처럼 제일 원동자의 영혼은 신의 사랑에 의해 직접적으로 작동되며, 그 영혼은 신의 삶과 비슷한 방식으로 몸의 운동이 할 수 있는 한도 내에서 그 자체의 몸을 움직인다.

그러나 신의 활동은 아마도 둘 중의 한 가지 방식으로 모방될 것이다. 즉, 그것은 몸(그리스 우주론에서 항상 그렇듯이, 여기에서의 몸은 살아 있는 몸, 즉 영혼이 부여되고 노력이나 욕구나 사랑에 의해 작동되는 유기체를 말한다)에 의해 모방되거나, 또는 몸으로부터 분리된 정신 또는 지성(νοῦς)에 의해 모방될 것이다. 신은 자신을 생각하거나 숙고하며, 다른 지성들은 신을 생각하거나 숙고한다. 그 지성들은 신성을 그만큼 공유하지만, 신성에 대한 그것들의 참여가 부분적인 한, 그 참여는 불완전하다. 그리고 각각의 지성은 오직 신성의 일부(즉, 지성 세계 또는 형상 세계의 어떤 측면들)만을 이해하며, 따라서 각각의 지성은 신의 특징과 삶의 독특한 양상 또는 한계를 보여 주는 지성 자체의 특징과 정신적인 삶을 갖는다.

아리스토텔레스에 따르면, 그런 지성들을 믿을 만한 우주론적 이유들이 있다. 제일 원동자의 균일한 순환 운동은 그것이 신의 부동적인(unmoved, 움직여지지 않은) 활동을 재생하려고 노력한다는 것을 보여 준다. 그러나 그 복잡하고도 불규칙한 행성의 운동은 원을 따라 균일하게 운동하려는 시도가 크게 실패했음을 보여 주지는 않으며, 다른 복잡한 종류의 이성적이고도 분명한 경로를 따르려는 시도가 아주 성공적이었음을 보여 준다. 다른 문법적인 격(case)들이 주격의 변형들이고 다른 삼단 논법적인 형태들이 완전한 형태의 변형들이듯이, 그리스 기하학은 다른 곡선들을 원의 변형들이라고 간주했다. 따라서 행성들의 복잡한 경로가 원과 관련되듯이, 신의 활동과 관련된 비물질적인 어떤 활동이 분명히 있다는 것이다. 또한 행성의 영혼이 즉각적으로 물질적인 형태의 운동으로 상징화되는 것은 **이러한** 비물질적인 활동이지 신의 활동이 아니다. 행성의 경로는 신의 활동에 대한 모방을 다시 모방한 것이며, 반면에 제일 원동자의 순환 운동은 신을 물질적으로 직접 모방한 것이고, 행성의 지성적 사고는 신을 지성적으로 직접 모방한 것이다. 지성들 전체의 복합체나 사회는 우주의 운동들의 복합체가 원형으로 삼은 비물질적이고 영원한 원형을 형성한다. 또한 여기에서 아리스토텔레스는 《티마이오스》의 학설을 자기 자신의 방식으로 되풀이하는데, 이 학설은 신이 물질세계 또는 한시적인 세계를 만드는 데 영원한 양식(pattern), 즉 비물질적이거나 영원한 형상들의 세계를 원형으로 삼았다는 것이다. 이 두 가지 학설들에 공통된 개념은 다소 중요한 개념인데, 그것은 자연 세계에 존재하는 활동들의 구별이 논리석으로 앞선 구별, 즉 영원한 실재 속에 존재하는 구별에 의존한다는 것이다. 비물질적인 존재자 또는 절대적인 정신만이 자연보다 논리적으로 앞서는 것이 아니라 정신을 다수의 정신들로 구별하는 것도 자연보다 앞선다.

아마도 나는 《형이상학》의 주석서에서 데이비드 로스가 했던 말을 통해 그걸 설명할 수 있을 것이다. 그 탁월한 주석서에서 그가 말했던 것에 대해 내가 의견을 달리하는 것은 몇 개 되지 않는데, 이것이 그 가운데 하나다. 로스는 '하늘의 구체들이 각자 나름대로 부동의 원동자의 불변하는 삶을 재현하려고 애쓰는 하늘의 유기체들을 나타내기 위한 것이었어야 했다는 아리스토텔레스의 이론'에서, 지성(intelligence)들이 비논리적이고도 불필요하다고 주장한다(vol. i, p. 104). 그런데 '각자 나름대로(each in its degree)'가 무슨 의미인가? 분명히 그것은 다만 예를 들어 하늘의 35번 유기체 같은 것이 단순히 신의 활동을 재현하려고 애쓰는 것이 아니라 그것을 35번 위치의 몸에 적절한 특별한 방식으로 재현하려고 애쓴다는 것을 의미할 뿐이다. 이것은 오른쪽 공격수가 단순히 축구 시합을 하려고 애쓰는 것이 아니라 오른쪽 공격수에게 부여된 적절한 방식으로 시합을 하려고 애쓰는 것과 마찬가지다. 15인 미식축구라는 개념이나 계획이 실제로 선수들을 각자의 위치에 채워 넣는 것보다 앞서듯이, 구분된 활동들에 대한 개념이나 계획은 구체들의 실질적인 운동보다 앞선다. 한마디로 말해서, 로스는 '각자 나름대로'라는 표현을 사용함으로써 아리스토텔레스의 주장을 승인한 것이다.

6. 질료(물질)

  아리스토텔레스의 우주론은 그 자체로서 중요하고, 또한 중세로 전해졌던 자연에 관한 그리스 사고의 절정이었다는 점에서도 중요하지만, 나는 그에 대한 논의에 너무 많은 시간을 소모해서는 안 된다. 그러나 그의 물질 개념에 대해 언급하지 않고 넘어갈 수는 없다. 그의 물질 이론이 정확히 무엇이었는가를 판단하는 것은 아주 어려운 일이다. 그 이유는 특히 아리스토텔레스가 형이상학적인 용어들을 설명하는 《형이상학》 4권에서도 그 단어에 대해 별다른 설명을 하지 않기 때문이다. 주관적으로는 생각하는 존재로서 또는 객관적으로는 영원한 대상들이나 순수한 형상들로서, 대체로 신과 정신은 물질을 포함하지 않으며 물질 안에서 체화될 수 없다. 왜냐하면 물질을 포함하는 것은 변화, 운동, 또는 생성의 과정을 거치게 되기 때문이다.

  이런 것들 속의 물질은 그 자체로서는 지각할 수 없고 알 수 없는 것이며, 감각은 형상만을 지각하지만, 형상은 물질과 결합한 것인 반면에, 지성은 형상만을 알지만, 형상은 그렇게 결합되지 않은 것이다. 그러므로 아리스토텔레스가 명료한 물질 개념을 제공해 주리라 기대해서는 안 된다. 그에 따르면, '물질에 대한 명료한 개념'이란 용어상으로 모순적인 표현이다. 왜냐하면 우리가 명료한 개념들을 가질 수 있는 것은 항상 형상에 대한 것이며, 형상은 분명히 물질이 아니기 때문이다. 현대 과학이 물질 이론이라고 부르는 것, 즉 원자, 전자, 방사선 등에 관한 이론은 다양한 유형의 구조들과 규칙적인 운동들에 대해 기술하는 것이며, 그리스어 용어에 따르면 그 모든 것들은 결코 물질에 대한 이론이 아니라 형상에 대한 이론이다. 따라서 물질에 관한 아리스토텔레스적인 불가지론은 현대 물리학자를 놀라게 할 아무것도 포함하지 않는다. 아리스토텔레스에 따르면, 물질은 본질적으로 무규정적이며, 이러저러한 구체적인 형상이나 구조로 구성될 수도 있지만 그렇게 구성되지 않은 어떤 것이다. 따라서 그는 종종 물질을 잠재태와 동일시하거나, 또는 '잠재적으로 두 상반자들 중 하나(δύναμις τῶν ἐναντίων)'인 것과 동일시한다. 그가 그것을 정의하려고 노력할 때, 그는 오직 부정적으로만 그렇게 할 수 있다. "내가 의미하는 물질은 질도 아니고 양도 아니며 또한 존재자를 규정하는 다른 어떤 속성들도 그 내부에 갖지 않는 것이다"(《형이상학》 1029a 20). 그러나 비록 물질이 알 수도 없고 또한 기술할 수도 없는 것이라 할지라도, 그것을 우주론에서 간단하게 배제할 수는 없다. 왜냐하면 그것은 자연적인 과정의 한쪽 끝에 있는 한계점 또는 소멸점이기 때문이다. 자연의 모든 것은 끊임없이 진보한다. 즉, 자연은 스스로 실현하거나, 또는 항상 잠재적이었던 것으로 실현된다. 그리고 물질은 잠재태의 다른 측면인 무규정성이라 할 수 있다. 이처럼 병아리는 암탉이 되려고 하지만 아직 암탉이 아니다. 병아리의 내부에는 암탉의 형상을 지향하는 경향이 있으나, 그 경향을 아직 그것의 목표에 도달하지 못하게 하는 어떤 것도 그 내부에 있으며, 이 어떤 것이 바로 아리스토텔레스가 말하는 물질이다.

이처럼 물질은 실현되지 않은 잠재태의 '실현되지 않음(unrealizedness)'이다. 그리고 완전히 실현되지 않은 잠재태, 즉 전적으로 비효율적인 경향이란 없기 때문에, 순수 물질 또는 단순 물질 같은 것도 없다. 스스로 구성하는 과정 중에 있는 물질, 즉 형상을 획득한 물질은 항상 그리고 어디에나 있다. 그러나 형상이 완전히 실현되고 잠재태가 완전히 실현될 때에 비로소 물질은 완전히 사라진다. 따라서 아리스토텔레스는 순수하게 현실태적인 것은 물질을 포함하지 않는다고 말한다. 이처럼 공간의 어느엔가 위치한 것은 물질적인데, 그 이유는 그것이 다른 어떤 곳에 있으면서도 여전히 그 자체일 수 있기 때문이다. 그러나 신이 될 수 있음에도 불구하고 되지 않는 것은 결코 없다. 왜냐하면 신이 되지 않는 것들(예 : 돌멩이)은 그가 신이 되는 것을 중단하지 않고는 더 이상 될 수 없는 것들이기 때문이다. 이처럼 신은 순수 현실태이며, 물질을 포함하지 않는다.

제2부
르네상스의 자연관

I. 16~17세기

1. 반(反)아리스토텔레스주의

두 번째 중대한 우주론의 흐름은 16세기와 17세기의 흐름이다. 이 흐름의 가장 중요한 특징은 그것을 부정적으로 고찰할 때 가장 쉽게 드러난다. 즉, 그것을 부분적으로는 아리스토텔레스에 의해, 그리고 부분적으로는 기독교에 함축된 철학적 견해들에 의해 자극받은 중세 사고에 대한 지속적인 비판으로 고찰하는 것이다. 비판을 위해 특별히 선택되었던 학설은 목적론, 즉 목적 원인에 관한 이론으로서, 자연을 '아직 존재하지 않는 형상들을 실현하려는 성향 또는 노력이 스며들어 있는 것'으로 설명하려는 학설이었다. 그 전체 흐름을 대표하는 것은 목적론이 "신에게 바쳐진 동정녀와 마찬가지로, 절대 자손을 낳을 수 없다(tanquam virgo Deo consecrata, nihil parit)"라는 베이컨의 유명한 모욕적 발언이었다《학문의 진보(De Augmentis Scientiarum)》iii. 5]. 그가 의미했던 것은 다음과 같다. 즉, 아리스토텔레스적 과학자가 "어떤 결과가 어떤 원인에 의해 산출되는 것은 그 원인이 그 결과를 산출하는 자연적 성향을 갖고 있기 때문이다"라고 설명할 때,

그가 우리에게 말해주는 것은 사실상 아무것도 없으며, 단지 논란이 되는 원인의 정확한 구조나 본성의 발견이라는 과학의 고유 업무를 수행하지 못하도록 우리의 정신을 방해하고 있는 것에 불과하다는 것이다. 아리스토텔레스적인 방식에 따라 천박한 라틴어로 수행되던 의료 학교의 시험을 비하하는 풍자를 했던 몰리에르(Molière)의 글에도 그와 동일한 비판이 함축되어 있다.47)

수험생 :   박식한 의사가
                   내게 질문했네
                   아편이 왜 사람을 잠들게 하느냐고
                   나는 대답했네
                   왜냐하면 그 안에
                   본성적으로 감각들을 진정시켜
                   잠들게 하는 힘이 들어 있기 때문
                   이라고
시험관들의 합창 : 잘, 잘, 잘 대답했네
                   가치가, 그는 우리의 박식한 집단에

---

47) (옮긴이 주) 이 라틴어 문장의 번역은 2004년 당시에 영국 글라스고우 대학교(University of Glasgow) 철학과에 재직했던 패트릭 쇼(Patrick Shaw) 교수님의 도움을 받았다.

들어올 가치가 있네

　이런 목적론적 방식과는 반대로, 새로운 자연 이론은 작용인을 통한 설명을 주장했다. 즉, 모든 변화와 과정은 그 변화가 시작될 때 이미 존재하고 있던 물질적 사물들의 작용으로 설명되어야 한다는 것이다. 변화가 이런 식으로 설명되어야만 한다는 생각은 이미 16세기 철학자들이 의식했던 원리였다. 그러므로 16세기 중엽에 베르나디노 텔레시오(Bernadino Telesio)는 자연을 '외부에 존재하는 어떤 것에 의해 영원하고도 비물질적인 존재를 갖는 형상들을 모방하는 방향으로 이끌린 것'이 아니라 '자기 내부에 운동을 유발하고, 또한 그렇게 함으로써 자연 세계에서 발견되는 다양한 모든 유형의 구조를 산출하는 그 자체의 내적 활동인 열(heat)을 소유한 것'이라고 보았다. 르네상스의 자연 철학자들은 자연을 신적인 동시에 자기 창조적인 어떤 것으로 간주했다. 그들은 '나투라 나투라타(natura naturata, 소산적 자연)' 또는 '자연적인 변화와 과정들의 복합체'와 '나투라 나투란스(natura naturans, 능산적 자연)' 또는 '그 과정들을 움직이고 조절하는 내새적 힘'을 구분함으로써, 그 단일한 자기 창조적 존재자의 능동적인 측면과 수동적인 측면을 구분했다. 이런 개념은 아리스토텔레스보다는 플라톤에 더 가깝다. 왜냐하면 플라톤의 피타고라스주의적 우주론은 자연물들의 운동을 그것들의 수학적 구조의 결과로 설명하는 성향을 지녔으며, 이 성향은 새로운 물리 과학의 작업과 상당히 조화로웠다. 반면에 아리스토텔레스의 우주론은 자연물들의 운동이 신적인 본성의 모방을 또다시 모방하는 일련의 복잡한 과정으로 설명하는 경향이 있다. 따라서 자연이라는 책은 신에 의해 수학적 언어로 쓰인 것이라고 주장함으로써 근대 과학의 진정한 아버지인 갈릴레오가 피타고라스와 플라톤의 관점을 자신의 말로 재서술할 때까지, 르네상스 철학자들은 아리스토텔레스의 이론과 반대하는 플라톤의 이론을 받아들이고 있었다. 16세기는 '변화는 성향의 표현'이라는 아리스토텔레스의 학설을 '변화는 구조의 기능'이라는 플라톤적 학설로 대체했다(플라톤의 학설은 본질적으로 소크라테스 이전의 학설이므로, 플라톤적 학설은 엄밀하게 말해서 피타고라스적 학설이다).

2. 르네상스의 우주론 : 제1단계

16세기와 17세기의 자연 이론은 두 가지 주요 단계를 거친다. 그러나 아리스토텔레스에 대해 적대적이고, 목적론을 거부하고, 또한 자연 내부에 형상인과 작용인이 내재한다고 주장한다는 점에서, 그 두 단계는 비슷하다. 즉, 그 단계들은 수학적 구조가 질적 차이의 근거라고 주장하는 신플라톤주의 또는 신피타고라스주의의 일종이라는 점에서 비슷하다는 것이다. 그 두 단계의 차이는 신체와 정신의 관계에 대한 그것들의 견해에서 찾아볼 수 있다. 초기 단계에는 오늘날 '나투라 나투라타(소산적 자연)'라고 부르는 자연 세계가 여전히 살아 있는 유기체이며, 그것에 내재하는 에너지와 힘은 생명력을 가지면서도 영적인(psychical) 특징을 갖는다고 생각했다. 15세기와 16세기의 자연 철학자들은 이성과 감각, 사랑과 증오, 쾌락과 고통을 자연의 속성으로 보았으며, 또한 이러한 능력과 감정에서 자연적인 과정들의 원인을 찾았다. 그때까지 그들의 우주론은 아직도 플라톤과 아리스토텔레스의 우주론과 비슷했고, 더 나아가 소크라테스 이전 철학자들의 우주론과도 비슷했다. 그러나 이러한 정령론(animism) 또는 물활론(hylozoism)은 그리스인의 사고에서 지배적인 우주론이었던 반면에, 르네상스 초기의 우주론에서는 시대에 역행하는 요소이기도 했다. 시간이 흐르면서 물활론은 처음부터 그것에 수반했던 수학적인 성향으로 인해 퇴색되었다. 그리고 수학적인 성향이 우세해지면서, 자연이 유기체라는 개념은 자연이 기계라는 개념으로 대체되었다. 뒤에서 설명하겠지만, 초기의 유기체적 견해로부터 후기의 기계적 견해로의 변화는 주로 코페르니쿠스의 업적이었다. 그러나 그 초기의 견해도 내재성의 개념을 주장했기 때문에 세계를 하나의 유기체로 보았던 그리스 이론과는 많이 달랐다. 형상인과 작용인은 (아리스토텔레스에게 그랬던 것처럼) 자연 세계 외부가 아니라 내부에 있다고 생각되었다. 이러한 내재성은 자연 세계 자체에 새로운 존엄성을 부여하는 것이었다. 역사의 초기부터 그 내재성은 사람들로 하여금 자연을 자기 창조적이고 그런 점에서 신적이라고 생각하게 했고, 또한 자연 현상들을 정중하면서도 세심하고도 조심스러운 눈으로 바라보게 했다. 즉, 그것은 사람들로 하여금 세밀하고도 정확한 관찰의 습관을 갖게 했다는 것이다. 이러한 습관은 자연의 모든 것들이 아무리 하찮고 명백하게 우연적일지라도 합리성이 충만하고, 따라서 중요하고도 소중하다는 생각에 기초했다. 자연을 '초월적이고 비물질적인 원형의 물질적 모방'으로 간주했던 아리스토텔레스적 전통은 자연 세계에 존재하는 어떤 것들이 우연적이라는 것을 함축했다. 비지성적 원소인 물질이 자연 세계 내부에 존재하는 우연적 원소의 근원이라고 아리스토텔레스 자신이 말했던 바 있다. 그리고 이러한 아리스토텔레스의 우주론이 깨끗하게 배제된 뒤에야, 과학자들은 자연을 진지하게 고찰하기 시작할 수 있었다. 다시 말해서, 자연의 가장 하찮은 말(word)이라

할지라도 경청하고 존중할 가치가 있는 것으로 다루기 시작할 수 있었다. 이 새로운 태도는 15세기 후반의 레오나르도 다빈치(Leonardo da Vinci)의 시대에 이르러 확고하게 정착되었다.

그러나 이 시기에도 자연은 여전히 살아 있는 유기체로 여겨졌고, 자연과 인간의 관계는 점성술과 주술을 통해 설명되었다. 왜냐하면 자연에 대한 인간의 지배를 기계에 대한 정신의 지배로 생각하지 않고 하나의 영혼이 다른 영혼을 지배하는 것으로 생각했던 것이 여전히 주술적인 것을 함축했기 때문이다. 그리고 아리스토텔레스가 그랬던 것처럼, 천체의 가장 바깥쪽 구체나 천구는 여전히 우주 유기체의 가장 순수하고도 가장 탁월하게 살아 있거나 활동적이거나 영향력 있는 부분으로 생각되었고, 또한 다른 부분에서 발생하는 모든 사건의 근원이라 생각되었으며, 그렇기 때문에 점성술로 이해되었다. 이러한 주술적이고도 점성술적인 개념은 처음부터 강력한 적들을 가졌는데, 특히 15세기 후반의 피코델라 미란돌라(Pico della Mirandola)가 그 개념을 비판했고, 사보나롤라(Savonarola)와 캘빈(Calvin)과 같은 몇몇 종교 개혁가들이 그 뒤를 이었다. 그러나 이런 비판에도 불구하고, 15세기와 16세기에는 그러한 초자연적 과학들이 지배적이었고, 17세기와 18세기에는 점차 쇠퇴하긴 했으나 성행했던 주술에도 잔재가 남아 있었다.

3. 코페르니쿠스

근대 우주론의 위기는 16세기 중반에 찾아왔다. 태양계에 관한 코페르니쿠스의 저서 《천구의 회전에 관하여(De revolutionibus orbium coelestium)》가 유고작으로 출간되었던 것은 1543년이었다. 이 저서에서 상세히 논의되었던 새로운 천문학은 지구를 세계의 중심에서 쫓아냈고, 행성의 운동을 태양 중심적인 가설 위에서 설명했다. 이 새로운 천문학의 철학적 중요성은 매우 크지만, 그것은 종종 오해받고 있다. 그 이론의 영향은 사물들의 체계에서 지구의 중요성을 축소하고, 또한 사람이 단지 작은 항성들 가운데 하나의 주변을 선회하는 차가운 물질의 반점 위에 기생하는 극히 미세한 기생충에 불과하다는 것을 가르쳐 준 것이라고 흔히들 말한다. 그러나 이것은 철학적으로 어리석을 뿐만 아니라 역사적으로 거짓된 개념이다. "철학적으로 어리석다"고 말하는 이유는 어떤 철학적인 문제가 우주와 연결되든 인간과 연결되든 또는 그것들의 상호 관계와 연결되든, 그것들이 차지하는 공간의 상대적인 양을 고찰한다고 해서 그 문제에 영향을 미치지는 않기 때문이다. 또한

"역사적으로 거짓되었다"라고 말하는 이유는 '세계 내에서 인간의 하찮음'이란 주제가 항상 친숙한 성찰의 주제였기 때문이다. 중세에 가장 널리 읽혔던 책이라고 말해지는 보이티우스의 《철학의 위안(De Consolatione Philosophiae)》은 다음과 같은 글을 담고 있다.

> 사람들은 우주와 비교한 지구 전체가 하나의 점보다 크지 않다는 천문학적 증명들을 배워 왔다. 즉, 천구와 비교할 때, 지구 전체는 크기를 전혀 갖지 않는 것으로 생각할 수도 있다는 것이다. 프톨레마이오스에 따르면, 그렇게 작은 모퉁이 가운데 생물들이 거주할 수 있는 것은 오직 4분의 1밖에 되지 않는다. 이 4분의 1에서 바다, 늪, 그리고 다른 황무지를 제외한다면, 인간에게는 무한소(infinitesimal, 0에 한없이 가까워지는 무한히 작은 수-옮긴이)라는 이름조차 적절하지 않은 그런 공간만이 남게 될 뿐이다(ii권, 산문 vii).

코페르니쿠스 이전의 1000년 동안 유럽의 모든 지식인은 이 글을 알고 있었고, 따라서 코페르니쿠스가 그 내용을 반복한다고 해서 이단으로 비난받을 위험 소지는 없었다.

그의 천문학적 발견의 진정한 의미는 훨씬 더 중요하

다. 그것은 세계의 중심을 지구에서 태양으로 대체하는 것이 아니라 세계가 중심을 갖는다는 것 자체를 함축적으로 부정하는 것이었다. 그의 유고작을 편집했던 사람이 말했듯이, 우리는 어떤 점이든 상관없이 모든 점을 세계의 중심으로 간주할 수 있으며, 행성의 궤도를 연구하기 위해서는 태양을 그 중심으로 생각하는 것이 편리했다. 때때로 이 진술은 기존의 학설에 대한 소심한 견해를 표현한다고 생각되었다. 즉, 그것은 "나는 정통적인 견해가 사실이라는 것을 인정하지만, 그럼에도 불구하고 태양 중심적인 견해가 편리한 허구다"라고 말하는 것과 동일했기 때문이다. 그러나 여기에서 실질적인 논점은 물질세계가 중심을 갖지 않는다는 것이었다. 그리고 이것은 자연 세계를 유기체로 보는 이론 전체를 거부했기 때문에, 그것을 우주론의 혁명으로 간주했던 것은 옳았다. 유기체는 분화된 신체 기관들을 함축한다. 구형의 세계 유기체에 대한 그리스 사고에서, 흙은 중심에 있고, 그다음에 물이, 그다음에 공기, 그다음에 불이 있으며, 그리고 아리스토텔레스의 경우에는 마지막에 가장 바깥쪽에서 세계를 감싸고 있는 제5의 원소(quinta essentia)[48]가 있다. 만약 세계에 중심이

---

48) (옮긴이 주) 아리스토텔레스는 제5의 원소로 '에테르'를 말한다.

없다면, 원소들이 갖는 차이점들의 근거 자체가 사라질 것이다. 세계 전체는 동일한 종류의 물질로 구성되어 있다. 중력 법칙은 아리스토텔레스가 생각했던 것과 같이 지구상에만 적용되는 것이 아니라 사실상 모든 곳에 적용되며, 또한 항성들은 신적인 어떤 물질로 이루어진 것이 아니라 우리의 지구와 동질적인 물질로 이루어진다. 이런 주장은 인간의 힘이 미치는 영역을 축소했던 것이 아니라 사실상 그것을 크게 확장했다. 왜냐하면 그 주장은 지구상의 인간에 의해 확립된 과학 법칙들이 항성들로 이루어진 천체에도 적용된다고 가르쳤기 때문이다. 지구 중심적인 천문학을 거부한 코페르니쿠스 때문에, 뉴턴은 달이 궤도를 벗어나지 않게 유지하는 힘이 사과를 땅바닥으로 끌어당긴 힘과 동일하다는 생각을 할 수 있었다. 아리스토텔레스에게, 자연은 질적으로 서로 다른 물질들로 구성되고 이질적으로 운동하는 것이었다. 예를 들어, 흙은 중심을 향해 운동하고, 불은 중심으로부터 멀어지는 방향으로 운동한다는 것이다. 새로운 우주론에서는 자연의 질적 차이점들이란 있을 수 없었다. 세계의 어느 곳에서나 질적으로 균일한 한 가지 물질만이 있고, 따라서 그것의 유일한 차이점은 양적인 차이점과 기하학적 구조의 차이점이었다. 이것은 우리를 다시금 플라톤과 피타고라스 철학자들과 비슷한 어떤 이론, 또는 심지어 원자들과 빈 공간 외의 어떤 것이 실재한다는 것을 부정했고, 다른 모든 것들을 **확정적인 원자 구조의** 형태들로 환원했던 그리스 원자론자들과 비슷한 어떤 이론으로 이끌어 간다.

4. 르네상스의 우주론 : 제2단계 - 브루노

가톨릭과 개신교는 함께 코페르니쿠스의 학설을 이단으로 거부했으며, [코페르니쿠스의 책이 출간되고 3년 뒤에 태어났던 티코 브라헤(Tycho Brahe)와 같은] 천문학 분야의 직계 후계자들은 엄격하게 천문학적인 함축성을 갖는 코페르니쿠스의 체계를 받아들이길 거부했다. 그러나 내가 설명했듯이, 철학적 의미는 그것의 주요 이론이 지구와 천체를 구성하는 물질의 동질성과 그것들의 운동을 지배하는 법칙들의 동일성을 함축한다는 점에 있다. 그리고 이러한 함축적 의미들은 르네상스 자연 이론의 두 번째 단계와 마지막 단계의 출발점이 되었던 새로운 사상가들의 집단에 의해 신속하게 받아들여졌다. 나는 이 집단의 성격이나 다양한 학설들의 자세한 내용을 살피지 않고, 그 집단의 가장 중요한 한 인물인 지오르다노 브루노(Giordano Bruno)만을 다룰 것이다.

1548년에 태어나서 어린 나이에 도미니코 수도회의 수도사가 되었던 브루노는 30세가 채 되기도 전에 이단이라는 죄목하에 이탈리아를 떠나야 했고, 그 후 제네바(Geneva), 툴루즈(Toulouse), 파리(Paris), 런던(London), 뷔텐베르크(Wittenberg) 등지에서 살았다. 그는 지오반니 모체니고(Giovanni Mocenigo) 총독의 보호하에 있던 베네치아의 자택에서 살기 위해 이탈리아로 돌아갔으나, 종교재판에 회부되어 로마에서 7년(1593~1600)에 걸친 재판을 받은 뒤, 마침내 화형을 당했다.

자연 이론에서 브루노의 가장 중요한 공헌은 코페르니쿠스주의에 대한 그의 철학적 해석에 있다. 그는 자신이 열정적으로 받아들였던 새로운 천문학이 지상과 천상을 구성하는 물질의 질적 차이에 대한 부정을 함축한다는 사실을 깨달았다. 그는 코페르니쿠스가 전혀 고려하지 않았던 이러한 부정을 태양계 또는 행성계로부터 항성들의 체계로까지 확장했는데, 연소체 또는 발광체와 반투명체 또는 결정체의 차이만을 유일한 한 종류의 차이로 인정했다. 그것들이 모두 동일한 법칙에 따라 내적인 원운동을 한다고 생각했고, 자연적인 무거움과 자연적인 가벼움이라는 아리스토텔레스의 개념들은 거부했다. 물질세계의 외부에는 제일 원동자가 없으며, 운동은 물체에 본질적이고도 자연적인 운동이었다. 물질세계는 무한한 공간으로 생각되었으나, 그것은 비어 있지 않고 (현대 물리학의 에테르를 상기시키는) 유연하거나 유동적인 물질로 가득하다. 이 에테르 안에는 우리의 세계와 같은 수없이 많은 세계들이 있다. 그리고 그것들은 전체로서 하나의 우주를 형성하는데, 그것은 스스로 변화하거나 운동하지는 않지만 그 내부에 모든 변화와 운동을 포함한다. 모든 것을 포함하면서도 불변하는 물질, 즉 모든 변화의 모체는 바로 연장되고 운동하는 능력을 지닌 물질이며, 또한 스스로 존재하는 동시에 운동의 원천으로서의 능력을 지닌 형상이나 정령 또는 신이다. 그러나 그것은 아리스토텔레스의 신처럼 초월적인 부동의 원동자가 아니고, 자기 몸에 내재하며 그 몸의 전체적인 운동을 유발하는 원동자다. 그래서 브루노의 표현에 따르면, 모든 특정한 사물과 모든 특정한 운동은 원리(또는 그것 내부의 근원)와 원인(또는 그것 외부의 근원)을 모두 갖는다. 신은 원리이자 원인이다. 즉, 신은 자연의 모든 개별적인 부분에 내재하는 원리인 동시에 모든 개별적인 부분을 초월하는 원인이다.

이런 범신론적 우주론은 한편으로는 후기 이오니아학파를, 그리고 다른 한편으로는 스피노자를 생각나게 한다. 이 이론은 무한한 공간 전체에 퍼져 있는 동질적이고도 무한한 근원 물질로 이루어진 무한히 많은 수의 소용돌이들 가운데 하나가 우리의 세계이며, 그 물질이 신과 동일하다고 생각했던 아낙시만드로스의 이론과 유사하다.

그리스인들의 사고가 발달함에 따라 아낙시만드로스가 범신론을 포기하고, 세계는 신 자체가 아니라 신의 피조물이라는 학설을 받아들였던 것처럼, 브루노도 자신의 범신론을 포기하고, 세계가 신이 아니라 기계라는 학설을 받아들였다. 나는 이것이 세계를 계획하고 만든 초월적인 신을 함축한다는 점을 반드시 언급해야겠다. 자연이 기계라는 개념은 일원론에 치명적이다. 기계는 그것 외부에 존재하는 어떤 것을 함축한다. 자연과 신의 동일시는 자연에 대한 유기체적 관점이 사라질 때 비로소 사라진다.

다른 한편으로 브루노의 사상은 스피노자의 사상과 많은 점에서 유사하다. 그러나 브루노가 방법론이나 논리적 인내력보다는 열정과 직관에서 더 뛰어났던 비체계적이고 비일관적인 사상가였다는 이유에서, 그의 사상이 스피노자의 위치에는 완전히 미치지 못했다고 기술되어 왔다. 그러나 이것이 전적으로 사실은 아니다. 스피노자의 우주론은 브루노의 우주론이 아직 상상하지 못했던 우주에 관한 모든 기계론적 이론을 전제한다. 스피노자의 위대한 업적은 브루노가 아직 구분하지 못했던 두 가지 개념들, 즉 기계론적 물질세계라는 개념과 정신세계라는 개념을 함께 결합했다는 데 있으며, 이것들은 데카르트에 의해 개별적으로 다루어졌다.

브루노가 원리와 원인이라는 두 개념을 종합했다는 것

은 아주 명백하다. 그가 의미하는 원리는 내적인 원인(causa sui)이고, 그가 의미하는 원인은 A가 B의 원인이라고 말하는 경우처럼 외적인 원인이다. 범신론적 용어로는 신이기도 한 세계는 전체로서 보자면 그 자체의 원인이지만, 특정한 어떤 사건의 원인은 전체로서의 세계가 아니라 다른 어떤 특정한 사건이다. 왜냐하면 전체는 그것의 이 부분 또는 저 부분을 초월하지 않고, 이 부분이나 저 부분에 내재하기 때문이다. 어떤 한 부분을 초월하는 것은 단지 또 다른 부분이 될 수 있을 뿐이다. 전체가 한 부분을 초월한다고 말하는 것은 전체를 그 자체의 부분들 가운데 하나의 지위로 강등하는 것이다. 이런 혼란을 정리하기 위해서, 브루노는 그가 전혀 취하지 않았던 결정적인 조치를 취해야 했다. 즉, 그는 자연이 유기체라는 개념을 포기하고 자연을 기계로 보는 개념을 발전시켰다.

5. 베이컨

그러므로 브루노에게서 이원론은 극복되지 않았다. 그것은 내재적 인과론과 초월적 인과론, 즉 '자기 자신을 움직이는 것'과 '다른 어떤 것에 의해 움직여지는 것'이라는 이원론으로 남아 있다. 이런 이유에서 17세기에 상당히 다양한 종류의 이원론들이 생겨났다. 예를 들어, ① 형이상학에는 신체와 정신의 이원론, ② 우주론에는 자연과 신의 이원론, 그리고 ③ 인식론에는 이성주의(합리주의)와 경험주의의 이원론이 있었다.

이러한 이원론들은 데카르트와 더불어 나타났다. 베이컨(1561~1626)에게는 아직 그런 이원론들이 드러나지 않았다. 이것은 과학적 방법에 관한 그의 설명에서 볼 수 있는데, 그는 여기에서 어떤 어려움도 깨닫지 못하고 있다. 그는 경험주의자를 개미에 비유하고 합리주의자를 거미에 비유하면서 경험주의와 합리주의를 모두 거부하는 반면에, 진정한 과학자란 꽃에서 획득한 것을 새롭고 귀중한 물질로 변화시키는 벌과 같다고 말한다. 즉, 과학자는 이론에 근거한 실험을 통해 발전하며, 이론을 시험하고 검증하는 데 실험을 이용한다는 것이다.

베이컨은 16세기 전통에 따른 형이상학적 사고를 했으며, 자연의 모든 질적 차이점들이 (궁극적으로는 양적 특징을 갖거나, 수학적 탐구에 순응하는) 구조적 기능들의 차이점들이라고 보았다. 따라서 그는 물질적 동질성 또는 단일성을 확고하게 믿었지만, 이 원리의 함축적 의미들에 관한 그의 이해는 아주 부정확했고, 또한 물리 과학에서 수학이 다른 무엇보다 중요하다는 사실을 전혀 깨닫지 못했다. 따라서 그가 경험적 성향의 과학적 방법을 추구했다고 보는 것은 아주 잘못된 것이다. 그러나 양적 용어들을 통한 설명을 질적 차이점들의 범주로 대체함으로써, 그는 이론적으로는 그런 방법에서 스스로 멀어지려 했으나 실제로는 지속해서 빠져들었다.

6. 길버트와 케플러

자연에 관한 일반 이론의 다음 단계를 결정했던 것은 자기학(magnetism, 자력학)에 관한 윌리엄 길버트(William Gilbert, 1544~1603)의 저술로서, 이것은 1600년에 출판되었으나 베이컨에 의해 거부되었다. 자석의 인력을 연구했던 길버트는 인력이 자연 전체에 퍼져 있고, 모든 물체들이 다른 모든 물체들에 대해 이런 종류의 인력을 행사한다고 주장했다. 17세기 초반의 요하네스 케플러(Johannes Kepler, 1571~1630)는 많은 결과들을 담고 있는 이 주장을 전개했다. 그는 모든 물체가 그것이 어디에 있든 관계없이 정지해 있으려는 성향을 본성적으로 갖는다고 말함으로써, 관성의 원리를 진술하는 한편 자연적인 운동에 관한 그리스와 초기 르네상스의 개념을 강하게 거부했다. 그러나 한편으로 그는 하나의 물체가 다른 물체에 가까이 있을 때면 언제나 그것의 정지 상태가 모든 물체를 가까이

끌어당기려는 성향으로 인해 방해된다고 말했다. 따라서 돌이 낙하하는 것은 지구가 그것을 당기기 때문이며, 이와 마찬가지로 밀물과 썰물은 달의 인력 때문이라고 케플러는 주장했다. 중력 현상에 대한 이러한 단서를 통해, 케플러는 물리학에서 아니마(anima, 영혼)라는 단어를 비스(vis, 힘)라는 단어로 대체해야 한다고 주장하는 역사적인 발걸음을 내딛게 된다. 다시 말해서, 질적인 변화를 산출하는 생명 에너지라는 개념을 그 자체가 양적이면서 질적인 변화를 산출하는 기계 에너지라는 개념으로 대체해야 한다는 것이다.

7. 갈릴레오

케플러에게 그 주장은 각주에 던져 놓았던 단순한 제안에 불과했다. 그러나 갈릴레오 갈릴레이(Galileo Galilei, 1564~1642)에게 그것은 명료하게 제시된 전제들을 지닌 명료하게 파악된 원리였다.

갈릴레오는 다음과 같이 적고 있다. "철학은 우리 눈앞에 펼쳐진 그 광대한 책, 즉 우주에 적혀 있지만, 우리가 그 책에서 사용하는 언어를 배우고 또한 그 언어를 적은 특징들에 친숙해지지 않고서는 그것을 읽을 수 없다. 그것은 수학적 언어로 적혀 있고, 그것의 글자들은 삼각형, 원, 그리고 다른 기하학적 형상들이다. 그것들이 없다면 인간은 한 단어도 이해할 수 없다는 것을 의미한다."[49]

이것이 의미하는 것은 명백하다. 자연의 진리는 수학적인 사실들로 이루어진다. 자연에서 실재하는 지성적인 것은 측정이 가능하고 양적이다. 색깔과 소리 등의 구별들과 마찬가지로, 질적인 구별들은 자연 세계의 구조에서 아무런 위치를 갖지 않으며, 그런 구별들은 특정한 자연적 물체들이 우리의 감각 기관에 작용함으로써 우리 내부에 산출되는 변화들에 불과하다.

여기에는 로크(Locke)가 가르쳤던 제2성질들의 정신 의존적 또는 단지 현상적 특성에 관한 학설이 이미 완전히 성장해 있었다. 철학을 공부하는 학생들은 이 학설을 로크에게서 발견하지만, 그것이 로크의 발명품이 결코 아니

---

[49] 〈시금사(Il Saggiatore, 금속의 성분 분석가―옮긴이)〉《갈릴레오 전집(Opere)》 1890, &c, vi, p. 232l. 구이도 다 루지에로(Guido da Ruggiero), 《현대 철학(La filosofia moderna)》 I, Bari, 1933, p. 70에서 인용.

었다는 사실을 항상 깨닫는 것은 아니다. 그 이전에 갈릴레오가 이미 그것을 하나의 중요한 진리로 가르쳤고, 그 학설은 사실상 그보다 두 세기 이전에 있었던 과학 혁명 전체를 이끌던 중요한 원리들 가운데 하나였다. 따라서 그 학설이 로크에 이르렀을 때, 그것은 이미 다소 낡은 학설이었으며, 버클리(Berkeley)의 손가락만 닿더라도 쉽게 무너질 상태에 있었다.

갈릴레오에 따르면, 제2성질은 단순히 제1성질의 기능이 아니고, 제1성질에서 파생되고 제1성질에 의존하는 것도 아니다. 제2성질은 사실상 객관적인 존재를 결핍하며, 그것은 단순한 현상에 불과하다. 따라서 갈릴레오의 세계는 '순수하게 양적인 세계, 즉 살아 있고 감각적인 존재자들이 설명 불가능한 어떤 방식으로 그것에 개입함으로써, 우리에게 친숙한 다양하고도 질적인 측면을 획득하는 세계'였다.[50] 이런 식으로 이해된 자연은 한편으로는 그것의 창조자인 신의 반대편에 서 있으며, 다른 한편으로는 그것을 아는 존재인 인간의 반대편에 서 있다. 갈릴레오는 신과 인간이 모두 자연을 초월한다고 생각했다. 그리고 그것은 옳았다. 왜냐하면 만약 자연이 단순히 양

---

[50] 루지에로, op. cit., p. 74.

(quantity)으로만 이루어졌다면, 그것의 명백한 질적 측면들은 외부로부터, 즉 그것을 초월하는 인간의 정신에 의해서 그것에 부여되어야만 하기 때문이다. 반면에 만약 그것이 더 이상 살아 있는 유기체가 아니라 비활성적인 물질로 생각된다면, 그것은 자기 창조적인 것으로 간주될 수 없고 그것 자체 외의 원인을 가져야만 한다.

8. 정신과 물질 : 물질론

근대 자연 과학은 갈릴레오에 이르러 성숙한 단계에 접어들었다. 그가 바로 자연이 과학적 지식의 적절하고도 확실한 대상이 될 수 있게 만든 조건들을 처음이자 마지막으로 명료하게 제시했던 인물이었다. 한마디로 말하자면, 그 조건들은 질적인 모든 것을 배제하고 자연에 실재하는 것을 양의 복합체로 (즉, 공간적인 양이나 시간적인 양, 그렇지만 양 이외의 다른 어떤 것도 아닌 것으로) 규정하는 조건들이었다. 갈릴레오가 이해했던 과학의 원리는 측정할 수 있는 것 외에는 아무것도 과학적으로 알 수 없다는 것이다.

이 개념이 어떤 단계에 도달하게 되는가에 대해서는 이미 말한 바 있다. 이제 그것에 도달하기 위해 지불해야 할 가격을 측정하는 일이 남아 있다. 첫째, 자연은 이제 더 이상 유기체가 아닌 기계였다. 즉, 자연의 변화와 과정은 목적인이 아니라 작용인에 의해서 산출되고 이끌리는 것이다. 자연의 변화와 과정은 성향이나 노력이 아니며, 또한 아직 존재하지 않는 어떤 것을 실현하는 방향으로 이끌리는 것도 아니다. 그것은 단순한 운동으로서 이미 존재하는 물체들의 작용에 의해 산출되는데, 이 작용이 충격의 성격을 갖든 또는 인력이나 반발의 성격을 갖든 상관없다. 둘째, 자연이라는 개념에서 밀려 나간 것은 형이상학적 이론 내부의 어딘가에서 거주지를 찾아야 한다. 이처럼 갈 곳 없는 존재들은 두 가지 주요 영역에 속하게 되는데, 첫째는 질(quality) 일반이며, 둘째는 정신이다. 데카르트와 로크가 받아들였고, 또한 17세기의 정설이라고 부를 수 있던 견해들을 제시했던 갈릴레오에 따르면, 정신은 자연 외부에서 존재자들의 집단을 형성하고, 성질은 정신에 나타나는 현상으로 설명된다. 데카르트의 표현에 따르면, 그것들은 "정신과 신체의 통합체에 속한다". 그리고 우리가 그것들을 파악하게 해 주는 감각은 일반적으로 그 통합체를 파악하는 우리의 신체 기관이다. 이것이 '정신과 물질의 두 실체 학설'이었다. 그러나 무시할 수 없는 소수의 강력한 반론이 늘 있었다. 철학적으로 가장 잘 무장한 갈릴레오의 추종자였던 데카르트 자신이 이러한 '두 실체 학설'을 주장했다. 그러나 그는 그 두 실체들이 분명히 어떤 공통된 근원, 그가 신과 동일시했던 공통된 근원이 있어야 한다는 것을 깨달았다. 또한 그는 이런 경우에 '실체'라는 용어는 오직 신에게만 적절하게 적용할 수 있다고 옳게 지적했다. 왜냐하면 만약 실체가 다른 어떤 것을 필요로 하지 않고 그 자체로서 존재하는 어떤 것이라면(이것이 그가 정의하는 '실체'다), 신에 의해 창조되고 따라서 존재하기 위해 신을 필요로 하는 물질과 정신은 엄밀한 의미에서 결코 실체들일 수 없기 때문이다. 즉, 그것들은 오직 그 단어의 이차적인 의미에서만 실체들이라는 것이다.

그러나 데카르트가 생존해 있는 동안에 르네상스의 범신론적 성향은 새로운 방향으로 전개되었다. 자연 세계가 자기 창조적이며 자기 통제적이라는 개념은 자연이 기계라는 개념과 결합해 물질론적 자연 이론을 만들어 냈다. 이 운동을 이끌었던 사람은 신에피쿠로스주의적인(neo-Epicurean) 사고를 했던 가상디(Gassendi)였다. 그는 갈릴레오가 말했던 양적이고 기계적인 자연만이 유일한 실재이며, 정신은 단지 물질적인 요소들의 특수한 형태 또는 구조라고 주장했다. 이것은 형이상학적으로 매력적인 단일한 결과를 가져왔으나, 그것이 모든 문제를 세세하게 해결할 수는 없었다. 왜냐하면 정확히 어떤 물질적 원소들의 형태가 정신 일반이나 특수한 종류의 정신적인 기질 또는 작용을 산출하는가에 대해 (실험을 통해 증명할 수 없음은 물론이고) 아무도 설명할 수 없었기 때문이다.

물질론은 르네상스 범신론의 상속자로서 17세기는 물론이고 18세기와 심지어 19세기 후반까지도 계속 생존하고 번성했으나, 19세기 후반에 성장했던 새로운 물질 이론에 의해서 마침내 붕괴했다. 그것은 끝까지 범신론의 색채를 유지했다. 이런 태도는 물질을 유일한 실재자라고 생각하는 그 이론의 노골적인 종교적 특징에서 나타난다. 물질론은 신을 거부하는데, 그 이유는 단지 그것이 신의 속성들을 물질에 전가하기 때문이다. 그리고 유일신 전통의 소산인 그 이론은 하나의 신으로 충분하다고 생각한다. 이런 현상이 아주 균일하기 때문에, 대체로 우리는 기독교 신앙심이라는 전통적 형식들을 이용하는 습관을 통해 물질세계에 대해 이야기하는 물질론적 저술가를 보게 된다. 때때로 그런 저술가는 심지어 물질세계에 기도를 올리기도 한다. 예를 들어, 유명한 물질론자인 돌바흐(Baron d'Holbach, 1723~1789, 독일의 힐데스하임 태생이지만 아주 명쾌하고 유창한 불어로 글을 쓴 저술가)는 자신의 위대한 저서 《자연의 체계(Du système de la Nature)》에서 물질에 대한 기도문에 버금가는 표현의 글을 가득 적고 있어서, 몇 단어만 바꾸면 독자들은 그것이 마치 기독교에 대한 신앙심에서 우러나왔다고 생각할 정도다.

다른 한편으로, 과학적인 측면에서 말하자면 물질론은 처음부터 끝까지 하나의 성취라기보다는 하나의 염원이었다. 물질론의 신은 항상 우리가 알 수 없는 신비로운 방법들로 기적을 이루는 신이었다. 과학이 발달하면 우리가 언젠가 그 방법들을 발견하게 되리라는 희망은 항상 소중히 간직되었다. 따라서 물질론에 대한 과학적 신용은 자산으로 쓰일 아주 큰 액수의 (아직 건네주지는 않은) 수표를 발행함으로써 유지되었다. 쓸개가 담즙을 분비하는 것과 아주 똑같은 방식으로 두뇌가 사고를 분비한다는 주장을 실험실에서 (생화학자가 소변의 분해 효소를 합성해 내는 업적을 이루었을 때 제공되었던 종류의) 실험적인 검증을 하는 데 실패한 것이 종교적 교리로 넘어갈 수는 있겠지만, 과학적으로는 단순한 허세에 불과하다.

9. 스피노자

이처럼 물질론이 오랫동안 소수의 의견으로 유지되기는 했지만, 그것은 항상 유럽의 전통적 사고의 한쪽에, 즉 르네상스의 개념들이 몰려 있는 후미진 곳에 남아 있었다. 그 주된 흐름은 데카르트로부터 또 다른 방향으로, 즉 스피노자, 뉴턴, 라이프니츠, 그리고 로크의 방향으로 향했다. 이들 모두에게 공통된 생각은 물질과 정신이 서로 별개의 것들이며, 어쨌든 그것들이 모두 그것들의 근원인 신으로부터 나갔다는 것이다. 모든 사물들의 근원인 신은 두 가지 방향에서 동시에 작용한다고 생각되었다. 한 방향은 신이 자연 세계 또는 물질세계를 창조했다는 것이고, 다른 방향은 신이 인간의 정신과 그 외에 존재할 수 있는 다른 모든 종류의 정신들을 창조했다는 것이다.

이러한 발전은 분명히 데카르트 자신에 의해 제시되었다. 왜냐하면 내가 이미 말했듯이, 데카르트가 단순한 또는 무조건적인 '두 실체 학설'을 발전시킨 것은 아니기 때문이다. 그는 실체란 스스로 또는 독자적으로 존재하는 것을 의미하기 때문에, 엄격하게 말하자면 오직 하나의 실체, 즉 신만이 존재한다고 말함으로써 그 학설을 제한했다.

스피노자는 이 제한을 진지하게 받아들였으며, 그 논리적인 결과들을 끌어냈다. 그는 단지 하나의 실체인 신만이 존재하고, 또한 그 외의 다른 실체는 존재할 수 없기 때문에, 정신이나 물질은 실체가 아니며, 따라서 정신과 물질은 모두 신에 의해 창조된 실체가 아니라고 주장했다. 그는 정신과 물질이 단일한 실체의 두 '속성들'이라고 말했다. 또한 그는 브루노의 입장을 따르면서도 훨씬 더 체계적인 일관성을 갖고서 그 하나의 실체를 신과 자연이라는 이름으로 구분 없이 불렀으며, 그것이 무한하면서 불변하는 전체, 즉 '연장된 한에서' 물질세계이자 '사고하는 한에서' 정신세계라고 보았다. 이 두 가지 측면에서 그것은 유한하고 변화하며, 소멸하는 부분들인 개별적인 신체들과 개별적인 정신들을 동시에 그 안에 포함한다. 각각의 부분은 전적으로 작용인들의 활동으로 인해, 즉 그 부분에 작용하는 다른 부분들의 작용으로 인해 변화를 겪는다. 여기에서 스피노자는 브루노의 이론을 수정한다. 그는 초기 르네상스적 물활론의 마지막 흔적을 제거하는 반면에, 갈릴레오의 물리학을 모두 수용하고, 그와 동시에 그것의 주된 철학적 역설을 극복한다. 즉, 그는 물질이 정신으로부터 분리될 수 없다는 단일성을 주장하고, 그 단일성에 신이라는 이름을 부여함으로써, 물질적인 본성을 한편으로는 지각하는 정신과 분리하고, 다른 한편으로는 그것의 신적 창조자로부터 분리한다. 그러나 스피노자의 우주론은 이 짧은 글로 일일이 언급할 수 없는 뛰어난 장점들을 갖고 있음에도 불구하고 실패했다. 왜냐하면 그 이론은 연장성과 사고라는 두 가지 속성들을 동시에 주장했기 때문이다. 말하자면, 왜 연장된 것이 사고도 해야 하는가, 그리고 반대로 왜 사고하는 것이 연장도 되어야 하는가 등의 질문에 스피노자가 제시할 수 있는 답변이 없었기 때문이다. 결국 그 이론은 결국 맹목적 사실을 단순히 주장한 이해할 수 없는 이론으로 남아 있다.

10. 뉴턴

그러나 비록 신체와 정신의 관계에 대한 스피노자의 이론이 근본적으로 이해할 수 없는 이론일지라도, 분명히 그것은 데카르트의 이론적인 허점을 파악하고 또한 용감하게도 그것을 수정하려 했던 상당한 지성을 갖춘 사람의 업적이었다. 이것은 뉴턴(Newton, 1642~1727)에 대해 말할 수 있는 것보다 더 많은 것을 담고 있다. 뉴턴의 작업은 그를 위대한 사상가들 사이에 위치시켰다. 그러나 워즈워드(Wordsworth)가 케임브리지 대학교의 트리니티 대학에 있는 그의 조각상을 다음과 같이 묘사했을 때,

낯선 생각의 바다를 홀로 항해하는
영원한 정신의 대리석 같은 지표

워즈워드는 뉴턴의 위대함보다는 그의 외로움이나 그가 탐험했던 개념들의 기묘함을 과대평가했다. 뉴턴이 수학 분야에서 미분학을 개척한 혁신가이자 주목할 만한 인

물이었음은 사실이다. 그러나 여기에서 그는 결코 혼자가 아니었다. 그와 동일한 방법을 같은 시기에 개별적으로 발견했던 라이프니츠로 인해 그 두 위대한 인물들 사이에 다툼이 발생했으며, 이것은 그 두 사람의 도덕적 품성에 모두 문제가 있음을 보여 준다. 그리고 어쨌든 그들 각자는 훨씬 더 중요한 발명인 데카르트의 분석적 기하학에서 발견의 싹을 얻었다. 뉴턴의 천재성은 불후의 명작인 그의 저서 《자연 철학의 수학적 원리들(Mathematical Principles of Natural Philosophy)》(1687; ed. 2, 1713; ed. 3, 1726)의 구체적인 내용을 정리했던 끈질긴 철저함에서 찾아볼 수 있다. 그러나 그 저서의 주요 이론은 수학적 형태를 갖춘 데카르트의 '보편 과학'이란 이론과 크게 다르지 않다. 그가 자신의 세 번째 저서 시작 부분에서 제시한 방법의 규칙들은 베이컨으로부터 가져온 것들이다. 또한 그가 전개한 우주론은 단지 자연 세계가 연장성, 형태, 숫자, 운동, 그리고 정지를 소유한 물체들의 세계라는 갈릴레오의 우주론, 즉 케플러의 힘 개념과 길버트가 제시했던 물체와 물체 사이의 보편적인 인력이라는 길버트의 가설을 통해 변형된 갈릴레오의 우주론에 불과했다. 이 자연 세계는 갈릴레오에게 그랬던 것처럼 신에 의해 만들어지고, 인간에게 알려진 하나의 기계로 간주되었다. 감각 능력을 갖춘 피조물인 인간은 자연 세계 자체가 소유하지 않은 색깔, 소리 등과 같은 '제2성질들'을 자연 세계에 부여한다는 것이다.

뉴턴은 신에피쿠로스주의자들의 영향도 받았다. 그들과 마찬가지로, 그는 모든 물체들이 빈 공간으로 둘러싸인 미세한 입자들로 구성되었다고 믿었다. 그는 이러한 빈 공간에서 물체들이 정지하거나 운동하는 것이 두 종류의 힘에 의해 결정된다고 생각했다. 즉, 일직선상에서 균일하게 정지해 있거나 움직이게 하는 (갈릴레오에게서 유래한 개념인) 관성(vis insita, inertia, 내재적 힘)과 가속화된 운동을 일으키는 외압(vis impressa, 외재적 힘 또는 가해진 힘)에 의해 결정된다고 생각했다는 것이다. 그리고 뉴턴은 외재적 힘의 종류가 한 가지 이상이라고 인정하면서 두 가지를 언급한다. 하나는 중력 또는 무게로서, 이것은 관련된 물체들의 질량[여기에서 질량(mass)이 물질의 양(quantity)으로 정의된다]의 산물로서 직접적으로 다양화되는 상호적 인력이라고 수학적으로 정의되며, 또한 그와 반대로 (중심이 중력의 중심이라고 순환적으로 정의되는) 물체들이 숭심들 사이의 거리를 제곱한 것으로 정의된다. 그리고 다른 하나는 전기로서, 그는 당시의 실험적 지식이 부적절하다는 이유를 들어 그것에 관해 말하는 것을 강하게 거부한다.

뉴턴은 자신의 자연 철학의 토대에 잠재해 있는 이론적

인 어려움들 가운데 많은 것들이 오랫동안 잘 알려졌던 것들임에도 불구하고 그것들을 제대로 파악하지 못했던 것 같다. 그의 정의들에 덧붙인 〈주석(scholium)〉에서, 그는 '그 자체로서, 그리고 외부의 어떤 것과도 관계없이 일정한 속도로 흐르는' 절대적 시간과 '운동에 의해 측정되는' 상대적 시간을 구분한다. 그러나 그는 그것들이 정말로 다른가, 정지해 있는 어떤 것과도 관계없다면 어떻게 어떤 것이 '흐른다(flow)'고 말할 수 있는가, 어떤 것의 흐름이 운동에 의해 측정되지 않는다면 어떻게 그것이 '일정한 속도'로 흐른다고 말할 수 있는가 등의 질문을 제기하지 않는다. 그는 또다시 아무런 질문 없이 '어디서나 균일하고 불변하는' 절대적 공간과 '물체들과 관련한 그것의 위치에 의해, 그리고 우리의 감각들에 의해 정의되는' 상대적 공간을 구분한다. 또한 그는 상당히 무비판적인 방식으로 절대적 운동과 상대적 운동을 구분한다. 그리고 이러한 무비판적인 구분들은 그의 저서 전체의 토대를 형성하고 있다. 비판적인 시각으로 볼 때 그 구분들은 금방 사라지며, 뉴턴의 '실험적 철학'에서 유일한 종류의 시간은 상대적 시간뿐이고, 또한 유일한 종류의 공간은 상대적 공간뿐이라는 결론, 즉 뉴턴의 후계자들이 의식적으로 끝까지 끌어안으려 했던 결론이 남게 된다.

그와 마찬가지로, 그 저서의 끝부분인 〈일반 주석

⟨Scholium Generale⟩〉에서 뉴턴은 평범한 논증들을 통해 데카르트의 소용돌이(vortex, 와동) 이론(즉, 텅 비었다고 노골적으로 말해지는 공간은 모든 물체의 주위를 소용돌이치며 선회하면서 끊임없이 운동하는 연속적이고도 아주 미세한 물질로 가득하며, 또한 행성의 회전 운동은 그 행성이 그처럼 미세한 물질 속에서 떠다니고 태양의 소용돌이 속에서 순환함으로써 야기된다는 데카르트의 견해)을 논파하고, 이런 방식으로 자기가 모든 공간이 물질로 가득하다는 학설을 제대로 논파했을 뿐만 아니라 빈 공간의 실재성도 확립했다고 생각한다. 뉴턴은 왜 모든 행성들이 같은 방향으로 태양을 돌고 있는가, 또는 왜 그것들의 궤도가 서로 충돌하지 않도록 퍼져 있는가를 우리가 설명할 수 없기 때문에, 이처럼 "아주 우아한 태양계의 구조는 지성적인 존재의 의도와 힘에 의해서가 아니고서는 발생할 수 없었을 것이다"라고 주장한다. 이렇게 해서 그는 자신의 방법상의 한계를 신 존재 증명의 문제로 격상한다. 마침내 그 전체 저술의 마지막 단락에서, 그는 데카르트의 수학적인 보편 과학을 다루지 않은 것에 대해서 마치 사과라도 하는 듯이, 자신이 남겨 놓은 몇 가지 문세에 주목하라고 요구한다. 그 전체 구절을 옮겨 보자.

　나는 투박한 물체들에 스며들어 그 안에 숨어 있는 아

주 불가사의한 영력(spirit)51)에 대해 무언가 말해야 했다. 물체들의 입자들은 그 힘(force)을 통해 서로 가깝게 끌어당기고, 이처럼 밀접하게 달라붙는다. 전기를 띤 물체들은 먼 거리에서 다른 것들을 끌어당길 뿐만 아니라 밀어내기도 하며, 빛이 방출되고 반사되고 굴절되며 또한 물체들을 가열한다. 그리고 외부의 감각 기관에서 뇌까지, 또한 뇌에서 근육들까지 이어진 단단하고 미세한 신경 섬유를 통해 전달된 그 영력의 진동에 의해 감각이 자극되고, 또한 동물들의 팔다리가 마음대로 움직인다. 그러나 이런 문제들을 몇 마디로 설명할 수도 없고, 또한 이러한 영력 작용의 법칙들을 정확하게 규정하거나 증명할 수 있는 실험들도 충분하지 않다.

이것은 자신의 부족한 점들을 충분히 인지할 정도로 위

---

51) (옮긴이 주) 여기에서 우리가 '불가사의한 영력'이라고 번역한 '스피리투스 수브틸리씨무스(spiritus subtilissimus, subtle spirit)'의 의미에 대해서는 논란의 여지가 있다. 뉴턴 자신이 그것을 '힘(force)'의 일종으로 표현하는 것을 고려할 때, 그가 그것을 '영성적인 또는 종교적인 정령' 같은 것보다는 '전기'나 '자기력'처럼 보다 과학적인 개념을 염두에 두었다고 볼 수도 있을 것이다. 그러나 그것의 정확한 의미에 대해서는 여전히 논의가 필요해 보인다.

대한 사람의 말이다. 그는 자신의 연구가 단지 부분적으로 수행되었다는 것을 안다. 그러나 그는 자신이 답변하지 않고 남겨 놓은 질문들이 자신이 답변했던 질문들에 의존하고 있다는 것을 인지할 정도로 위대하지는 않다. 예를 들자면, 빛의 현상들이 빈 공간에 대한 그의 학설과 일관적인가? 하나의 물체가 그 부분들의 중력이 아니라 상호적인 인력 때문에 들러붙는다는 것을 인정하는 것은 질량이 단순히 물질의 양에 불과하다는 그의 학설과 일관적인가? 자연이 인력뿐만 아니라 반발력도 포함한다는 것을 인정하는 것은 단지 전능한 신만이 행성들의 충돌을 방지할 수 있다는 그의 학설과 일관적인가? 그리고 위 인용문에 열거된 모든 현상들이 하나의 동일한 가장 미세한 정신(spiritus subtilissimus)에 의한 것이라는 주장에 대해 그가 갖는 근거는 무엇인가?

뉴턴은 27세의 나이에 교수가 되었다. 그는 《프린키피아(Principia)》를 43세에 출판했고, 54세에서 85세까지는 조폐국을 이끌었으며 늦은 나이에 은퇴해 살았다. 그가 위 인용문에 언급한 미해결 문제들 가운데 한 가지인 빛의 문제를 해결하려고 했다는 것을 우리는 알고 있다. 그는 그 결과들을 62세가 되던 1704년에 《광학(Optics)》에서 발표했지만, 그 자신은 물론이고 그의 글에 대한 논평을 요청받았던 친구도 그 결과들이 만족스럽지 않다는 것을 알았다. 그는 '불가사의한 영력'이라는 개념을 통해 결론을 맺으려 했으나, 실패했다. 내가 강조했듯이, 우주론의 근본 문제들에 대한 부주의하고도 간접적인 생각이 마침내 그의 실패를 입증했다고 추리하는 것이 아마도 적절할 것이다.

11. 라이프니츠

라이프니츠의 우주론은 스피노자의 우주론과 본질적으로 다르지 않으며, 결국 동일한 난관에 부딪혀 실패한다. 라이프니츠에게도 실재자는 연장성과 사고력을 모두 갖는 물리적인 동시에 정신적인 것이었다. 그것은 단자들로 구성되며, 각각의 단자는 다른 점(point)들과 공간적으로 관계되는 하나의 점이며, 또한 그 주변을 파악하는 정신이었다. 모든 물질 조각이 그 자체의 정신을 갖는다는 역설은 '낮은 단계의 정신'이라는 개념에 의해 제거된다. 이 개념은 우리의 정신들보다 훨씬 더 원시적이고 근본적인 '정신'들이라는 개념이며, 이 정신들의 지각들과 의지들은 '의식의 식역(threshold of consciousness, 의식 작용이 생성되고 소멸되는 경계 – 옮긴이)'보다 훨씬 밑에서 발생하는 정신의 순간적인 번뜩임에 불과하다.

스피노자와 라이프니츠의 큰 차이점은 라이프니츠가 목적인에 관한 학설을 다시 강력하게 승인한다는 것이다. 라이프니츠는 발전이라는 분명한 개념을 가졌으며, 또한 발전이 목적 지향적이지 않다면, 그 발전은 아무것도 아니라고 보았다. 반면에 그는 만약 원시적인 정신이 무의식적이라면, 그것은 목적들을 갖고 있으면서도 그 목적들을 아직 의식하지 못하고 있을 수도 있다고 생각했다. 따라서 라이프니츠의 자연은 광대한 하나의 유기체이고, 그것의 부분들은 생명, 성장, 그리고 노력이 충만한 그보다 작은 유기체들이다. 그 유기체들은 한편으로는 거의 축소되지 않은 한쪽 끝의 기계 장치로부터 다른 한편으로는 최고 단계인 정신적인 삶의 의식 발전들에 이르기까지 연속적인 계층 구조(scale)를 구성하는데, 그 계층 구조의 윗부분을 향한 지속적인 충동 또는 경향이 있다. 여기에서 그 이론은 또다시 탁월한 장점들을 갖지만, 실재자의 정신적인 측면과 물질적인 측면의 관계는 결과적으로 다시 한번 알 수 없게 된다. 왜냐하면 이전에 스피노자가 알았듯이, 라이프니츠도 물질적인 **것으로서**(qua) 유기체의 삶, 즉 자연의 물리적 과정은 순수하게 물리적 법칙들로만 설명되어야 하는 반면에, 정신적인 **것으로서** 그것의 삶은 단지 정신의 법칙들에 의해서만 설명되어야 한다는 것을 알았기 때문이다. 따라서 그가 "내 몸을 때릴 때 내 마음속에 통증

이 수반되는가?"라는 질문을 자기 자신에게 했을 때, 그는 연속된 두 사건들 사이에 예정된 조화, 즉 단자들의 단자인 신의 명령에 의해 예정된 조화가 있다고 말하는 것 외에는 아무런 답변도 제시할 수 없었다. 그러나 이렇게 말함으로써 라이프니츠는 그 문제를 해결한 것이 아니라 단지 그것에 긴 세례명을 붙인 것에 불과하다.

12. 요약 : 그리스의 우주론과 르네상스의 우주론 비교

다음 단계로 넘어가기 전에 잠시 멈추고 우리가 처해 있는 상황을 되돌아보자. 아주 단순하게 말하자면 초기 그리스인들에게, 그리고 약간 제한적으로 말하자면 그리스인들 모두에게, 자연은 살아 있는 하나의 방대한 유기체로서, 공간적으로 퍼져 있고 항상 운동하는 물체들로 구성된 것을 의미했다. 그 전체는 생명을 가지며, 따라서 그것의 모든 운동은 생명 유지와 관련한 운동이며, 그 운동은 모두 목적 지향적이고 지성에 의해 이끌린다. 이처럼 살아 있고 사고하는 물체는 모두 살아 있고 모두 영혼과 이성을 갖는다는 점에서, 전체적으로 동질적이었다. 반면에 그것의 서로 다른 부분들이 각각의 특별한 질적 본성과 작용 방식을 갖는 서로 다른 물질들로 구성되었다는 점에서,

그것은 비동질적이었다. 현대 사상에 많은 영향을 미친 문제들, 즉 죽은 물질과 살아 있는 물질의 관계, 그리고 물질과 정신의 관계에 대한 문제는 당시에는 존재하지 않았던 문제였다. 당시에 죽은 물질이란 개념은 없었다. 왜냐하면 천체의 주기적인 순환과 나뭇잎들의 주기적인 성장과 쇠퇴 사이, 또는 하늘에 있는 행성의 운동과 물속에 있는 물고기의 운동 사이에 어떤 원리의 차이도 인식되지 않았기 때문이다. 당시 사람들은 하나를 조금도 설명하지 못하는 법칙을 통해 다른 어떤 것을 설명할 수 있으리라고 단 한순간도 생각해 본 적이 없었다. 또한 물질과 정신의 관계도 전혀 문제가 되지 않았다. 왜냐하면 아테네 사람이 솔론(Solon, 기원전 7세기경의 시인이자 정치가-옮긴이)의 법을 이해하고 따르거나, 또는 스파르타 사람이 리쿠르고스(Lycurgus, 기원전 9세기경의 정치가-옮긴이)의 법을 이해하고 따르는 방식과 무생물들이 지배받는 자연법칙들을 그 무생물들이 이해하고 따르는 방식 사이에 어떤 차이점도 인식되지 않았기 때문이다. 정신을 전혀 갖지 않는 물질세계란 없었으며, 또한 물질성이 전혀 없는 정신세계도 없었다. 물질은 단지 모든 것을 구성하는 것에 불과했으며, 그 자체로는 무형적이고 무규정적이다. 그리고 정신은 단지 활동, 모든 것이 그것을 통해 그 자체의 변화의 목적인을 파악하는 활동에 불과했다.

17세기에 이 모든 것들이 변화했다. 과학은 아주 특별한 의미에서의 물질세계, 즉 죽은 물질의 세계를 발견했다. 그것은 무한한 크기를 갖고 모든 곳에 운동이 충만하지만, 궁극적인 질적 차이가 전혀 없을 뿐만 아니라 균일하고 전적으로 양적인 힘들로 인해 움직여지는 세계였다. '물질'이라는 단어는 새로운 의미를 얻게 되었다. 이제 그것은 형상을 부여함으로써 모든 것을 구성하는 무형적인 재료(stuff)가 아니었다. 그것은 움직이는 사물들이 양적으로 체계화된 전체였다. 이제 물질세계에 대한 이러한 새로운 개념은 헛된 망상이 아니었다. 갈릴레오나 뉴턴 등의 인물들에게 그랬듯이, 그 새로운 개념은 물리학의 형태를 형성하는 데 확고한 결과들을 산출했다. 그리고 모든 사람들은 이 새로운 물리 과학이 그리스인들이 수학을 창안했던 이래로 인간의 지식에 의해 이루어진 가장 위대하고도 가장 안전한 발전이라고 인식했다. 플라톤 시대의 그리스 철학이 무엇보다도 수학을 진지하게 받아들이고, 그것을 정립된 사실로 인식했으며, 또한 그것이 가능한가에 대해 질문하기보다는 그것이 어떻게 가능한가에 대해 질문했던 것처럼, 17세기 이후의 근대 철학은 물리학을 진지하게 받아들이고, 갈릴레오와 뉴턴과 그들의 후계자들로부터 아인슈타인에 이르기까지 획득한 지식이 진정한 지식이었음을 고백하며, 또한 이러한 양적인 물질세계가 알려질 수 있는가 또는 없는가에 대해 질문하기보다는 그것이 왜 알려질 수 있는가에 대해 질문하는 것을 첫 번째 의무로 삼아야 했다.

    나는 이 질문이 17세기에 성공적으로 답변되지 못했던 두 가지 방식을 이미 설명했다. 하나는 물질론, 즉 지식을 특별한 종류의 물질적 사물로 여겨진 구체적인 정신 작용이라고 설명하려는 시도였다. 이 시도가 실패했던 이유는 시간과 공간에서 수학적으로 결정되는 운동처럼, 근대적인 물질 개념도 물질적인 사물들의 모든 작용들이 양을 통해 설명될 수 있다는 가정을 핵심으로 삼았기 때문이다. 그렇지만 지식은 단순히 그런 용어들로 기술할 수 없다. 다른 하나는 스피노자와 라이프니츠에 의해 변형된 형태의 '두 실체 학설'이었다. 이것이 실패했던 이유는 두 실체로 생각한 정신과 물질의 어떤 연결점을 파악하는 것이 불가능했기 때문이었다. 그런 이론들의 필연적인 결과는 귀류법(reductio ad absurdum), 즉 정신은 그 자체의 상태들 외에는 아무것도 알 수 없으며, 가설적으로 물질세계는 정신의 상태가 아니라는 견해였다.

II. 18세기

17세기는 물질과 정신의 어떤 내재적 연결점을 발견하는 문제를 해결하지 못한 채로 18세기에 물려줬다. 이 연결점은 물질과 정신이 지닌 각각의 특별한 성질을 보존하면서도, 그것들을 같은 세계의 참되고도 지성적인 부분들로 만드는 것이었다. 그러기 위해서는 두 가지 오류를 피해야만 했다. 첫째, 그것들의 본질적인 차이, 그리고 사실상 본질적인 대립을 부정해서는 안 된다. 정신이 특별한 종류의 물질로 환원되어서는 안 되며, 또한 물질이 특별한 형태의 정신으로 환원되어도 안 된다. 둘째, 이 차이와 대립이 여전히 주장되지만, 그것들이 그 둘을 연결하는 본질적인 통합성(unity)을 부정하기 위해 주장되어서는 안 된다. '본질적인' 통합성은 통합된 사물들의 존재에 필요한 통합성을 의미한다. 따라서 만약 하나의 밧줄이 두 개의 말뚝 사이에서 팽팽하게 당겨진다면, 한쪽의 말뚝에 장력이 있고 다른 쪽의 말뚝에는 또 다른 장력이 있다. 이것들은 상반된 방향으로 작용하는 서로 다른 장력들이다. 그리고 만약 그 두 말뚝들이 서로 다르게 만들어지고, 또한 서로 다르게 땅에 파묻혔다면, 그것들은 아주 다른 방식으로 작동할 것이다. 그러나 각각의 장력이 서로에 대해 조건적이기 때문에, 그것들 사이에는 본질적인 통합성이 있다.

1. 버클리

 이 문제의 해결책은 버클리(Berkeley)에 의해 제시되었다. 그는 자연이 '비활성적인 물질', 즉 '모든 운동을 어떤 외압(vis impressa), 곧 어떤 외적인 작용인의 작동을 통해 산출하는 물질'로 구성된 복합체라는 17세기의 설명을 수용했다. 즉, 자연은 전체적으로 순수하게 양적인 용어들로 기술할 수 있고, 또한 질적 차이들이 전혀 없는 것으로 기술할 수 있는 복합체라는 것이다. 그는 이 개념이 추상적인 개념, 즉 본질적으로 불완전한 개념이라고 지적했다. 이 개념은 부분적인 설명이고, 또한 그것이 나타내기로 되어 있는 사물에 대한 완전한 설명이 아니라는 것이다. 버클리가 로크를 거쳐 데카르트와 갈릴레오로부터 물려받은 말로 표현하자면, 물리학자가 설명하는 물질세계는 제1성질들만을 갖지만, 우리가 실제로 아는 자연은 제2성질들도 갖는다. 우리는 자연 세계 어디에서도 제2성질들이 없이 제1성질들만을 갖는 사물들을 발견하지 못한다. 또는 좀 더 정확하게 말하자면, 우리는 어디에서도 질이 결여된 순수한 양을 발견하지 못한다. 질이 없는 양이란 추상적인 개념이며, 질이 없는 양의 세계란 엔스 라티오니스(ens rationis, 지성의 산물 또는 사고상의 존재자 - 옮긴이), 즉 자존하는 실재자가 아니라 실재자의 몇몇 선별된 측면들에 대한 도식적인 견해에 불과하다. 이것이 버클리의 논변에서 첫 단계다. 두 번째 단계는 다음과 같다. 또다시 로크를 거쳐 데카르트와 갈릴레오로부터 물려받은 당시의 학설은 자연의 모든 질적 차이들을 정신 작용의 결과로 본다. 예를 들어, 색깔이 존재하는 것은 그것들이 보이기 때문이라는 것이다. 만약 그렇다면, 실제로 존재하는 자연의 필수 불가결한 요소는 정신의 작용이다. 그리고 만약 자연 전체가 그런 요소 없이 존재할 수 없다면, 자연 전체가 정신의 작용이라는 결론이 나온다.

따라서 우리는 완전히 새로운 형이상학적 입장을 갖게 된다. 17세기 우주론의 전통적인 요소들을 받아들이고 그것들을 단순히 재배열함으로써, 버클리는 만약 실체라는 것이 그 자체로서 존재하며 또한 오직 그 자체에만 의존하는 것을 의미한다면, 단지 하나의 실체, 즉 정신만이 존재한다고 주장해야 한다는 것을 보여 준다. 우리의 일상적인 지각에 경험적으로 존재하듯이, 자연은 정신의 작용 또는 피조물이다. 갈릴레오가 의미했던 자연, 즉 물리학자의 '순수하게 양적인 물질세계'는 그로부터 추상한 개념이다. 말하자면, 그것은 우리가 감각 기관을 통해 지각하고 그것을 지각하는 중에 만들어 내는 자연의 뼈대 또는 골조다. 종합적으로 말하자면, 우리는 정신적인 힘의 작용을 통해 우리가 일상적인 경험에서 알고 있는 따뜻하고 살아 있고 색깔을 갖고 살과 피를 갖는 자연 세계를 창조한다. 그런 뒤에 우리는 추상적인 사고의 작용을 통해 그로부터 살과 피를 제거하고 뼈대만을 갖게 된다. 이 뼈대가 바로 물리학자의 '물질세계'라는 것이다.

이렇게 재진술된 버클리의 논증에는 본질적인 결함이 없다. 그는 종종 자신의 견해를 성급하게 제시하고, 또한 종종 건전하지 못한 논변을 통해 자신의 주장들을 뒷받침하려고 시도한다. 그러나 구체적인 내용에 대한 어떤 비판도 그의 주요 입장에 해가 되지 않으며, 또한 그가 당면했던 문제를 이해하는 사람이라면 그가 할 수 있었던 유일한 방법으로 그 문제를 해결했다는 것을 알 것이다. 그의 결론이 설득력이 없어 보일 수도 있고, 또한 그의 결론이 우리를 어려움에 빠뜨린다는 것도 부정할 수 없다. 그러나 만약 17세기 우주론에 의해 정의되었던 방식으로 정신과 물질이라는 개념들을 정의한다면, 그것들의 본실석인 연결 고리를 발견하는 문제는 오직 버클리가 해결했던 방식으로 해결할 수밖에 없다는 것을 인정하지 않을 수 없다. 버클리의 논증은 다음과 같은 이론을 강조하고 있다.

그것은 물질이 일반적으로 동의되는 그런 것이라면, 정신의 이중적인 작용을 통해 그 두 가지 단계로 창조될 수밖에 없다는 이론이다. 그러나 그는 "정신이 일반적으로 동의되는 그런 것이라면, 왜 그것이 그런 이중적인 작용을 수행하며, 또한 그렇게 함으로써 물질을 창조해야만 했는가?"라는 보완적인 문제를 전혀 다루지 않은 채로 남겨 두었다. 이것이 〈선험적 분석론(Transcendental Analytics)〉이라 부르는 《순수 이성 비판(Critique of Pure Reason)》의 한 장에서 칸트가 제기하는 질문이다. 그의 답변은 다음과 같다. 만약 오늘날의 정신 이론이 옳다면, 즉 만약 사고 작용이 논리학자들에 의해 올바르게 설명되었다면, 물질 세계에 존재한다고 물리학자들이 생각하는 특성들은 오성(이해력)에 의해 스스로 구성된 모든 대상에 존재하는 특성들일 것이다. 다시 말해서, 조금이라도 생각해 본 사람이라면, 즉 그가 논리학자들이 기술하는 방식으로 생각했다면, 그는 17세기 물리학자들이 물질에 부여하는 특성들을 갖는 대상을 스스로 구성하고 있다는 것을 발견할 것이다.

그러나 버클리는 물론이고 칸트마저도 불충분하게 다룬 채로 남겨 둔 또 다른 문제가 있었다. 만약 자연이 정신에 의해 사고 작용의 부산물로서 창조된 것이라면, 자연을 그와 같이 창조한 것은 **어떤** 정신인가? 분명히 그것은 이러저러한 개별적인 인간의 자족적인 정신은 아니다. 버클리나 칸트, 또한 그들의 후계자들 가운데 어느 누구도 코페르니쿠스가 태양 중심적인 행성 체계를 창조했다거나, 또는 케플러가 행성의 타원 궤도를 창조했다거나, 또는 뉴턴이 두 물체의 상호적인 인력의 반비례 관계와 그것들의 중심들 사이의 거리를 제곱한 것임을 창조했다고 생각했던 적이 결코 없었다. 버클리는 물리적 세계의 창조자가 인간적인 정신 또는 유한한 정신이 아니라 무한한 정신 또는 신적인 정신, 즉 절대적인 주체 또는 사고하는 자로 생각되는 신이라고 아주 단호하게 주장했다. 따라서 버클리는 자신의 시대에는 물론이고, 부분적으로는 스피노자와 라이프니츠의 시대에도 여전히 유행했던 물질론에 남아 있는 르네상스 사상가들의 범신론, 즉 물리적 또는 물질적 세계가 신의 몸(God's body)이라는 이론을 완전히 제거했다. 플라톤과 아리스토텔레스, 그리고 기독교 신학에서 그랬던 것처럼, 버클리에게도 신은 순수 사고이며, 몸을 갖지 않는다. 또한 세계는 신이 아니라 신의 피조물, 즉 신이 자신의 사고 작용을 통해 창조한 어떤 것이다. 그러나 이렇게 되면, 신의 무한한 정신과 인간의 다양하고도 유한한 정신들의 관계에 대한 문제가 제기된다. 버클리에 따르면, 이것들은 서로 아주 다른 두 종류의 정신이었다. 신의 정신은 자신이 생각하는 것을 창조하는 아리스토텔레스의 '인털렉투스 아겐스(intellectus agens, 창조 지성 또는 능동 지성)' 같은 것이었고, 인간의 정신은 신에 의해 부과된 객관적인 질서를 수동적으로 파악하는 수동 지성 같은 것이었다. 그러나 사실상 이것은 버클리 자신의 출발점과 일관적이지 않았다. 왜냐하면 정신이 최소한 자연의 일부분, 즉 제2성질을 창조한다는 로크의 학설을 그가 물려받았을 때, 이 학설에서 의미했던 정신은 인간의 정신이었기 때문이다. 그것을 부정하면, 버클리의 관념론이 지닌 전체 구조가 무너지게 된다.

2. 칸트

버클리보다 더 조심스러우면서도 논리적이었던 칸트는 자연을 만드는 정신이 전적으로 인간의 정신, 즉 '블로스 멘쉴리세스(bloss menschliches, 오직 인간적인 것 – 옮긴이)'라고 주장했다. 그러나 이것 또한 사고하는 개별적인 인간의 정신이 아니라 선험적인 자아, 즉 모든 인간의 사고에 내재하는 (그리고 자연을 **만들기는** 하지만 **창조하지**는 않는) 정신 그 자체 또는 순수 오성이다. 따라서 칸트의 관념론 형태에서는 자연을 하나의 부산물로 본다. 여기에서 내가 말하는 자연은 칸트가 의미했던 것처럼 물리학자의 자연, 즉 갈릴레오와 뉴턴의 물질세계이며, 그것은 독단적이거나 비이성적인 산물이 아니라 본질적으로 합리적이고 필수적인 산물, 즉 사물들을 바라보는 인간적인 방식의 산물이다. 그리고 이런 사물들 자체가 무엇이냐고 우리가 질문할 때, 칸트는 우리가 알지 못한다고 간단히 응답한다.

물자체(the thing in itself)의 문제는 칸트의 철학에서 가장 어려운 문제들 가운데 하나다. 그것을 어렵게 만드는 것은 우리가 단적으로 모순을 범하지 않고 그 문제를 설명하는 것이 불가능해 보이기 때문이다. 그 문제는 다음과 같은 방식으로 설명된다.

우리는 우리가 아는 모든 것을 감각과 오성을 함께 사용함으로써 직관적이고도 두서없이 즉시 안다. 유일하게 진정한 직관은 감각적인 직관뿐이며, 오성을 제대로 사용하는 유일한 경우는 우리가 감각적으로 지각한 사물들에 대해 생각하는 것이다. 그러므로 유일한 지식은 지성적인 또는 사색적인 지각이다. 그렇다면 우리가 지각하는 것은 (현대적 용어를 사용하자면) 감각 자료들로 구성되며, 칸트는 거의 200년 동안 받아들여졌던 견해, 즉 감각 자료들은 오직 감각하는 사람과 관련해서만 존재할 수 있다는 견해를 받아들인다. 그것들은 본질적으로 자료들이며, 따라서 그것들이 존재하기 위해서는 반드시 주어지고 받아들여겨야 한다. 결과적으로, 우리가 아는 모든 것은 단지 현상적일 뿐이다. 즉, 그것은 그것을 아는 우리의 정신과 관련해서만 존재한다. 여기까지는 충분히 일관적이다. 그러나 이제 모순이 생긴다. 그 자료들이 주어진 정신 그 자체는 자료가 아니며, 그것을 주는 것, 즉 물자체도 자료가 아니다. 이 논증은 정신들이 분명히 존재하며, 또한 물자체들도 분명히 존재한다는 것을 함축한다. 만약 이것들이 존재하지 않는다면, 그 논증 전체가 실패로 끝난다. 그러나 우리는 오직 현상들만을 알 수 있으므로, 그 논증에 따르면 우리는 정신들이나 물자체들을 알 수가 없다. 만약 그렇다면, 우리는 어떻게 그것들이 존재한다고 말할 수 있는가? 만약 물자체가 단지 '알 수 없는 것'과 동의어에 불과하다면, 그것은 그 단어가 사용된 모든 논증을 무의미하게 만드는 무의미한 표현이다. 그리고 사실상 그것은 칸트 철학의 전체 구조 속에서 필수적인 요소로 사용된다.

　이 어려움에서 벗어나기 위한 칸트 자신의 시도는 종종 상처 입은 독자들의 마음에 모욕감마저 안겨 주는 듯이 보인다. 그는 우리가 물자체를 **알 수**는 없지만 그것을 **생각할 수**는 있다고 말한다. 예를 들어, 우리는 그것이 우리에게 감각 자료를 주는 어떤 것이며, 따라서 창조적인, 즉 이성적으로 창조된 어떤 것이라고 생각한다. 그리고 그의 윤리학적 탐구는 그로 하여금 이성적인 창조 활동이 인간의 의지에서 발견된다고 확신하게 만들었고, 따라서 사실상 그는 물자체가 다른 무엇보다 **의지**와 더 유사하다고 주장하기에 이른다. 이것은 버클리와 아리스토텔레스의 형이상학과 멀지 않은 곳으로 그를 돌아오게 만든다. 이 형이상학에 따르면, 현상의 궁극적인 근거는 어쨌든 물질보다는 정신과 더 유사한 어떤 것에서 찾아야 한다. 그리고 자연이나 물질세계의 존재가 우리 자신의 사고 활동들에 의존하고 또한 본질적으로 이 활동들에 상대적이기 때문에, 그것들이 오직 현상들의 모음으로만 알려지는 반면에, 능동적인 도덕적 행위 주체들로서 우리의 실천적 경험은 우리에게 단순히 정신적 현상들의 모음을 드러내는 것이 아니라 있는 그대로의 정신을 드러낸다는 것이 바로 칸트의 견해다. 실험적인 조건하에서 정신을 '과학적'으로 연구하려는 (예를 들어, 심리학자들에 의한) 시도는 자연의 현상들에 대해 상대적이듯이 우리 자신의 사고 양상들과도 상대적인 '정신적 현상들'의 구성으로 이어진다. 만약 정신 그 자체가 실제로 무엇인지 알고자 한다면, "행동하라, 그러면 찾을 것이다"라는 것이 그 답이다. 행동에서는 우리가 '실재에 대립'하지만 과학적인 탐구에서는 선혀 그렇지 않다. 행동하는 삶은 인간의 정신이 그 자신의 실재를 획득하는 삶이다. 즉, 그것은 정신으로서 그 자체의 존재를 획득하는 삶이며, 그와 동시에 정신으로서 그 자체의 실재에 대한 의식을 획득하는 삶이다.

이렇게 칸트의 비판 철학이 발전하면서, 그것은 최소한 두 번의 모순을 범하는 것으로 보인다. 칸트가 물리 과학 또는 자연에 관한 지식의 형이상학적인 근거들을 탐구하는 첫 번째 비판서인 《순수 이성 비판(Critique of Pure Reason)》에 나타난 그의 학설은, 우리가 오직 현상 세계만을, 즉 우리가 그것을 알아가는 활동 중에 만드는 현상 세계만을 알 수 있다는 것이다. 도덕적 경험의 형이상학적 근거들을 탐구하는 두 번째 비판서인 《실천 이성 비판(Critique of Practical Reason)》에 나타난 학설은 우리가 도덕적 경험에서 우리 자신의 정신들을 물자체들로서 안다는 것이다. 세 번째 비판서인 《판단력 비판(Critique of Judgement)》에 나타난 그의 학설은 자연 현상의 기저에 놓인 물자체가 정신의 특성을 가지며, 따라서 우리의 실천적인 또는 도덕적인 경험에서 우리가 아는 것은 자연 과학 연구자들인 우리의 이론적 경험에서 우리가 알 수는 없지만 생각은 하는 것과 같은 종류라는 것이다.

현대의 일반 독자는 칸트 철학의 이런 측면을 무시해 버린다. 왜냐하면 물자체를 알 수 없다고 말하는 동시에 그것이 무엇인가를 말해 주겠다는 학설을 진지하게 받아들이는 것은 칸트의 지성을 모욕하는 것처럼 보이기 때문이다. 그러나 이것은 칸트를 오해하는 것이다. 칸트는 자신의 비평가들이 그 진술을 이해하는 의미로 물자체가 알려질 수 없다고 생각한 적은 한 번도 없었다. 칸트에게 뷔센(wissen, 지식)과 뷔센샤프트(Wissenschaft, 과학) 등의 단어들은 '사이언스(science)'란 단어가 일상적인 영어에서 갖는 것과 동일한 종류의 특별한 또는 제한적인 의미를 갖고 있다. 사이언스는 지식 일반과 같지 않다. 그것은 지식의 특별한 종류 또는 특별한 형태로서, 그것의 고유 대상은 자연이며, 그것의 고유한 진행 방법은 바로 지각과 사고, 즉 칸트가《순수 이성 비판》의〈감성론〉과〈분석론〉에서 설명하려고 노력했던 감각과 오성의 결합이다. 칸트는 현대적인 의미에서의 지식 이론을 우리에게 제시해 주지 않았다. 그가 우리에게 제시해 준 것은 **과학적** 지식 이론이며, 우리가 물자체를 알 수는 없지만 생각할 수는 있다고 말할 때 그가 의미했던 것은 우리가 그것에 대한 지식을 갖는다는 것이지 과학적 지식을 갖는다는 것이 아니었다.

이와 관련해, 나는 다른 사고 형태들을 통해 탐구된 다른 분야들의 외부에 과학적 지식이라는 특별한 분야를 설정하려는 시도가 새로운 것은 아니었다고 말할 수 있을 것이다. 보편 과학에 대한 데카르트의 기획이 역사, 시, 그리고 신이라는 세 가지 중대한 분야들을 배제한다는 것은 잘 알려져 있다. 데카르트는 이 분야들에서 유효한 사고 형태들을 부당하거나 무가치한 것으로 간주하지 않았다. 그 자신은 그것들에 많은 중요성을 부여하지만, 자신이 제안했던 방법이 좁은 의미에서는 과학적 방법이기 때문에 그 방법이 그것들에 적용되지는 않으리라 생각한다고 그가 말할 때, 우리에게는 그의 진실성을 의심할 이유가 없다. 칸트는 이런 관점을 데카르트에게서 물려받았으나 대체로 한 가지 점에서 달랐다. 그것은 데카르트가 형이상학을 과학적 방법의 고유 영역 안에 위치시켰던 반면에, 칸트는 그것을 그 밖에 위치시켰다는 것이다.

그렇다면 칸트의 견해는 이렇다. 과학적 지식의 고유한 **대상**은 신이나 정신 또는 물자체가 아니라 자연이다. 과학적 지식의 고유한 **방법**은 감각과 오성의 결합이다. 그리고 자연은 우리가 이 방법을 통해 알 수 있는 것이므로, 자연이 단순한 현상, 즉 우리에게 나타나는 그대로의 사물들의 세계라는 결론이 뒤따른다. 사물들이 나타나는 방식은 완전히 주기적이며 예측할 수 있지만, 사물들이 그런 현상을 갖는다는 관점을 우리가 받아들이는 한에만 존재하기 때문에, 자연을 과학적으로 알 수 있다. 이런 진리들은 과학적이지 않은 종류의 지식에 의해서 알려지는 것이며, 그것을 철학적이라 부르도록 하자. 그렇게 되면 물자체들이 존재한다는 우리의 지식은 철학적 지식이며, 이런 종류의 지식은 물자체들이 어떤 것들인가를 우리에게 가르쳐 주는 지식이다.

정확히 어떻게 해서 칸트가 물자체를 생각했는지, 달리 말해서 그에 대한 그의 철학적 이론이 무엇이었는지를 찾으려 노력해도, 우리는 명확한 답변을 얻지 못할 것이다. 이런 사실에 대한 두 가지 가능한 설명이 있다. 일반적으로 사람들이 어떤 것을 말하지 않는 이유는 그것에 관해 마음의 결정을 내리지 못했거나, 또는 그것이 말할 필요가 없을 정도로 너무도 명확하다고 생각하기 때문일 것이다. 칸트는 볼테르(Voltaire)나 흄과 같은 학자들의 형이상학적 회의주의에 많은 영향을 받고 있었다. 따라서 비록 자신의 논리적 입장이 그런 이론의 가능성을 함축했음에도 불구하고, 그는 물자체에 관한 철학적 이론의 가능성을 실제로 의심했을 수도 있다. 또는 그가 어린 시절에 라이프니츠학파의 교육에서 상당히 많은 영향을 받았기 때문에, 물자체가 정신이라는 것을 당연한 것으로 간주했을 수도 있다. 이 두 가지 설명 모두가 부분적으로는 사실을 담고 있으며, 또한 그것들은 아마도 양립 불가능한 설명이 아닐 것이다. 독단의 잠에서 처음 깨어나 회의주의 상태에 빠졌던 사람은 그런 독단주의 자체에서 완전히 벗어나지 못한다. 그 이유가 무엇이었든, 칸트가 물자체란 개념이 자기 철학의 본질적인 요소라고 주장했다는 것은 (그의 노년에 피히테가 그 점에 대해 문제를 제기했을 때, 그가 그렇다고 명확한 답변을 제시했기 때문에) 옳지만, 그가 그 개념을 정리하고서 "우리가 물자체를 생각할 수 있고 또한 생각한다는 것을 인정하기 때문에, 나는 우리가 그것을 정확히 **어떻게** 생각하고 또한 그것이 무엇이라고 생각하는가를 결정해야 한다"고 자기 자신에게 말한 적이 결코 없었다는 것은 어쨌든 분명하다.

칸트가 이 문제를 경시함으로써, 그의 후계자들이 그를 위해 그 과제를 대신 맡아야 했다. 피히테(Fichte)는 그것을 삭제함으로써, 즉 물자체를 제거하고 정신이 무로부터 자연을 구성한다고 제시함으로써, 그 문제를 해결하려고 했다. 표면적으로 이것은 처음으로 정합적이고 논리적으로 만들어진 칸트주의처럼 보이는 철학을 산출했다. 그러나 사실상 그것은 칸트의 문제를 해결하는 대신에 파괴했다. 왜냐하면 그 문제는 지식에 대한 일반적인 고찰에서 제기되는 것이 아니라 자연의 특별한 성질들을 정신에 **주어진** 어떤 것으로 보는 데서, 즉 정신이 직면해 있다고 스스로 알게 되는 어떤 것으로 보는 데서 제기되며, 이것은 물자체가 존재한다는 것을 함축하기 때문이다. 그러므로 칸트를 발전시키려는 대안적인 방법은 옳은 방법이었고, 이 방법은 헤겔이 수용했다.

III. 헤겔 : 현대 자연관으로의 전환

  칸트는 우리가 물자체를 생각할 수 있고, 또한 생각하게 되리라는 것을 인정했다. 그러나 그는 우리가 그것을 실제로 어떻게 생각해야 하고, 또한 그것을 실제로 어떻게 생각하고 있는가를 발견하는 과제를 자신의 후계자들에게 남겼다.

  이 과제를 모든 우주론의 출발점으로 삼은 사람이 헤겔이었다. 과학적 사고에만 지식이란 명칭을 부여해야 한다는 주장을 거부하고, 또한 결과적으로 물자체를 알 수 없다는 주장을 거부한 헤겔은 알 수 있는 모든 것들 가운데 가장 쉽게 알 수 있는 것이 바로 물자체라고 주장했다. 그것은 단지 질적 또는 양적, 공간적 또는 시간적, 물질적 또는 정신적으로 특별히 제한되지 않은 순수한 존재, 즉 존재 그 자체일 뿐이다. 그것이 알 수 없는 것처럼 보이는 유일한 이유는 그 안에 알 수 있는 특별한 무언가가 없기 때문이다. 즉, 그것은 '그것'과 '다른 것'을 구분할 특징들을 갖고 있지 않으며, 따라서 우리가 그것을 설명하려 할 때 실패하는 이유는 그것의 본성이 지닌 신비로움을 이해하지 못해서가 아니라 그곳에 설명할 것이 아무것도 없다는 사실을 너무도 잘 이해하기 때문이다. 존재자 일반은 특별한 어떤 것이 아니다. 따라서 헤겔이 말하듯이, 순수 존재라는 개념은 무(nothing)라는 개념이 된다. 하나의 개념으로부터 또 다른 개념으로의 이러한 경로 또는 논리적인 전환은 단순히 우리 사고의 주관적이거나 심리적인 전환이 아니다. 그것은 객관적인 전환, 즉 하나의 개념을 그것이 전제하는 또 다른 개념으로부터 논리적으로 끌어내는 실제적인 과정이다. 이것이 생성, 발전 또는 과정이라는 개념이며, 그것의 우선적인 또는 근본적인 형태가 논리적인 생성이다. 그것은 하나의 과정이지만, 시간 속의 과정 또는 공간 속의 운동이 아니며, 더구나 정신의 변화나 사고의 과정도 아니다. 그것은 개념의 과정, 즉 개념들 자체 안에 내재하는 논리적인 운동이다. 이렇게 해서 헤겔은 물자체가 어떻게 창조적일 수 있는가, 또는 그 자체 외의 다른 어떤 것의 근거일 수 있느냐는 질문에 답변했다. 사고 작용은 우리가 논리적 필연성이라고 부르는 것과 동일하다. 논리적 필연성은 내재하는 힘, 즉 하나의 개념이 또 다른 개념을 생성하게 해 주는 내재적인 힘이며, 그것은 하나의 새로운 개념인 동시에 그 자체의 새로운 형태이기도 하다. 개념은 유기체처럼 성장한다. 즉, 그것은 아무런 차별성이 없던 출발점과는 달리, 그 자체의 새로운 제한을 싹트게 함으로써 잠재적인 것으로부터 현실적인 것으로 이행한다.

이렇게 시작함으로써, 헤겔은 자신이 논리학의 과학이라 부르는 곳에서 설명했던 개념들의 체계를 발전시킨다. 이 개념들의 체계는 비물질적이고 완전히 지성적이고 유기적으로 구성되었고, 또한 물질적이고도 정신적인 모든 존재의 전제라는 점에서, 플라톤주의적인 형상들의 세계와 비슷하다. 헤겔 개념과 플라톤 개념의 차이점은 플라톤의 형상 세계가 변화와 생성이 없이 정지 상태에 있는 반면에, 헤겔의 개념 체계는 속속들이 과정으로 가득하고 동적이며, 그것의 존재는 모든 개념이 논리적 필연성에 의해 다음 것으로 이어지는 생성 속에서 끊임없이 발생한다. 이것은 플라톤의 형상들이 정지 상태에 있기 때문에, 자연 세계의 변화와 과정의 근원을 설명할 수 없다는 이유로 그것들을 거부하는 아리스토텔레스의 반론을 극복한다. 헤겔의 철학에서, 자연의 변화들과 사실상 자연의 근원은 개념들의 세계 속에 있는 과정의 산물 또는 논리적인 결과다. 논리적 우선성은 시간적 우선성의 근거다. 따라서 아리스토텔레스와 달리, 헤겔은 자신의 우주론에서 사유하는 존재 또는 정신을 최초의 원인으로 제시할 필요가 없었다. 헤겔이 신을 논리학의 과학이 연구하는 대상으로 설명한 것은 사실이다. 그러나 그에 따르면 신은 정신이 아니다. 그것은 신을 의인화해서 생각하는 잘못된 방식이다. 신은 스스로 창조하며 스스로 존속하는 순수 개념들의 세계 또는 유기체다. 또한 정신은 비록 가장 고귀하고 가장 완전하지만, 그것은 세계를 창조하는 과정이기도 한 자기 창조의 과정에서 신이 획득하게 되는 제한들 가운데 하나에 불과하다. 여기에서 헤겔은 버클리가 해결하지 못하고 남겨 두었고, 또한 칸트가 해결할 수 없다고 포기했던 인간의 정신과 신의 정신의 관계에 대한 문제에 답하고 있다. 세계 속에서 인간이 중요한 이유는 바로 그가 정신의 담지체라는 데 있다. 즉, 그것은 형상으로서, 그 안에서 신은 자신의 존재 또는 오히려 생성을 자신의 최고 단계인 정령(spirit)의 존재나 생성으로서 스스로 발전한다. 세계의 과정과 신의 자기 창조적인 삶을 동일시한다는 점에서, 이것은 범신론과 유사하다. 그러나 신 자체가 순수한 창조 개념으로서는 물질세계에 앞서고, 물질세계의 원인으로서는 물질세계를 초월한다는 점에서, 이것은 범신론과 다르다.

헤겔이 '관념(Idea)'이라고 통칭하는 이러한 역동적인 형상들의 세계는 직접적으로는 자연의 근거 또는 창조자이며, 간접적으로는 자연을 매개로 하는 정신의 근거 또는 창조자다. 이처럼 헤겔은 자신이 주관적 관념론이라 부르는 버클리와 칸트의 관념론을 거부한다. 이에 따르면, 정신이 자연의 전제 또는 창조자이며, 헤겔은 그것이 그것들의 관계를 뒤집어 놓는다고 말한다. 이런 점에서 그는 자연을 정신의 근거로 보는 물질론적 견해를 선호한다. 그가 보기에, 그 견해의 유일한 오류는 자연을 절대적이거나 자기 창조적이거나 자기 설명적인 어떤 것으로 만든다는 것이다. 반면에, 사실상 플라톤과 아리스토텔레스가 그랬듯이, 그는 자연이 본질적으로 창조되고 파생된 것이고 또한 '다른 어떤 것'에 의존하는 것이라고 보는 주관적 관념론자들이 옳다고 생각한다. 그러나 그에게 그 '다른 어떤 것'이란 바로 정신이 아니라 관념을 의미했다. 따라서 관념을 정신의 상태나 정신의 작용, 또는 정신의 피조물로 보지 않는다는 점에서, 헤겔은 플라톤에 전적으로 동의하고 있다. 간단히 말해서, 그는 관념을 주관적인 어떤 것이 아니라 정신의 적절한 대상인 존재의 자족적이고 자존적인 영역으로 본다. 이것이 칸트의 '주관적 관념론' 또는 '절대적 관념론'에 반대되는 헤겔의 '객관적 관념론'이다. 왜냐하면 객관적 관념론은 관념이 그 자체로서 실재하는 어떤 것이며, 그것을 생각하는 정신에 어떤 방식으로도 의존하지 않는다고 보기 때문이다.

여기에서 나는 칸트와 버클리에게 공통된 철학적 견해를 주관적 관념론으로 설명하는 헤겔을 따른다. 헤셀이 그 명칭을 고안했는지는 분명하지 않지만, 어쨌든 우리가 일반적으로 사용하는 그 명칭은 그에게서 나왔으며, 결과적으로 그 명칭의 의미를 그에게서 찾아보려 시도하는 것은 그 나름대로 의미가 있다. 그가 사용했던 것처럼, 주관적 관념론은 관념들 또는 개념들이 하나의 주체를 위해서만 존재한다는 이론 또는 (헤겔이 표현하듯이) "관념들이 우리 머릿속에서만 존재한다"라는 착각이다. 그는 이 착각을 데카르트적 심신 이원론의 유산으로 간주한다. 이원론은 "물질적이지 않은 모든 것은 정신적이다"라고 생각하도록 사람들을 가르쳤고, 따라서 그 개념이 사고의 전제가 되는 대신에 단순한 사고방식, 즉 사고 행위 또는 습관으로 변형되었다는 것이다. 이런 의미의 주관적 관념론은 나 자신, 즉 나의 정신 외에는 아무것도 존재하지 않는다는 (데카르트주의자들의 한 학파에서 실제로 주장했던) 유아론(solipsism)이라는 이론과 반드시 구분되어야 한다. 물론, 그것은 주관적 관념론의 한 가지 형태지만, 버클리나 칸트가 지지했던 형태는 아니다.

헤겔의 철학 체계는 세 부분으로 이루어진다. 첫 부분은 논리학 또는 관념 이론이다. 두 번째 부분은 자연 이론이며, 세 번째 부분은 정신 이론이다. 이 세 부분이 함께 그가 철학적 과학 백과사전이라고 부르는 것을 구성하며, 모든 철학적 주제와 학설이 이러한 틀의 내부 어딘가에 위치한다. 나는 물론 그 체계 전체를 설명하려고 시도하지는 않을 것이다. 다만 나는 헤겔의 자연 개념을 대략 설명하고, 그것이 한편으로는 관념과 그리고 다른 한편으로는 정신과 어떤 관계에 있는가를 보이고자 할 것이다.

헤겔의 철학에서, 자연은 실재하는 것이다. 그것은 결코 착각이 아니며, 실제로 존재하는 것은 다른 어떤 것임에도 불구하고 존재한다고 우리가 잘못 생각하는 어떤 것이 결코 아니다. 또한 그것은 단순한 현상, 즉 오직 우리가 생각하기 때문에 존재하는 어떤 것도 아니다. 그것은 실제로 존재하며, 모든 종류의 정신에서 독립해 존재하는 것이다. 그러나 '실재하는'이라는 단어는 다소 애매한 단어다. 문자 그대로 말하자면, 그것은 사물(res 또는 thing)의 특성을 갖는 것을 의미하며, 또한 만약 사물들이 공간과 시간 속에 존재하는 것이라면, 자연은 실재하는 것일 뿐만 아니라, 유일한 실재자이기도 하다. 왜냐하면 그것이 바로 사물들의 총체이며, 사물임(thinghood, 물성)의 영역이기 때문이다. 그러나 우리가 "이 사진은 실재하는 렘브란트가 아니라 복사물에 불과하다"라고 말할 때처럼, 일상적인 용법에서 '실재하는'이란 단어는 최소한 하나의 다른 의미를 가진다. 그림은 하나의 사물이다. 그것은 실재성(realitas)은 갖지만 진실성(veritas)은 갖지 않는다. 그림은 그것이 체화(embody)하기로 되어 있는 관념을 체화하시 못한 것이다.

플라톤과 아리스토텔레스에 따르면, 모든 자연적인 사물들은 본질적으로 생성 과정에 참여하는 사물들이다. 왜냐하면 그것들은 그것들 자체의 형상들을 적절히 체화하기 위해 항상 노력하지만, 결코 완전히 성공하지는 못하기 때문이다. 이런 의미에서, 자연의 모든 것은 그 단어의 이차적인 의미에서 어느 정도는 비실재적이다. 즉, 그것은 단순한 현상도 아니고 착각은 더더욱 아니며, 그 자체가 되는 것을 완전히 성공하지 못한 어떤 것이다. 헤겔은 이러한 플라톤주의적이고도 아리스토텔레스적인 자연관을 받아들인다.

아리스토텔레스에게 그랬던 것처럼 헤겔에게도, 자연에는 경향성이 퍼져 있다. 즉, 자연의 모든 것은 명확한 어떤 것이 되려고 한다. 그러나 그 과정을 그 자체의 고유한 목표에 집중해도 항상 목표에 가까워지기만 할 뿐 일치점에는 결코 도달하지 못한다. 이런 이유에서 현대 과학자들은 자연법칙을 통계 법칙이라고 부른다. 즉, 법칙이 적용되는 각각의 개별적인 행위를 엄격하고도 정확하게 설명하지 못하고, 그 행위의 일반적인 성향, 즉 운동이 지향하는 행위의 유형을 설명한다는 것이다. 이런 의미에서 자연은 실재하는 것이 아니며, 자연의 그 어떤 것도 그에 대한 우리의 과학적인 설명과 충분하고도 완전하게 일치하지 않는다. 이것은 우리의 설명이 수정을 필요로 하기 때문이 아니라 자연에 항상 어떤 반발, 즉 (아리스토텔레스식으로 표현하자면) 아직 완전히 현실태화되지 않은 잠재태라는 불확정성(indeterminacy)의 요소가 존재하기 때문이다.

자연에 존재하는 이러한 반발 요소 또는 불확정성의 요소가 존재하는 이유는 무엇인가? 이 질문에 대한 헤겔의 답변은 상당히 독창적이다. 그리스인들은 그 책임을 물질에 전가하면서, 형상은 그 자체로서 완전하지만 어떤 이유로 물질이 저항하기 때문에 그 안에서 완전하게 체화되지 않는다고 주장했다. 그러나 이것은 답변이 아니었다. 왜냐하면 이른바 물질의 저항성이란 단지 형상이 어떤 이유에서든 그곳에서 완전히 체화되지 않는다는 사실을 가리키는 이름에 불과하기 때문이다. 헤겔의 견해는 자연의 형상들이 그 형상들 자체의 어떤 특수성 때문에 완전하게 체화되지 않는다는 것이다. 그것들은 특수한 종류의 형상들, 즉 바로 그것들 내부의 어떤 것 때문에 완전히 실현될 수 없는 형상들이다. 따라서 자연이 그것들을 실현하기 위해 스스로 설정한 과업은 본질적으로 실현될 수 없는 불가능한 과업이며, 불완전하고도 대략적인 방식으로만 이루어질 수 있다. 말하자면, 그것들은 이상적인 형상들, 즉 실현되길 원하지만 그런 실현을 불가능하게 만드는 어떤 것을 내부에 갖는 그런 형상들이다. 형상들이 실현되는 것을 불가능하게 만드는 것은 그것들이 '추상적'이라는 사실이다. 즉, 본질적으로 비물질적이지만 그럼임에도 불구하고 물질 안에서 재생되어야 하는 초월적인 양식(pattern)들인 형상들이 그것들의 사례(instance)들과 대비된다는 사실이 형상들의 실현을 불가능하게 만든다는 것이다.

이런 점에서, 자연의 개념들은 두 가지 다른 유형의 개념들, 즉 순수 논리학의 유형들과 정신의 유형들에 대비될 수 있을 것이다. 순수 논리학의 개념들은 순수한 존재자의 제한들이며, 그것들은 모두 어떤 것에나 속하는 필수적인 속성들이다. 어떤 것이든 그 가운데 어떤 속성을 드러내지 못할 가능성은 전혀 없다. 왜냐하면 그것들은 모두 서로 연결되어 있어서 그 가운데 하나가 실현되면 모두가 실현되기 때문이다. 그리고 그것들은 모두 어디에서나 실현된다. 그 속성들에 대한 설명은 어떤 것이 다만 어떤 것인 한에서(즉, 다른 어떤 것이 있다면, 신체나 정신, 또는 다른 어떤 것인 한에서) 그 모든 것에 대한 정교하고도 발전된 설명이다.

한편으로 정신의 개념들은 (자연의 개념들과 마찬가지로) 실제로 존재하는 특별한 종류의 것의 특성을 결정하는 개념들이다. 그러나 이것(즉, 정신)은 그 자체의 자유로운 작용을 통해 그 자체에 이러한 특성을 부과하는 특징을 갖는다. 그러므로 그것은 그것이 지닌 특성을 완전히 소유하도록 자유롭게 발전한다. 정신의 개념들은 정신이 어떤 것이 되어야 하는가, 그리고 정신이 될 수 있는 것이 어떤 것이어야 하는가를 정의하며, 사실상 정신이 이미 이것인 한에서만 그 정신이 이것이어야 한다는 것을 알 수 있을 뿐이다. 예를 들어, 도덕은 정신의 개념이며, 정신이 도덕적 행위 주체여야 한다는 것을 이미 도덕적 행위 주체인 정신만이 인식한다는 것이다.

자연의 과정들을 이끌어 가는 개념들 또는 형상들에 대해 헤겔이 생각하는 방식은 플라톤이 **모든** 형상들에 대해 생각했던 방식과 아주 유사하다. 예를 들어, 플라톤 자신은 이상 국가라는 개념이 실제의 어떤 국가에서도 그대로 실현될 수 없다고 설명한다. 왜냐하면 인간의 본성이 그런 것이기에, 인간의 본성은 그 개념이 완전히 체화되도록 그 자체를 조직하지 못하기 때문이다. 그러나 이것이 이루어져야 한다는 요구, 즉 이상 국가의 형상이 인간의 본성 내부에서 실현되어야 한다는 요구는 형상 그 자체에 본질적인 요구이며, 따라서 형상은 스스로 회피할 수가 없으나 실제로 이루리라고 결코 기대할 수도 없는 과제를 인간의 본성에 부여한다.

그런데 헤겔은 왜 자연의 형상들이 모두 이처럼 특이한 특성을 갖는다고 생각했던 것인가? 이 질문에 답하려면, 우리는 자연의 본질적 차이는 무엇인가, 즉 자연 전체를 한편으로는 관념으로부터, 그리고 다른 한편으로는 정신으로부터 구별할 수 있는 특성이 무엇인가를 물어야 한다. 헤겔은 자연이 본질적으로 외부의 실재자, 즉 외부 세계라고 답변한다. 여기에서 외부라는 것은 **우리의**(to us) 외부를 의미하지 않는다. 자연은 결코 우리의 외부에 있지 않다. 그것이 우리 몸의 외부에 있는 것이 아니라 오히려 우리의 몸이 그것의 부분이자 구역이다. 또한 그것은 우리 정신의 외부에 있지 않다. 왜냐하면 둘 모두가 공간을 차지하고 따라서 물체들이 아니라면, 그 가운데 하나가 다른 하나의 외부에 있을 수 없기 때문이다. 또한 우리의 정신은 물체가 아니기 때문에 공간 어딘가에 위치하지도 않는다. 만약 그것들이 공간을 차지하는 어떤 것이라면, 그것들 또한 자연의 부분들일 것이다. 자연을 외부 세계라고 말할 때 의미하는 것은 그것이 '외부성(externality)'이 만연하고 외부성으로 인해 특징지어지는 세계', 즉 '모든 것이 다른 모든 것의 외부에 있는 세계'라는 것이다. 그렇다면 자연은 외재성(outwardness)의 영역, 즉 사물들이 서로의 외부에 존재하는 하나의 세계(또는 **유일한** 세계)다. 이러한 외재성은 두 가지 형태를 갖는다. 하나는 모든 것이 다른 모든 것의 외부에 있는 것, 즉 공간이고, 다른 하나는 하나의 것이 그 자체의 외부에 있는 것, 즉 시간이다. 하나의 것이 시간적으로 그 자체의 외부에 있다고 말할 때 내가 의미하는 것은, 그 개념 또는 관념의 실현이 시간적으로 펼쳐져 있다는 것이다. 즉, 그 개념을 구성하는 다양한 요소들, 곧 그것의 다양한 속성들이나 특성들이 그것에 순차적으로 속함으로써 서로로부터 분리되어 있고, 한꺼번에 그것에 속할 수는 없다는 것이다. 예를 들어, 심장이 팽창하고 수축해야 하는 것은 심장의 본성이다. 그러나 이러한 두 단계를 포함하는 과정은 자연적이지 논리적인 것이 아니기 때문에, 한 단계에서 다른 단계로의 전환은 시간 속에서 발생하며, 심장이 다른 일을 하기 시작할 때 한 가지 일을 중지한다. 그것이 심장으로서 완전한 존재이기 위해서는 확장과 수축을 모두 포함해야 한다. 그러나 시간이 그 존재가 분열하고 그 존재가 단편적으로 실현되는 방식이므로, 그 존재는 분열해서 단편적으로 실현된다.

    헤겔에 따르면, 자연이라는 개념은 공간과 시간에 걸쳐 이중적으로 부서지거나 퍼지거나, 또는 분포된 실재자에 대한 개념이다. 이런 특성은 자연이라는 개념 전체는 물론이고 자연에 존재하는 모든 것에 대한 개념에 영향을 미친다. 물체라는 개념은 공간 속에 분포한 몇몇 입자들에 관한 개념이며, 삶이라는 개념은 시간 속에 분포한 몇몇 특성들에 관한 개념이다. 따라서 물체라는 개념을 위지상으로 예시할 수 있는 하나의 장소는 없으며, 또한 삶의 모든 특성들이 실현될 수 있는 하나의 시간도 없다. 우리는 어디에서도 그 물체가 **여기** 있다고 말할 수 없으며, 또한 내가 바로 이 순간에 **지금** 살아 있다고도 결코 말할 수 없다. 비록 우리가 **여기**라고 말하면서 정육면체의 공간을 가리키고, 또한 우리가 **지금**이라고 말하면서 80년의 기간을 가리키더라도, 우리는 여전히 그 물체의 존재가 그 장소에 전체적으로 포함된다고 말하거나, 또는 그 유기체의 존재가 그 80년의 기간 속에 전체적으로 포함된다고 말할 수 없다. 이 두 가지 경우에, 그것의 존재는 이러한 경계선들 밖으로 흘러넘친다. 즉, 물체는 그것의 중력의 영향 때문에 스스로를 공간 전체에서 느껴지게 만들고, 그 유기체는 (우리가 그것을 물리적으로 화학적으로 생물학적으로 또는 도덕적으로 보든 말든 상관없이) 그것을 벗어나 모든 방향으로 광범위하게 뻗어 나가는 삶의 흐름 속에 있는 시간적이고 공간적인 결정체에 불과하다. 그리고 우리가 그것의 특수성들이라고 부르는 것은 사실상 그 삶의 흐름 속에 만연한 특성들이다.

  이런 사고방식을 따를 때, 우리는 곧 화이트헤드가 재발견해 우리 시대에 친숙하게끔 만들었던 개념, 즉 세계 내에 있는 각각의 물질 조각이 단순히 **이곳**이나 **저곳**에 위치하는 것이 아니라 모든 곳에 위치한다는 개념에 도달하게 된다. 화이트헤드가 잘 주장했듯이, 이 개념이 현대 물리학에 충격적인 개념은 결코 아니지만, 현대 우주론에는 아주 놀라운 사실이다. 즉, 오늘날의 물리 과학이 헤겔의 자연 이론이 함축하는 내용과 상당히 일치하는 물질과 에너지에 관한 견해에 도달했다는 것, 그리고 철학자이자 과학자인 화이트헤드가 (내가 판단하는 한, 그는 헤겔을 읽지 않았던 것 같으며, 따라서 그것이 헤겔의 것이라는 걸 알지 못한 채) 헤겔의 이론을 재진술할 수 있었고 또한 그 이론이 그를 원하는 대로 이끌어 가도록 [그가 아무런 거리낌 없이 그것을 향해 나아가서 자연이라는 개념을 그 자신이 말하듯이 순수 활동(pure activity)이라는 개념으로 기꺼이 분석하도록] 허용할 수 있었다는 것은 아주 놀라운 사실이다. 그러나 화이트헤드에게 가능했던 것이 헤겔에게는 가능하지 않았다. 왜냐하면 헤겔 시대의 물리학은 여전히 갈릴레오와 뉴턴의 물리학, 즉 공간 속에 (화이트헤드의 용어를 사용하자면) '단순히 위치한' 사물들이란 용어들로 생각되었던 물리학이었기 때문이다. 결과적으로 헤겔의 자연 이론 전체는 결국에는 산산조각이 났던 이원론에 의해 이용되었다. 한편으로는 헤겔이 17세기로부터 물려받았던 전제가 있는데, 그것은 자연이 기계, 즉 '죽은 물질의 파편들이 운동하는 집합체'라는 개념이다. 다른 한편으로 그 자신의 사고가 함축하는 우주론이 있는데, 이것은 모든 실재에 과정과 활동이 퍼져 있어야 한다고, 즉 자연이 단순한 기계일 수 없다고 주장한다. 왜냐하면 그것은 논리적 필연성을 통해 스스로에게서 벗어나 진화하려는 힘, 즉 생명과 정신을 내부에 갖기 때문이다.

헤겔은 거의 맹목적으로 고대 그리스를 숭배하고, 그것의 예술, 문학, 그리고 사고 등을 열정적으로 연구했던 독일인들의 세대에 속한 사람이었다. 헤겔의 《자연 철학(Naturphilosophie)》에 제시된 유기체론 또는 반(反)기계론은 18세기 사고에서 풀리지 않았던 문제들을 고대 그리스의 사고를 빌려와서 풀었던 철학이었다고 가볍고도 쉽게 설명될 수 있을 것이다. 내가 '가볍고도 쉽게'라고 말하는 이유는 그런 설명 방식이 '영향들'과 '빌린 것들' 등에 관해서 말하는 경박하면서도 피상적인 역사 유형의 특징이기 때문이다. 그리고 역사책 속에서 A가 B의 영향을 받는다거나 A가 B에게 빌린다고 말할 때, 역사는 A가 B의 영향을 받게 되었던 무엇이 A에 있었는가 또는 A가 B에게 빌릴 수 있게 만들었던 무엇이 A에 있었는가 등의 질문을 결코 자신에게 던지지 않는다. 가볍고도 쉬운 이런 문구들에 만족하지 않는 사상사학자는 헤겔이 플라톤과 아리스토텔레스에게서 가져온 접합제를 이용해 18세기의 틈새를 메우고 있다고 보지는 않을 것이다. 그는 헤겔을 하나의 교두보, 즉 18세기의 사고가 그 자체의 자발적인 발전을 통해 플라톤과 아리스토텔레스를 이해하고, 따라서 그 자체의 문제들과 그들이 다루던 문제들을 연결할 정도로 충분히 성숙해졌던 시기의 교두보로 볼 것이다. 그러나 그리스 사상들과 이런 접촉을 하고 있을 때, 헤겔은 자기 자신이 살던 세대의 현실적 삶과의 접촉을 잃고 말았다. 헤겔은 혁명가였다. 그의 자연관은 과학적인 탐구의 올바른 절차에 관한 혁신적인 결론들로 (의식적으로) 이어졌다. 그는 대체로 갈릴레오로부터 알베르트 아인슈타인(Albert Einstein, 1879~1955)에게 직접 이어지길 원했다. 그러나 그는 뉴턴에게 만족스러운 것은 자신들에게도 만족스러운 것이고, 또한 미래의 모든 세대에게도 만족스러울 것이라고 믿었던 반혁명주의자들의 시대를 살았다. 헤겔과 그의 동시대 사람들의 이러한 갈등은 헤겔 자신의 사고가 지닌 어떤 차이점들에서 야기되었다.

빈 공간과 시간을 자연의 근본적인 것들로, 모든 자연적 사실이 펼쳐져 있는 이중적인 뼈대로, 그리고 그가 (플라톤과 아리스토텔레스의 방식처럼) 보다 근본적인 어떤 것, 즉 논리적 과정을 공간과 시간이란 용어들을 통해 번역한 것으로 간주하는 자연에 만연한 운동이라고 보고 있다는 점에서, 헤겔은 칸트와 뉴턴, 그리고 데카르트와 갈릴레오를 따랐다. 그러나 그는 만약 자연이라는 개념이 공간과 시간에 이렇게 퍼졌다는 것을 심각하게 받아들이면, 그것은 자연적인 사물이나 과정이 공간이나 시간 속에서 그 자체의 위치를 갖지 못하게 되며, 결과적으로 공간에 존재한다거나 시간에 발생한다는 바로 개념이 스스로 모순되는 개념이라는 결론으로 이어지리라는 것을 알았다.

이런 상황에서, 헤겔은 무엇을 해야 하는가? 일부 철학자들은 자기모순을 포함하는 어떤 것을 발견할 때, 바로 그런 이유에서 그것은 현상에 불과한 것이지 실재자가 아니라고 주장한다. 그러나 그런 탈출 방식은 헤겔에게 열려 있지 않았다. 왜냐하면 그는 지식 이론에서는 초현실주의자였고, 현상적으로 나타나는 모든 것은 그것이 나타나는 한 실재한다고 생각했기 때문이다. 자연은 우리에게 실제로 나타난다. 그것은 우리의 감각에 시각적으로, 또는 칸트가 증명했던 것처럼 우리의 감각이 아니라 우리의 상상에 존재하는 것이며, 또한 과학자의 사고에는 지성적으로 존재한다. 그러므로 그것은 실재한다. 그러나 헤겔에 따르면, 그 안에 포함된 모순은 그것이 완전하지 않다는 것을 입증한다. 즉, 그것은 다른 어떤 것으로 변하고 있는 어떤 것이다. 자연이 변하고 있는 이러한 '다른 어떤 것'은 정신이다. 그러므로 우리가 원한다면, 우리는 헤겔의 철학에서 자연이 정신을 함축한다고 말할 수도 있다. 그러나 이러한 함축은 어떤 종류의 사고 훈련과도 관계가 없다. 그것은 우리가 자연에 대해 생각할 때, 우리가 계속해서 정신에 대해 생각해야 한다는 의미는 아니다. 또한 그것은 정신이 존재하지 않는다면, 자연도 존재할 수 없는 어떤 것이라는 의미도 아니다. 그것이 자연이 정신의 존재로 이끌어지는 실재하는 과정에서의 한 단계라는 의미이다. 버클리와 칸트에게 그랬던 것처럼, 헤겔에게도 자연은 하나의 추상적 개념이지만, 그것은 실재하는 추상적 개념이지 정신적인 추상적 개념이 아니다. 실재하는 추상적 개념이란 그 자체가 실재하는 과정에서의 실재하는 단계 그 자체이며, 그것이 이끌어지는 다음 단계와는 무관하다는 의미이다. 따라서 잎눈(leaf-bud)의 성장은 실제로 발생하는 과정이며, 그 잎이 완전히 형성되기 전에 발생한다. 그것을 잎눈과 잎이라는 두 가지 것들로 분리하는 것은 인간의 정신이 만든 허구가 아니다. 그러나 비록 잎눈은 잎과는 실제로 다른 그 자체의 특성을 갖지만, 그것도 잎으로 변하고 있으며, 잎으로 변하는 이러한 작용은 그 본질의 일부이고 사실상 그것은 그 본질 가운데 가장 본질적인 부분이다. 따라서 잎눈과 잎은 한 가지 과정의 단계들이다. 그리고 잎눈 그 자체가 그 과정에서 나온 추상적 개념이지만, 그것은 자연에 의해 만들어진 추상적 개념으로시, 다음 단계로 넘어가기 전에 한 가지를 하는 방식으로 그 과정의 순차적인 단계들을 거침으로써 어디에서나 작용한다. 잎눈이 잎을 함축하는 것과 동일한 방식으로, 헤겔의 철학에서 자연 전체는 정신을 함축한다. 자연은 우선적으로 그 자체여야 하며, 따라서 그것에 대한 우리의 개념은 사실이지 착각이 아니다. 그러나 그것은 단지 잠정적으로만 그것 자체다. 잎눈이 잎눈임을 멈추고 잎으로 변하듯이, 자연은 그 자체임을 멈추고 정신으로 변할 것이다. 그리고 전체 과정에서 전이 단계인 잎눈의 이러한 잠정적인 특성은 논리적으로는 잎눈이라는 개념의 자기모순, 즉 그것이 무엇으로 존재하는가와 그것이 무엇으로 생성되는가의 사이에 있는 모순으로 보인다. 이 모순은 식물학자의 잘못이 아니다. 그것은 결코 잘못이 아니다. 실재가 여기에 지금 존재하는 것을 의미하는 한, 즉 자연 세계를 의미하는 한, 그것은 실재에 내재하는 특성이다.

한 가지 점에서, 잎눈이 잎이 되는 과정과 자연이 정신이 되는 과정의 비교는 불완전하다. 잎눈이 잎이 되는 과정은 자연 내부의 과정이고, 따라서 시간적인 과정이다. 잎눈은 한 시기에 존재하며, 잎은 나중에 존재한다. 자연에서 정신으로의 전환이 자연에 속할 수 없다는 것은 분명하다. 왜냐하면 그것은 우리를 자연이라는 개념을 넘어서게 만들고, 따라서 그 전환은 시간적인 전환이 아니라 개념적인 또는 논리적인 전환이기 때문이다. 헤겔에 따르면, 모든 자연이 정신으로 변했을 미래의 때는 없을 것이고, 반대로 자연의 어떤 것도 정신으로 변화되지 않았던 과거의 때도 결코 없었을 것이다. 중력에 끌리는 물체들이 항상 역장(field of force)을 생성하거나, 또는 연속된 숫자들이 항상 그 자체를 무한히 생성하듯이, 정신은 항상 자연으로부터 성장하고 있으며 또한 성장해 왔다.

이것은 헤겔의 우주론이 오늘날 대부분의 우주론과 크게 달라지는 지점으로 우리를 데려간다. 그것은 사실상 핵심적인 또는 중대한 차이점이다. 내가 말하는 지점은 시간의 중요성과 관련이 있다. 현대 우주론은 일반적으로 진화라는 개념에 기초하며, 그것은 시간이 흐름에 따라 발전하는 하나의 자연적인 종(species)이나 질서(order)의 발전만이 아니라 시간이 흐름에 따라 발전하는 자연으로부터 정신으로의 발전도 보여 준다. 이런 종류의 견해들은 헤겔의 시대에도 이미 논의되었는데, 헤겔은 그것들을 고찰한 뒤에 강력하게 거부했다. 그는 모든 실재가 높고 낮은 계층이나 등급의 체계라고 말한다. 이것은 감각이라는 낮은 계층과 지성이라는 높은 단계와 같은 하위분류들을 갖는 정신에도 적용되고, 또한 비유기체나 무생물과 유기체나 생물을 두 가지 주요 분류들로 갖는 자연에도 적용된다. 그리고 외재성의 영역인 자연에 있는 생물과 무생물은 서로 뒤섞이지 않고 서로의 외부에서 독립된 사물들의 집단들로 존재해야 한다. 그러나 헤겔은 자연에는 하위 형태들로부터 상위 형태들로의 시간적인 전환이란 있을 수 없으며, 다만 논리적인 전환만이 있을 수 있다고 주장한다. 헤겔이 이런 태도를 갖게 된 이유는, (그가 자신의 출발점으로 받아들였던) 당시 물리학에서 생각했던 것처럼, 완전히 죽은 기계적인 물질세계가 그것이 가진 힘을 통해 할 수 있는 유일한 것을 함으로써, 즉 그 자신을 공간에 재분배함으로써, 생명을 산출한다고 생각하는 것이 가능하지 않았기 때문이다. 생물들의 내부에서 작용하는 새로운 조직 원리가 있는데, 그것은 죽은 물질과는 질적으로 다른 것이다. 그리고 물질의 영역은 가설적으로 질적인 차이가 없으므로, 그것은 내부에 특수한 질적 특징을 생성할 수 없었다. 결과적으로, 물리학자들이 죽은 물질이라는 자신들의 개념에 만족하는 한, 그들의 권위는 진화론을 받아들일 수 없게 만들었다.

그러므로 우리는 여기에서 헤겔의 《자연 철학(Naturphilosophie)》의 불완전함, 즉 그것의 논리적 토대에서 제거되지 않은 모순들을 또다시 보게 된다. 그는 무엇을 하고 있었는가? 그는 자연 철학자들이 실제로 사용했고 실제로 믿었던 철학적 설명을 칸트적인 방식으로 제시하려 하고 있었는가? 달리 말하자면, 그의 《자연 철학》은 자연 철학자들이 사실상 알고 있는 것을 **어떻게** 알게 되었느냐는 질문에 답변하려는 시도인가? 그게 아니라면, 그는 자연 과학자들이 이미 얻은 결과의 이면으로 돌아가서 자연 과학의 전통적인 방식이 아니라 자기 자신의 철학적인 방식을 통해 일련의 다른 결과들을 얻으려고 노력했는가?

헤겔은 이 두 가지 일을 모두 하고 있다는 이유로 비난을 받았는데, 비난의 근거는 각각의 경우에 다른 일을 했어야 했다는 것이다. 그가 그 두 가지 일을 모두 하고 있었다는 것은 사실이다. 그는 당시의 자연 과학을 잠정적으로 받아들이면서 출발했다. (그리고 그는 그렇게 했던 것에 대해서, 즉 달리 말하자면 18세기 후반에 살았다는 이유로 중세의 어리석음을 보여 주는 단적인 사례들로 여겨지는 사람들이 말한 것을 받아들였다는 이유로 빈번하고도 격렬하게, 그리고 상당히 부당하게 비난을 받았다.) 또한 그는 자신이 당시의 자연 과학을 상당히 불만족스럽게 생각한다는 사실을 깨달았고, 자신이 생각하는 과학의 모습에 따라 그것을 개선하려고 노력했다. 그가 그랬던 것에 대해서도, 즉 달리 말하자면 바보들이라 말해지는 바로 그 사람들이 그에게 말했던 것을 받아들이지 **않았다는** 것과 그들의 작업을 '과학적'이고 따라서 신성불가침한 것으로 남겨 두었어야 했음에도 그러지 않고 비판하려 했다는 것에 대해서도 빈번하고도 격렬하게, 그리고 상당히 부당하게 비난을 받았다.

헤겔은 당시의 과학과 그 자신의 방법들을 통해 얻은 결과들, 즉 자연이 기계라는 개념과 모든 실재에 과정이 만연해 있다는 개념을 종합하기 위해 힘겨운 싸움을 벌이고 있었다. 종합이 필요하다고 생각했다는 점에서는 그가 옳았다. 나는 그가 도달했던 특정한 종합에 관해 옳았다고 말하는 것은 아니다. 내가 말하는 것은 그가 너무 서두르다 보니 자연 과학이 그 자체의 시대와 그 자체의 방법에 맞게끔 그 자체의 문제들을 해결해야 한다는 것을 보지 못하고, (자연 과학과 철학을 스스로에게도 불만족스럽게 구분함으로써) 자연 과학의 문제들을 철학을 통해 해결하려고 시도했다는 것이다. 그는 사실상 미래의 발전된 자연 과학에서나 발견될 만한 어떤 것을 철학을 통해 예측하려고 시도했다. 우리가 지금 볼 수 있듯이, 그의 예측은 여러 가지 면에서 놀라울 정도로 정확했지만, 과학적 사고는 예측하는 것이 아니다. 그것은 단지 과학적으로 얻은 결과들만을 평가한다.

제3부
현대의 자연관

# I. 생명이라는 개념

1. 진화론적 생물학

헤겔의 시대 이후로 진화 개념은 두 가지 단계를 거쳤는데, 첫 번째는 생물학적 단계였고 다음은 우주론적 단계였다.

생물학적 단계는 자연에 관한 일반 이론과 관련해 무척이나 중요한 단계다. 왜냐하면 그것은 물질과 정신 사이에 생명이라는 제3의 용어를 소개함으로써 마침내 물질과 정신을 구분하는 데카르트의 이원론을 극복한 사상의 흐름이었기 때문이다. 전반적으로 19세기의 과학적 작업은 분리된 영역을 구축하는 생물 과학, 즉 한편으로는 물리학이나 물질과학으로부터 독립하고, 다른 한편으로는 정신과학으로부터 독립된 생물학적 과학들이 독자적인 영역을 형성하는 자율성을 구축하는 데 집중했다.

고대와 중세의 우주론에서는 물질, 생명, 그리고 정신 등의 개념들이 거의 구분되지 않을 정도로 서로 결합해 있었다. 세계는 연장된 것인 한에서 물질적이고, 움직이는 한에서 살아 있으며, 질서 정연한 것인 한에서 지성적이라고 간주되었다. 16세기와 17세기의 사고는 세계에서 영혼을 추방했고, 물질의 질서 정연한 운동을 죽은 운동으로 생각함으로써 현대 물리학을 창조했다. 이 개념에는 살아 있는 운동에 대한 대비가 이미 함축되어 있지만, 현대 생물학은 아직 탄생하지 않았다. 그리고 데카르트는 동물들을 자동인형들로 생각하려는 의도적인 노력, 즉 생물학적인 사실들을 새로운 물리학으로 설명하려는 의도적인 노력을 기울이고 있었다. 심지어 헤겔이 우주론을 자연 이론과 정신 이론으로 구분한 것은 데카르트적 이원론의 유산을 버린 것이고, 또한 생물학이 아직 그 자체의 원리를 갖는 제3의 과학이 아니었음을 보여 준다.

19세기의 생물학이 발생하기 전에, 살아 있는 유기체의 생식 과정은 재생 과정, 즉 부모 유기체의 종적 형상이 후손에게서 재생되는 과정이라고 생각되었다. 그것을 정확하게 재생하지 못하는 것은 변형 또는 엄격한 의미에서는 실패거나, 또는 자연이 단순히 그것의 표적을 놓친 시도로 간주되었다. 물론 그런 견해를 뒷받침하는 상당히 많은 증거가 있다. 우리의 경험에서 유기체적인 종(species)은 대체로 안정적이며, 형상이 크게 변형된 것들은 일반적으로 생존할 수 없거나, 또는 최소한 후손들을 번식할 수 없다. 그러나 18세기의 지질학자들이 연구했던 고생물학은 오랜 시간이 흐르면서 이 증거가 더는 유효하지 않다는 것을 분명히 보여 줬다. 왜냐하면 지질학은 과거의 식물군과 동물군이 지금과는 아주 달랐던 과거의 그림들을 아주 신속히 우리에게 제시했기 때문이다. 이러한 새로운 지식을 해석하는 자연스러운 방법은, 오늘날 유기체들이 모두 그것들과 종적으로 동일한 조상들의 계보가 아니라 종적으로 서로 다른 형태들을 통해 그것들의 혈통을 추적한다고 가정하는 것이었다. 결과적으로 종적 형태 그 자체는 세계의 역사가 진행하는 것과 마찬가지로 시간에 따른 변화를 경험한다. 이 가설은 정치적이고 사회적인 조직의 형태들이 동일한 종류의 진화를 겪었던 것으로 보이는 인간의 역사에 대한 연구를 통해 실제로 제안되지 않았다 할지라도 상당히 강화되었다. 이 가설은 특히 다윈이 했던 가축 사육에 대한 연구를 통해 입증되었다. 즉, 인간은 비교적 짧은 시간 동안에 번식할 어떤 혈통들을 선택함으로써 자신과 무관한 종과 어쨌든 상당한 유사성을 가지며, 또한 그것들과 마찬가지로 순종의 자손을 낳을 수 있는 유형들을 산출할 수 있다는 것이다.

   이러한 고찰들은 생식 과정에 대한 완전히 새로운 개념으로 이어졌다. 여태껏 고정된 생명체의 종을 번식하려 노력한다고 믿어졌던 자연이, 이제는 소를 사육하는 인간과 마찬가지로 항상 새롭고도 개선된 유형들을 생산하기 위해 시도한다고 생각되었다. 그러나 소를 사육하는 사람에게 개선된 유형이란 소들 자체의 이익과 동일한 것이 아니라 사육사의 이익에 더 적합한 것을 의미한다. 이와 같이 사육사의 목적은 외부로부터 소에게 부여된다. 만약 자연이 생명의 유형들을 개선한다면, 그것은 내부로부터 작용하는 것이며, 따라서 자연이 개선된 생명의 유형들을 산출한다고 말할 때 우리가 의미하는 것은 생존이나 단순히 살기에 더 적합한 유형, 즉 생명이라는 개념이 더 적절하게 체화된 유형이다. 이처럼 생명의 역사는 더욱더 집중적이고도 효과적으로 살아 있는 유기체들을 생산하는 자연의 역할에 대해 끝없이 이어지는 실험의 역사로 생각되었다. 이러한 생명 개념은 이미 친숙했던 물질과 정신이라는 개념들과는 다른 큰 어려움과 심각한 갈등을 담고 있었다. 이 새로운 생물학에서는 의식적인 목적을 전혀 갖지 않는다는 점에서, 생명은 물질과는 유사하지만 정신과는 다르다고 생각했다. 다윈은 선택(selection)에 대해 자유롭게 말했으며, 유기체적 자연에 대해 목적론을 함축하는 표현을 꾸준하게 사용했다. 그러나 그는 단 한 번도 자연이 의도적으로 실험하고 또한 그것이 추구하는 목적을 인지하는 의식적인 행위 주체라고는 생각하지 않았다. 만약 다윈이 자신의 생물학에 깔린 철학을 굳이 체계화하려고 시도했다면, 그는 진화론적인 과정을 맹목적인 의지의 자기표현(즉, 의식이 전혀 없고, 또한 의식이 인간의 의지에 부여해 준 도덕적 속성들이 전혀 없는 창조적이고 지향적인 힘)으로 보았던 쇼펜하우어(Schopenhauer)의 개념과 비슷한 어떤 것에 도달했을 것이다. 그리고 우리는 테니슨(Tennyson)과 같은 다윈의 동시대 인물들의 분위기 속에서 그런 어떤 개념들을 쉽게 찾아볼 수 있다.[52] 다른 한편으로, 역사적 과정을 통해 스스로 발전한다는 점에서, 그리고 임의적인 방향이 아니라 정해진 방향을 갖는 이 과정, 즉 주어진 환경이 어떻든지 그 안에서 생존에 더 적합한 유기체들을 산출하는 방향으로 스스로 맞춰 간다는 점에서, 생명은 정신과는 비슷하지만 물질과는 다르다고 생각되었다. 만약 환경이 변한다면, 예를 들어, 만약 물고기들이 사는 바다가 천천히 말라 간다면, 물고기들이 세대를 거쳐 가면서 처음에는 진흙에서, 그리고 나중에는 마른 땅에서 살 수 있도록 스스로 적응하는 수단을 발견하리라는 것이 그 이론이었다. 또한 만약 바다가 안정된다면, 더 강하고 더 활동적인 물고기들이 점차 생성되어 약한 이웃들을 쫓아내거나 먹어 버리리라는 것이 그 이론이었다.

---

[52] (옮긴이 주) 여기 언급된 테니슨은 알프레드 테니슨(Alfred Tennyson, 1809~1892)을 가리키는 것으로 보인다. 그는 다윈이 《종의 기원에 관하여(On the Origin of Species)》를 출간하기 9년 전인 1850년에, 22세의 나이로 세상을 떠난 친구를 추모하는 〈A. H. H.를 추모하며〉라는 제목의 시에서 자연의 무분별한 잔인성을 표현한 적이 있다.

이 이론은 각각의 모든 유기체와 관련된 내재적인 동시에 초월적인 생명력이라는 철학적 개념을 함축했다. 생명력이 내재적이라는 것은 그것이 유기체들 내부에 체화됨으로써만 존재한다는 것인 반면에, 초월적이라는 것은 그것이 단지 개별적인 유기체들의 생존만을 위해 스스로 실현하려 한다는 것도 아니고, 또한 단지 그것들의 종적인 유형의 보존만을 위해 스스로 실현하려 한다는 것도 아니며, 더 적절한 새로운 유형의 실현을 스스로 항상 찾을 수 있고 또한 항상 찾으려 노력한다는 것이다.

생명이 물질이나 정신과 다른 어떤 것이라는 이 새로운 철학적 개념이 아무런 반대 없이 정착된 것은 아니었다. 이것은 생명을 물질의 영역에 포함하는 전통과 함께, 그리고 생물학적 사실들을 물리학의 개념들을 통해 설명하려는 그것의 결과적인 충동과 함께, 두 실체 이론이라는 데카르트적인 유산에서 생겨났다. 이 반론의 근거는 종적 유형의 변형들이 순수한 우연에 의존한다는 이론, 즉 수정된 난자 안에서 임의로 섞이고 배열되고, 그럼으로써 (타고난 구조로 인해 일부는 주어진 환경 속에서 생존하지만 다른 일부는 생존하지 못하는) 다양한 종류의 후손들을 형성하는 부계나 모계의 세포들에 의존한다는 이론이었다. 이러한 이론을 토대로, 물질론적 유전학이라는 인상적인 구조가 발생했는데, 여기에서 내가 의미하는 '물질론적'이란 그것이 생리학적 기능을 완전히 물리 화학적 구조로 설명하려 시도한다는 것이다. 나는 여기에서 이런 유형의 견해와 다른 학파들의 견해 사이에서 아직도 활발하게 벌어지고 있는 논쟁에 끼어들지 않을 것이다. 왜냐하면 그와 같은 논쟁은 사실상 생물학의 영역에 속하며, 또한 내가 여기에서 논의하는 철학적 질문들에 영향을 미치는 함축이 그러한 논쟁과 직접적으로 관련되지 않기 때문이다. 철학의 토대 위에서, 나는 기계적 또는 화학적 변화와 구분되는 생명 과정(vital process)이란 개념이 정착되었고, 또한 그 개념이 우리의 자연 개념에 혁신을 일으켰다고 말하는 것이 정당하다고 생각한다. 많은 저명한 생물학자들이 그 개념을 아직 받아들이지 않는다는 사실은 그리 놀라운 일이 아니다. 이와 마찬가지로, 내가 16세기 우주론의 새롭고도 풍부한 요소라고 설명했던 반(反)아리스토텔레스적인 물리학은 그 시대의 많은 탁월한 과학자들에 의해, 즉 무익한 학자들은 물론이고 지식의 발전에 중요한 공헌들을 했던 사람들에 의해서도 거부되었다.

2. 베르그송

진화라는 개념이 본질적으로 생물학적인 개념으로 정

립되었던 이러한 사고 단계는 베르그송(Bergson)의 저서에서 절정에 도달했다고 말할 수 있을 것이다. 나는 여기에서 그 작품 전체를 검토하지는 않고, 다만 그의 철학에서 생물학적 요소라고 부를 수 있는 것, 그리고 그것과 다른 요소들의 관련성에 대한 주요 내용만을 살필 것이다.

생명에 관한 베르그송의 사상은 생명을 물리학자가 이해하는 물질과 구분하는 차이점을 확실하게 파악하면서 시작한다. 베르그송에 따르면, 발생하는 모든 것은 단지 이미 존재했던 원인의 결과에 불과하고, 물질과 에너지는 불변하는 것들이고, 또한 모든 운동들은 예정되어 있을 뿐만 아니라 이론적으로 계산할 수 있다. 즉, 진정으로 새로운 어떤 것이란 결코 있을 수 없으며, 미래의 모든 사건들은 과거의 어떤 사건 속에 함축되어 있거나, 또는 베르그송 자신의 표현으로는 "미래의 문들은 닫혀 있다(tout est donné)". 그와 반대로, 생명의 경우에는 미래의 문들이 모두 열려 있으며, 변화의 과정이란 진정으로 새로운 현상들로 이끄는 창조적 과정이다. 이것이 자연 내부의 명백한 이원론, 즉 물질 영역과 생명 영역 사이의 이원론이다. 우리는 이 이원론을 갖고 무엇을 해야 하는가? 베르그송은 지식 이론을 통해 그것에 접근한다. 그곳에서도 그는 지성과 직관의 이원론을 발견하는데, 여기에서 지성은 추론하고 증명하고 엄격한 개념들과 더불어 작용하고, 또한 물질을 생각하기에 적합한 기관을 가리키며, 직관은 그 대상의 삶에 들어가고 그것의 운동을 따르며, 또한 결과적으로 생명의 유동적이면서도 자기 창조적인 생명의 세계를 인식하기에 적합한 기관을 가리킨다. 베르그송은 인간의 정신 전체가 자연적 진화의 산물이므로, 자연이 진리를 알게 하려고 우리에게 정신적 능력들을 부여했다고 생각할 필요는 없다고 주장함으로써 이러한 두 번째 이원론을 해결하려고 시도한다. 사실상 우리의 지성은 진리를 아는 능력이 결코 아니다. 그것은 본질적으로 실천 능력, 즉 정육점 주인이 고기를 조작하고 목수가 나무를 조작하듯이, 자연의 흐름 속에서 그 흐름을 큼지막한 덩어리들로 자르고 조작함으로써 우리를 효과적으로 행동하게 만드는 능력이다. 이렇게 해서 베르그송은 세 번째 이원론, 즉 지식과 행동의 이원론에 다시 의존하게 된다. 본질적으로 직관적이라고 생각되는 지식은 살아 있는 대상에 몰두하는 살아 있는 의식의 작용인 반면에, 조작적이라고 생각되는 행동은 그와 동일한 의식의 작용이지만, 그 의식은 대상을 죽이고 자르며 또한 그것으로 무언가를 만들어 내기 위해 스스로를 대상으로부터 분리하고 그 대상을 지켜본다.

 베르그송의 철학에서 이 세 가지 이원론은 다양하게 서로 뒤바뀐다. 그러나 그 세 가지 가운데 우리의 목적에 가장 근본적인 것은 물질과 생명의 우주론적 이원론이다.

우리가 이미 보았듯이, 생명은 무엇보다도 인간의 정신을 창조한 힘 또는 과정이며, 물질은 이 정신이 실재를 조작하려는 목적을 위해 그것을 생각하는 방식이다. 그러나 이 실재가 그 외의 다른 무엇이든 간에, 그것은 생명 그 자체이며, 생명과 물질은 모든 점에서 상반된 것들이므로 실재는 물질일 수도 없다. 결과적으로 물질은 행동의 목적들에 유용하고 필수적인 지성의 허구이며, 어떤 의미에서도 결코 참된 것이 아니다. 이렇게 해서 베르그송의 우주론에서 물질이 제거되며, 우리에게는 단순하고도 유일하게 생명 과정과 그것의 산물들로 이루어진 세계가 남는다.

이 과정은 창조적 진화의 과정으로 설명된다. 작용인은 단지 가상적인 물질세계에만 속하는 것으로 여겨지므로 그 과정에서 제거된다. 작용인을 따라 운동하는 것은 단지 운동으로 이끌어지거나 또는 멀어지게 되지만, 생명은 그 자체에 내재한 엘랑 비탈(élan vital, 생명력, 생명의 비약)을 따라 스스로 운동한다. 그러나 목적인도 제거된다. 왜냐하면 목적론적 인과론에서 목적은 미리 만들어진 자료이며, 따라서 목적으로 이어지는 과정은 예정된 선상에서 진행되어야 한다. 그러므로 다시 한번 "미래의 문들은 닫혀 있으며", 과정의 절대적인 창조성이나 자발성은 부정된다. 베르그송은 목적론이 "위아래가 뒤집힌 구조일 뿐이다(un mécanisme au rebours, mechanism truned upside down)"라는 말로 그것을 표현한다. 세계의 과정은 거대한 즉흥 연주이다. 생명력은 어떤 목표도 갖지 않고 목적도 갖지 않으며, 또한 그것 외부에 안내하는 불빛도 갖지 않고 내부에 안내하는 원리도 갖지 않는다. 그것은 순전한 힘으로서, 그것에 내재하는 유일한 속성이란 흐르는 것, 즉 모든 방향으로 끝없이 계속 밀고 나가는 것이다. 물질적인 사물은 이 우주론적 운동의 매개체나 전제가 아니다. 그것은 운동의 산물이다. 그리고 자연의 법칙은 운동의 경로를 안내하는 법칙이 아니고, 단지 그 운동이 일시적으로 수용한 형태(shape)에 불과하다. 따라서 실체적이고 연장되고 지각되는 자연적 대상들의 세계와 이러한 대상들의 행동을 통제하는 비물질적이고 불변하는 지성적 법칙들에 대한 과거의 구분, 즉 지각 세계와 지성 세계에 대한 그리스의 구분은 새로운 방법으로 거부된다. 즉, 변화하는 사물들과 그 변화들의 변화 법칙들을 동시에 산출하는 과정이나 진화라는 개념을 통해 지각 세계와 지성 세계라는 두 용어들을 모두 동일하게 설명함으로써, 그 구분을 거부한다는 것이다.

베르그송의 자연 이론이 지닌 고귀하고도 영속적인 가치는 그가 생명이란 개념을 본격적으로 다루었다는 것이다. 그는 그 개념을 아주 치밀하게 파악했으며, 그것을 탁월하고도 인상적일 뿐만 아니라 그 자체의 한계 내에서 결정적인 방식으로 정의했다. 그러나 우리가 그의 철학 전체를 바라보면서, 그가 어떻게 해서 자연의 모든 것을 '생명'이라는 하나의 용어로 환원함으로써 생명이라는 개념과 자연이라는 개념을 동일시하려고 시도했는가를 볼 때, 우리는 그가 17세기와 18세기의 물질론자들이 물질을 다루었던 방식으로 생명을 다루고 있음을 보게 된다. 물질론자들은 물리학을 출발점으로 삼았으며, 또한 그들은 자연이 그 외의 다른 무엇이든 간에 그것이 어쨌든 물리학자들이 이해했던 의미에서 물질적이라고 주장했다. 그런 뒤에 그들은 자연 세계 전체를 물질을 통해 환원하기 시작했다. 한편, 베르그송은 생물학을 자신의 출발점으로 삼고, 자연 세계 전체를 생명을 통해 환원하는 것으로 마무리한다. 우리는 이 환원이 물질론에 의해 시도되었던 비슷한 환원보다 더 성공적이었느냐고 물어야 한다.

여기에서 두 가지 질문이 제기된다. 첫째, 정신이 물질이라는 개념으로 통합되기를 거부했듯이, 생명이라는 개념으로 통합되기를 고집스럽게 거부하는 어떤 것들이 있는가? 그리고 둘째, 생명이라는 개념이 홀로 우주의 원리로 유지될 수 있는가, 즉 그 개념의 주변에서 다른 모든 개념들을 제거했을 때 그 개념이 제대로 작용할 수 있는가?

첫 번째 질문은 베르그송적인 생기론(vitalism)이 과거의 물질론보다 더 자신 있게 맞설 수 있는 질문이다. 물질과 정신 사이의 틈을 연결하는 생명이란 개념이 그 두 가지를 모두 설명한다고 그럴듯하게 주장할 수 있다. 따라서 나는 그 질문을 앞에 두고 머뭇거리지 않을 것이다.

두 번째 질문은 더 심각하다. 우리가 알듯이, 생명은 물질에 의해 이미 설치된 무대 위에서 그것의 역할을 수행한다. 우리가 아는 한, 그것은 수없이 많은 비유기체들 가운데 하나의 표면에 있는 지엽적이고도 일시적인 꽃피움이다. 비유기체적인 천문학과 물리학의 세계는 유기체적 세계의 체계와 비교할 수 없을 정도로 훨씬 더 큰 공간과 시간의 범위를 가진 거대한 체계다. 이 비유기체적 세계의 어디에서든 생명이 나타난다는 사실은 분명히 비유기체적 세계의 본성(nature)에 대해 중요한 설명을 해 주는 사실이다. 그러나 우리가 베르그송의 유창한 주술적인 주문에서 깨어나서, 물질이 그가 주장하는 것처럼 생명의 부산물인가 또는 생명이 물질론자들이 믿는 것처럼 물질의 부산물인가에 대해 우리 자신에게 냉정하게 질문할 때, 우리는 그가 옹호하는 견해가 말도 안 되면서도 참기 어려운 역설이라는 사실을 인정하지 않을 수 없다. 만약 우리가 오히려 그 반대가 진리에 가깝다는 것을 확신하기 때문에 자연이 인간의 사고 활동의 부산물이라는 칸트의 이론을 우리가 진지하게 받아들일 수 없다면, 그와 아주 유사한 베르그송의 이론, 즉 물리 세계가 생명의 자기 창조적 활동의 부산물이라는 이론을 우리가 어떻게 받아들일 수 있는가? 이것은 새로운 형태의 주관적 관념론이며, 이에 대해 우리는 (흄이 버클리의 관념론에 대해 말했던 것처럼) 그 주장이 어떤 답변도 인정하지 않겠지만 어떤 믿음도 산출하지 않는다고 말해야 한다.

베르그송의 생기론에 담겨 있는 이러한 의미의 불균형과 역설은 그의 근본적인 개념에 대한 더 자세한 조사로 우리를 이끈다. 자연적인 유기체들과 자연적인 법칙들을 모두 만들어 내고, 또한 직관적으로는 지식을 위해 작용하고 지성적으로는 행동을 위해 작용하는 정신들을 유기체들에게 부여하는 생명력의 작용은 그것 외부에도 아무것도 없고, 또한 그것 이전에도 아무것도 없는 힘이다. 그러나 그 힘은 자기 자신을 차별화하고, 자신을 다양한 방식으로 조직하고, 서로 다른 선상에서 분류하고 발전하고, 이런 선상을 따라 발전하는 데 성공하기도 하고 다른 선상을 따라 발전하는 데 실패하기도 하고, 어떤 곳에서는 굳어져 침체하기도 하고 다른 곳에서는 연속적으로 활기차게 흘러가기도 한다. 간단히 말해서, 힘의 작용에 관한 상세한 설명에서, 베르그송은 그 힘이 마치 (강물 자체의 운동을 결정하지는 않지만, 그 운동의 지류들과 변화들을 실제로 결정하는 바위와 산들 사이를 흐르는) 강물이라도 되는 듯이 설명한다. 이것은 둘 중 하나를 함축한다. 즉, 그것은 이러한 장애물들과 지류들의 원인이 생명의 힘 자체에 내재하는 것이라거나, 또는 이 원인이 생명 이외의 어떤 것이라는 것을 함축한다. 첫 번째 대안은 생명이 순수 작용, 즉 순수하고 무한하고 긍정적인 힘(élan, 비약)이라는 베르그송의 개념으로 인해 배제된다. 그러므로 우리는 두 번째 대안으로 돌아가서, 이 원인이 그 자체로서 실재하는 어떤 것, 즉 생명의 흐름을 방해하는 장애물이라고 생각할 수밖에 없게 된다. 간단히 말해서, 그것은 그 안에서 생명이 발전하고, 그 행위 주체로 인해 생명의 작용들을 조절하는 물질세계라는 것이다. 간단히 말하자면, 우리는 생명이 그것의 역할을 수행하는 무대라는 물질이라는 개념으로 돌아가게 된다. 이것이 베르그송의 우주론이 갖는 악순환이다. 표면적으로 그는 물질을 생명의 부산물로 간주하지만, 실제로 그는 그러한 생명의 부산물이나 다른 어떤 특별한 부산물이 물질 그 자체를 전제하지 않고 어떻게 생명과 함께 그리고 사실상 생명 이전에 발생할 수 있었는가를 설명할 수 없다.

이 결론은 베르그송의 지식 이론에 치명적이다. 만약 물질이 생명처럼 실재하는 것이라면, 즉 물질세계를 생각하는 지성이 생명을 마음속에 그리는 직관 같은 지식의 기관에 불과하다면, 물리학과 전반적인 논리적 사고에 대한 그의 회의주의적인 또는 실용주의적인 태도는 붕괴된다. 그리고 지성이 세계를 해부하고 그 조각들을 개념적인 단위들로 결속하는 것은 실천적인 목적들을 위해 실재자를 왜곡하는 것이 아니라 실재자를 (플라톤이 표현했듯이) 그것의 접점들에서 분할하고, 또한 실제로 존재하는 그것의 내부에서 분할된 것들을 구분하는 것임을 우리는 인정할 수밖에 없다. 결과적으로, 베르그송의 직관 이론도 포기해야 한다. 왜냐하면 지식을 생명이 저절로 갖는 단순한 즉각적 의식, 즉 그것이 의식하는 것만큼이나 유동적이고 가변적인 의식으로 제한하는 것이 더 이상 가능하지 않기 때문이다. 또한 베르그송이 기하학으로 다져진 공간에 대해 말하는 것과 대체로 비슷하게, 우리는 의식이 오직 논리학적으로 다져졌을 때만 지식의 단계로 올라간다는 의식 개념으로 돌아가게 된다. 생명의 흐름이 그것이 흘러 통과한 물질세계라는 지형을 전제하듯이, 의식의 흐름은 (플라톤과 헤겔이 의미했던) 논리적이고 개념적인 형상들이나 범주들, 또는 개념들이라는 지형을 전제한다. 그리고 이 두 가지 전제들을 부정하려는 베르그송의 시도는 양자택일, 즉 자신이 부정하고자 하는 것을 암묵적으로 주장하거나, 또는 아무것도 하지 않는 힘의 존재와 그 무(nothingness)를 파악하는 직관의 존재 외에는 아무것도 주장하지 않는 양자택일의 처지에 자기 자신을 남겨 둔다.

우주론으로 간주되는 베르그송의 철학이 지닌 문제는, 그가 생명을 진지하게 다루었다는 사실이 아니라 그가 다른 어떤 것도 진지하게 다루지 않았다는 사실이다. 생명이라는 개념은 세계의 일반적인 성질에 대한 아주 중요한 단서이지만, 그것은 세계 전체에 대한 (베르그송이 정의하려고 노력했던 것만큼) 적절한 정의는 아니다. 물리학자의 무생물의 세계는 베르그송의 형이상학에 무거운 짐이었다. 그는 자신의 생명 과정이라는 위장 속에서 그것을 소화하기 위해 노력하는 것 외에는 아무것도 할 수 없었다. 그러나 그것은 소화할 수 없는 것으로 밝혀졌다. 다만 베르그송이 생명에 관심을 집중함으로써 이루었던 자연 이론에 대한 발전은 부정할 수 없다. 우리는 베르그송의 업적을 무시할 수 없으며, 우리가 해야 할 것은 그가 다루기 힘들다고 생각했던 개념, 즉 죽은 물질이라는 개념을 다시 고찰하는 것이다.

II. 현대의 물리학

    100년 전에 생물학의 손에 카드가 놓였던 것과 아주 비슷하게, 다음 시합에서 카드가 과학의 손에 놓이면서, 죽은 물질이라는 개념에 대한 고찰은 우리를 물리학으로 이끌어 간다. 물리학의 주요 개념들이 지난 50년 동안 상당히 많이 수정되었다는 것을 우리 모두가 알고 있다. 그리고 내가 지금부터 설명하려는 것이 바로 이 수정들이지만, 이것은 진화론적 생물학의 발생을 설명하는 것보다 훨씬 더 어렵다. 왜냐하면 그 변화는 아주 최근의 것이고, 따라서 그에 관한 우리의 개념들이 아직 제대로 정리되지 않았기 때문이다. 또한 그 변화의 결과들이 대중적인 안내서에서 오랫동안 소화되지 않고, 나 자신처럼 평범한 사람은 이해할 수 없는 전문적인 작업에서 주로 나타나고 있기 때문이다. 따라서 내가 이 주제에 대해 말할 수 있는 모든 것은 아주 불확실하며, 또한 내가 무언가를 말하는 것이 아주 심각한 오류일 수도 있다는 것을 나는 분명히 의식하고 있다. 그렇지만 무언가를 말해야 할 책임을 회피할 수만은 없다. 왜냐하면 내가 이 새로운 개념들을 이해하는 한, 그것들은 자연에 관한 철학적 견해, 그리고 그것과 정신의 관계에 대해 상당히 중요한 내용을 담고 있는 것으로 보이기 때문이다.

1. 과거의 물질 이론

먼저 나는 이런 변화들이 시작되기 전에 자연 세계가 어떻게 생각되었던가를 설명하기 위해 노력해야 한다. 자연 세계는 공간 속에서 운동하는 고체 입자들로 나뉘어 있다고 생각되었다. 물리학적으로 볼 때, 각각의 입자는 원자였다. 즉, 그것은 물리적으로 분할되지 않고 파괴되지 않는 것이지만, 기하학적으로 분할할 수 없는 것은 아니며, 어느 정도 크기와 형태를 갖는 것이었다. 그러나 그것은 기하학적인 용어들로는 남김없이 정의될 수 없다. 왜냐하면 입자는 기하학적 속성들과는 다른 어떤 물리적 속성들, 가장 근본적인 것으로는 불가입성(impenetrability, 물리학 용어로서 두 물체가 같은 시간에 같은 공간에 있을 수 없는 성질—옮긴이)이라는 속성을 갖기 때문이다. 이러한 불기입성 때문에, 하나의 입자는 다른 어떤 입자와 같은 장소를 차지할 수 없다. 즉, 그것은 주어진 모든 순산에 그 자체의 자리를 가지며, 그곳에서 완전히 자리 잡고 다른 어떤 입자도 포함되지 않는다. 모든 입자는 어떤 방향으로든 움직일 수 있으므로, 두 입자의 궤적이 서로 교

차해 그것들이 동일한 시간에 동일한 장소에서 만나는 것이 항상 가능했다. 그렇게 되면 그것들은 서로 충돌하고(collide), 그 충격(impact)은 그것들의 운동 방향을 변화시킬 것이다. 더구나 각 입자는 관성을 가지며, 그로 인해 운동하는 입자는 일직선상에서 균일한 속도로 움직이거나, 또는 정지한 입자는 영구히 정지한 채로 있을 것이다. 그런 균일한 운동이나 정지는 또 다른 입자의 충격으로 간섭 받지 않는 한 계속 유지될 것이다. 이것이 17세기가 그리스 원자론자들로부터 물려받았던 물질의 미립자 이론 또는 원자 이론이며, 그 후 두 세기 동안의 과학자들은 그것을 물리 세계에 대한 근본적인 진리를 표현하는 이론으로 받아들였다.

지금까지 물질 개념은 충분히 이해할 만한 것으로 보였지만, 그것을 더 자세히 살펴보면 심각한 어려움들이 있다. 그 어려움들은 다음과 같은 질문들로부터 나온다. 물체와 (그 물체가 차지한다고 말해지는) 공간의 관계는 정확히 무엇인가? 어떻게 운동이 충격을 통해 하나의 물체에서 다른 물체로 전해질 수 있는가? 물체들이 왜 모두 정지해 있지 않고 운동해야 하는가? 그러나 이런 어려움들을 무시할 때, 그 개념은 우리에게 물질세계에 대해 명확하게 알 수 있는 이론을 안겨 주지는 못할지라도 명확하게 상상할 수 있는 그림을 안겨 준다.

2. 물질 이론의 복잡성과 비일관성

  그러나 이미 뉴턴의 시대에, 이 단순한 개념은 새로운 요소의 첨가로 인해 복잡해졌다. 뉴턴은 물질의 모든 입자가 마치 다른 모든 입자에 그것들의 질량을 곱한 것에 정비례하고, 그것들의 거리를 제곱한 것에 반비례하는 힘으로 작용하는 인력을 소유한 것처럼 작용한다고 생각했다. 이제 이 중력은 운동의 두 번째 원인으로 보이는데, 충격과 함께 나란히 존재하는 것으로 생각된다. 어떤 운동은 중력에 의한 것으로, 다른 것은 충격에 의한 것으로 나타난다. 내가 이미 설명했던 초보적인 이원론의 한 형태에 포함된 그런 학설은 철학에서도 허용되지 않고 과학에서도 허용되지 않는다. 왜냐하면 그 각각의 것은 모두 그것들이 연구하는 것들을 통합하는 원리를 탐구하는 데 집중하기 때문이다. 진지한 물리학자라면 충격과 인력이라는 두 원리가 서로 어떻게 관련되는가를 자신에게 질문해 보지도 않고서 단순히 어떤 운동들은 충격 때문이고 다른 것들은 인력이라는 전혀 다른 힘 때문이라고 주장하지는 않을 것이다. 뉴턴 자신도 그런 어려움을 아주 강하게 느꼈기 때문에, 그는 물질 자체에 속하는 내재적인 중력에 관한 학설을 한 번 이상 분명히 거부했다. 아래의 글은 리처드 벤틀리(Richard Bentley, 1662~1742)에게 보낸 뉴턴의 편지 내용이다(1692/1693년 2월 25일).

> 중력은 물질에 본유적이고 내재적이고 또한 본질적이며, 따라서 하나의 물체가 (하나로부터 다른 하나로 작용을 전달할 수도 있는) 다른 어떤 것의 매개 없이 진공을 거쳐 멀리 떨어져 있는 다른 물체에 작용할 수도 있다는 것은 내게 아주 어리석은 얘기로 들리며, 따라서 철학적인 문제를 다루는 능숙한 사고 능력을 가진 사람이라면 결코 아무도 그걸 믿지 않으리라 생각합니다.

뉴턴은 중력이 (자기가 항상 유일하게 가능한 운동의 물리적 원인이라고 간주했던) 특별한 어떤 충격의 특별한 결과이거나, 또는 비물질적 어떤 원인의 결과라고 생각했다. 19세기 중엽까지 저명한 물리학자들은 뉴턴의 반론들을 거듭 되풀이했으며, 아무도 그 반론들에 답변하지 못했다. 그것은 오늘날 고전 물리학이라고 부르는 것에 대한 지속적인 비난으로 남아 있다. 즉, 고전 물리학은 "이처럼 명백히 이질적인 운동의 두 원인인 충격과 중력이 어떤 관계를 갖는가?"라는 질문에 대해 만족할 만한 어떤 해결책에도 결코 도달하지 못했다는 것이다.

복잡한 문제는 여기에서 끝나지 않았다. 뉴턴은 입자들이 운동하고 있는 공간(space)을 '빈 공간(vacuum)'으로 생각했다. 그러나 후기 물리학자들은 빛의 움직임을 설명하기 위해서는 그 공간이 이른바 에테르(ether)라고 부르는 어떤 것으로 가득 차 있어야 한다고 생각했다. 에테르는 전혀 다른 종류의 물질이었다. 그것은 입자들로 나뉘지 않았고, 균일하고도 동질적이었으며, 또한 그것의 기능은 입자들의 운동이 야기한 파동 같은 교란을 전달하는 것이었다. 그러므로 에테르는 정지해 있으며, 모든 운동들은 그것을 통한 운동들이다. 그러나 그것은 모든 공간에 퍼져 있고, 또한 탄력적인 동시에 완전히 단단하지만, 그 운동들에 아무런 저항도 제공하지 않는다.

이른바 원물질(gross matter)과 에테르라는 두 개념을 조화시키기 어렵다는 것은 물리학자들에게 늘 명백한 사실이었으며, 이 어려움을 극복하기 위한 모든 종류의 시도가 이루어졌다. 한편으로는, 에테르가 미립자의 구조를 깆는다고 보려는 시도, 즉 에테르를 상당히 희박한 기체로 생각하거나, 또는 빛을 에테르가 전혀 없이 운동하는 입자들의 흐름으로 생각하려는 시도가 반복적으로 이루어졌다. 그러나 그 두 가지 시도는 모두 실험적인 사실들로 인해 거부되었다. 다른 한편으로는, 원물질이 에테르 내부의 지엽적인 교란들이나 핵들로 구성되었다고 생각하는 시도가 이루어졌다. 그러나 이것은 에테르가 본질적으로 동질적이며 정지해 있다는 기본적인 개념과 모순되는 것이었다.

세 번째 문제는 화학의 측면에서 제기되었다. 존 돌턴(John Dalton)은 각각 질적으로 특별한 그 자체의 방식들로 운동하는 몇 가지 종류의 물질을 찾아내는 데 성공했다. 요소(element)라고 불리는 이것들은 각자 그 자체의 물리적 특성을 갖는 일종의 원자들로 구성되었다고 생각되었다. 그러나 원물질의 입자들인 원자들은 양적인 속성 외의 속성은 가질 수 없었다. 그러므로 한 요소의 원자들은 다른 요소의 원자들과 질량(mass)이나 무게(weight)가 서로 다르다고 가정되었고, 이 가정은 실험을 통해 입증되었다. 따라서 물질의 궁극적인 입자들이 모두 균일한 질량의 양(quantity of mass)을 갖는 것이 아니라 규모에 따라, 즉 원자 무게의 규모에 따라 달라지는 것으로 여겨졌다. 물리적인 양과 화학적인 질 사이의 틈을 연결하는 것이 (즉, 약간 다른 원자 무게를 가진 물체가 상당히 다른 방식으로 작용할 때, 원자 하나의 무게를 가진 물체가 왜 구체적인 화학적 방식으로 작용해야 하는가를 보여 주는 것이) 불가능하다는 사실과 관계없이, 물리학자의 관점에서 물질의 미립자 이론은 모든 원자들이 같은 질량을 갖는다는 가정을 필요로 했다. 왜냐하면 그 이론은 물질의 원자 또는 근본 입자가 본질적으로 질량의 한 단위(unit)라고 보기 때문이다. 이런 이유에서, 50년 전에 원물질에 대한 이론과 에테르에 대한 이론 사이에 공개적 충돌이 있었듯이, 물리학이 요구하는 원물질에 대한 견해와 화학이 요구하는 원물질에 관한 견해 사이에도 또 다른 충돌이 있었다.

나는 두 세대 전의 과학적 저술에 주로 등장했던 문제와 논쟁을 언급할 것이다. 왜냐하면 물리학의 현대적 발견과 이론에 의해 산출된 상황이 너무도 이상해서, 사람들은 자신들이 고전 물리학이라 부르는 과거의 좋았던 시절을 떠올리며 종종 한숨짓고 싶어 하기 때문이다. 이 시기에 사람들은 물질이 절대 공간 속에서 운동하는 입자들로 구성되었다는 단순하면서도 포괄적인 물질 이론을 믿었다. 그러나 이른바 이 단순한 이론이 사실은 대중적인 안내서들에만 존재했다는 것을 기억하는 것도 가치가 있다. 이 대중적인 안내서들은 그 안에서 기본적이고도 확실하나고 가정했던 바로 그 학설들과 관련한 가장 생생한 분쟁들과 가장 고통스러운 의문점들은 이면에 숨기고, 단지 일관성을 지닌 앞면만을 일반 대중에게 제공했다.

3. 새로운 물질 이론

현대 물리학이 어떤 난제로 이어졌든 상관없이, 그것은 최소한 그 문제들을 제거하기 위해 무언가를 했다. 그 가운데 마지막 것을 먼저 살펴보면, 화학과 물리학의 다툼은 '전자 이론'에 의해 해결되었다. 이에 따르면, 화학적 원자는 궁극적인 미립자가 아닌 전자들의 모임에 불과하고, 따라서 일련의 화학적 성질들을 지닌 원자들에서 전자를 떼어 냄으로써 그 원자들은 또 다른 일련의 화학적 성질들을 지닌 원자들로 변화할 수 있다. 이렇게 해서 우리는 단일한 물리적 단위인 전자로 돌아가게 되지만, 우리는 또한 화학적 성질이라는 아주 중요한 새로운 개념을 갖게 된다. 이 화학적 성질은 원자의 양적인 측면, 즉 그것의 무게에만 의존하는 것이 아니라 그것을 구성하는 전자들에 의해 형성된 양식(pattern)에도 의존한다는 것이다. 이 양식은 정적인 양식이 아니라 동적인 양식, 즉 피타고라스주의자들이 음향학 분야에서 발견했던 주기적인 양식과 유사한 명확히 주기적인 방식으로 끊임없이 변화하는 양식이다.

양과 질을 연결하는 주기적인 양식이라는 이 개념은 지금까지 단절되었던 생각들을 연결한다는 점에서, 그리고 시간이라는 개념의 새로운 의미를 드러낸다는 더 중요한 점에서, 현대의 자연 이론에서 중요하다. 만약 수소의 원자가 수소의 성질을 갖는 이유가 그것이 몇 개의 전자들로 구성되었기 때문만이 아니고, 또한 그 원자들이 어떤 방식으로 배열되었기 때문만도 아니며, 더 나아가 그것들이 주기적인 어떤 방식으로 움직이기 때문이기도 하다면, 원자가 그런 성질들을 전혀 갖지 않는 주어진 어떤 순간도 있다는 결론이 나온다. 즉, 원자는 운동의 주기가 스스로 정착될 만큼 긴 시간 동안에만 그런 성질들을 갖는다는 것이다. 물론 긴 시간 동안에만 존재할 수 있고 단일한 한순간에는 존재할 수 없는 어떤 것들이 있다는 것은 늘 알려져 있다. 운동이 한순간에 존재하는 가장 명백한 경우다. 운동하는 물체와 정지해 있는 물체 사이에는 아무런 차이가 없다. 생명도 또한 상당히 명백한 경우다. 살아 있는 몸과 방금 죽은 몸을 구별하는 유일한 것은 살아 있는 동물에게는 주기적인 어떤 작용과 변화가 진행되고 있으며, 죽은 몸에는 그런 것들이 없다는 것이다. 따라서 운동과 마찬가지로 생명은 시간이 걸리는 것이며, 순간적인 존재를 갖지 않는다. 아리스토텔레스는 행복과 같은 도덕적 성질들의 경우에도 그렇다는 것을 보여 줬다. 그에 따르면, 예를 들어 행복은 사람에게 평생에 걸쳐(ἐν βίῳ τελείῳ) 속하는 경우에만 그에게 속한 것이며, 따라서 그의 정신 상태를 순간적으로 보는 것만으로는 그가 행복한가 또는 행복하지 않은가를 구분할 수 없다. 이것은 순간(즉석) 사진을 통해 살아 있는 동물과 죽은 동물, 또는 운동하는 물체와 정지해 있는 물체를 구분할 수 없는 것과 마찬가지다(위 40~48쪽 참조). 그러나 현대 물리학이 시작되기 이전에, 사람들은 운동이 단지 물체(body)에 발생하는 우연적 속성이고, 또한 물체는 그런 우연적 속성들과 상관없이 그 자체의 고유한 본성을 즐긴다고 생각했다. 즉, 사람들은 물체가 역사의 매 순간에 원래 그런 것이며, 물체에 발생할 수 있는 그 어떤 것도 그것의 물리적 속성들을 변화시킬 수는 없다고 생각했다. 원자를 전자들의 운동 양식으로 보는 이 새로운 이론은 그 모든 것을 바꾸어 놓았으며, 또한 그 이론은 물질의 화학적 특성을 정신의 도덕적인 성질 또는 (그것을 시간의 기능으로 만드는) 유기체의 생명과 관련된 성질로 이해했다. 그때부터 우리는 윤리학에서 "사람이란 무엇인가?"라는 물음과 "그 사람이 무엇을 하는가?"라는 물음을 분리할 수 없고, 또한 생물학에서 "유기체란 무엇인가?"라는 물음과 "그 유기체가 무엇을 하는가?"라는 물음을 분리할 수 없듯이, 물리학에서도 "물질이란 무엇인가?"라는 물음과 "그 물질이 무엇을 하는가?"라는 물음을 분리할 수 없었다. 그 분리는 이른바 고전 물리학의 주춧돌이었는데, 이 고전 물리학에서는 운동을 물질에 첨가된 외적인 어떤 것으로 (즉, 그런 첨가와 무관하게 그 자체의 고유한 속성들을 즐겼던 물질에 첨가된 외적인 어떤 것으로) 생각했고, 또한 물질세계에 대한 순간(즉석) 사진이 그것의 본성 전체를 드러내리라고 믿었다.

이러한 '원자가 전자 이론(the electronic theory of valency)'에서, 우리는 베르그송이 여전히 옳다고 믿었던 과거의 물질 이론을 볼 수 있다. 이 과거의 이론은 녹아서 사라졌고, 물질이 본질적으로 과정이나 작용, 또는 생명과 아주 비슷한 어떤 것이라는 새로운 이론에 자리를 내주었다. 그러나 이 새로운 이론은 정령론이나 물활론, 또는 유기체의 생명 과정과 원자의 물리 과정 사이의 어떤 혼란에도 자리를 양보하지 않았다. 이처럼 아주 중요한 유사성이 발견될 때에도, 이러한 두 가지 종류의 과정이 갖는 차이점은 경시되지 않았다.

따라서 이와 같은 새로운 물질 이론들의 자극을 받은 화이트헤드와 같은 철학자가 '실재 전체가 유기체'라고 선언하거나, 또는 알렉산더와 같은 철학자가 시간은 '공간을 신체로 갖는 정신'이라고 설명할 때, 그들이 자연을 살아 있는 사물로 보았던 고대 그리스의 견해로 되돌아가고 있다는 비난은 그들을 오해하는 것이다. 베르그송은 아마도 그렇게 하고자 했겠지만, 그들이 물리학을 생물학에 융합하려 했던 것은 아니었다. 그들은 물질세계와 생명 세계를 끊임없이 비교하는 대신에, 현대 역사에서 처음으로 그것들의 근본적인 유사성을 밝혀낸 새로운 물리학적 견해를 기꺼이 받아들이고 있었다.

이제 충격과 인력의 이원론을 살펴보고, 최근의 물리학이 그것을 어떤 방식으로 다루었는가를 물어보자. 뉴턴의 유일한 희망이 '실제적인 인력'과 '그것을 충격으로 환원하는 것'을 거부하는 것처럼 보인다는 점을 우리가 기억할 때, 최근 물리학의 독창성은 그것이 정반대의 입장을 취하고, 충격이 참된 원인(vera causa)이라는 주장을 모두 거부하며, 또한 그것을 인력과 반발의 특수한 경우로 환원한다는 사실에서 극명하게 드러난다. 새로운 물질 이론에 따르면, 물질의 어떤 입자도 다른 입자와 결코 접촉하지 않는다. 모든 입자는 자기장(magnetic field)과 비슷하다고 여겨지는 역장(field of force, 힘이 미치는 범위 - 옮긴이)으로 둘러싸여 있다. 그리고 하나의 물체가 다른 것을 튕겨 내는 것은 한 물체에 대한 다른 물체의 충격 때문이 아니라 자력을 가진 두 바늘의 같은 극들이 서로 반발하는 것과 유사한 반발 때문이다.

여기에서 또다시 이러한 근본적인 물질 개념은 그 구조의 심각한 변화를 드러낸다. 과거의 개념은 처음에는 주어진 물질 조각이 있는 그대로의 것이라는 개념이었고, 나중에는 그것이 영속적이고 변화하지 않는 본성을 누리기 때문에 다양한 경우에 다양한 방식들로 작용한다는 개념이었다. 하나의 물체가 다른 것들에 충격을 가하거나, 또는 다른 것들을 끌어당길 때 어떤 힘을 발산하는 것은, 그 물체가 본질적으로 또는 내재적으로 어떤 질량을 갖기 때문이다. 그러나 물체들에 속한 에너지들은 그 물체들의 상호적인 작용을 설명할 뿐만 아니라 각 물체 자체의 연장성과 질량까지 설명한다. 왜냐하면 1입방인치의 금속이 오직 1입방인치의 크기만을 차지하는 것은 그것을 구성하는 원자들의 인력과 반발력 사이에 균형이 발생하기 때문이다. 그리고 이것들이 또다시 단지 금속의 원자들에 불과한 것은 그것들을 구성하는 전자들의 인력과 반발력에 의해 생긴 주기적인 양식들 때문이다. 따라서 화학적 성질들뿐만 아니라 심지어 물리적이고 양적인 속성들도 이제는 작용의 기능으로 이해된다. 물질이 '그것이 하는 것(what it does)'을 하는 이유가 무엇보다도 그것이 하는 것과 관계없이 '그것이 그것이기(what it is)' 때문이라는 것은 전혀 사실이 아니며, 이제 우리는 물질이 그것인 이유는 그것이 하는 것을 하기 때문이거나, 또는 더 정확하게 말하자면 '그것이 그것인 것(its being what it is)'과 '그것이 하는 것을 하는 것(its doing what it does)'이 동일하기 때문이라는 것이다. 다시 말하자면, 그때나 지금이나 화학에서는 물론이고 더 근본적인 물리학 분야에서도, 새로운 유사성이 한편으로는 물질과 다른 한편으로는 정신과 생명 사이에서 나타났다. 물질은 이제 존재와 작용이 무관하고 존재가 작용에 논리적으로 앞서는 영역으로서 정신과 생명에 더 이상 대비되지 않는다. 물질은 존재가 근본적으로 단순히 작용인 제3의 영역으로서의 정신과 생명을 닮는다.

과학적으로 훈련된 오늘날의 철학자들이 이러한 함축적인 내용들을 분명히 인지하고 있다는 것을 보이기 위해서, 수학자와 물리학자로서의 초기 경력이 철학자로서의 연구에서도 아주 탁월하게 이어졌던 화이트헤드의 짧은 글을 인용해 보자.

> 과거의 견해는 모든 시간적 지속성에서 벗어나 추상하고, 또한 단지 공간 속에서 물질의 즉각적인 분배만으로 자연의 상호 관계들을 특징지음으로써, 우리로 하여금 변화로부터 추상하는 **동시에** 자연의 완전한 실재를 생각하도록 해 준다. 뉴턴의 견해에 따르면, 이렇게 생략되었던 것은 인접한 순간들에 있었던 분포의 변화였다. 그러나 이 견해에 따르면, 그런 변화는 고려되는 순간에 있는 물질적 우주의 본질적인 실재와 분명히 무관하다. 장소 운동(과 상대적인 분포의 변화)은 우연적인 것이지 본질적인 것이 아니었다. 이와 마찬가지로 본질적인 것은 지속성이었다. 왜냐

하면 현대적 관점에서, 과정, 작용, 그리고 변화는 사실적인 문제이기 때문이다. 순간에는 아무것도 존재하지 않는다. 각각의 순간이 사실적인 문제들을 묶는 유일한 방법이다. 따라서 단순한 최초의 존재자들(entities)로 생각되는 순간들이란 없으므로, 순간에 존재하는 자연이란 없다《자연과 생명(Nature and Life)》, 1934, pp. 47~48].[53]

이 이후에 원물질과 에테르의 이원론을 다시 고려할 필요는 거의 없다. 왜냐하면 시간의 매 순간에 동일한 물체들로 구성되고 또한 내재적 연장성과 질량을 소유한 원물질이 사라졌기 때문이다. 또한 빛이 운동하지 않는 매질을 통해 전달된 교란이 아니라는 것을 결정적으로 입증했던 마이컬슨-몰리(Michelson-Morley)의 실험 덕분에 에테르란 개념도 사라졌다.[54] 그러나 과거의 이원론이 지닌

---

53) (옮긴이 주) 이 인용문의 첫 번째 단락은 《자연과 생명》의 p. 45에 있고, 두 번째 단락은 p. 48에 있다. 그리고 의도된 것인지 아닌지 알 수 없으나, 콜링우드가 인용한 첫 번째 단락에는 옮긴이가 ( )안에 언급한 "과 상대적인 분포의 변화(and change of relative distribution)"가 생략되어 있다.

54) (옮긴이 주) 19세기 물리학에서는 물결이나 소리를 매개하는 물이나 공기처럼 에테르가 빛을 매개하는 매질이라고 가정했으나, 에테르

아주 기이한 흔적은 오늘날의 물리학에 여전히 남아 있다. 현대 물리학자들은 광선뿐만 아니라 모든 전자가 이상할 정도로 애매한 방식으로 작용한다는 것을 입증했다. 그것들은 때로는 입자처럼 움직이며, 때로는 파동(wave)처럼 운동한다. 그렇게 되면 "그것들이 진정 무엇인가?"라는 질문이 제기된다. 그것들이 둘 모두일 수는 없다. 왜냐하면 만약 전자가 입자라면 그것은 파동처럼 운동할 수 없으며, 또한 만약 그것이 파동이라면 그것은 때때로 입자처럼 운동할 수 없기 때문이다. 따라서 한 물리학자는 자신이 월요일, 수요일, 그리고 금요일에는 미립자 이론을 믿고, 화요일, 목요일, 그리고 토요일에는 파동 이론을 믿는다고 말함으로써, 자신의 심적 상태를 설명하기도 했다. 그렇다면 미립자 이론은 단순히 고전 물리학에 있는 원물질이라는 개념의 망령에 불과하며, 파동 이론은 단순히 에테르라는 개념의 망령에 불과하다는 것이 분명해 보인다. 그러나 개념들이 소멸할 때, 그것들의 망령은 대체로 배회하지만, 어떤 망령도 영원히 배회하지는 않으며, 또한 중요한 것은 그것들이 나타나는 사람들에게 그것들은 단지

의 존재를 증명하기 위한 앨버트 마이컬슨(Albert A. Michelson, 1852~1931)과 에드워드 몰리(Edward Morley, 1838~1923)의 실험이 실패함으로써, 오히려 에테르가 존재하지 않는다는 결론으로 이어졌다.

망령들로 기억된다는 것이다. 현대 물질 이론에서, 전자가 입자일 수는 없다. 왜냐하면 입자는 원물질의 입자, 즉 그것이 무엇을 하는가와 무관하게 존재하는 원물질의 입자를 의미하기 때문이다. 그것은 파동일 수도 없다. 왜냐하면 파동은 그렇게 방해받는 것과 상관없이 연장성과 탄성이라는 그것의 속성들을 갖는 탄력적 매체 속의 교란을 의미하기 때문이다.

만약 전자와 양자가 단지 어떤 때는 입자처럼 운동하고 어떤 때는 파동처럼 운동한다면, 상황은 심각할 것이다. 그러나 이런 운동의 차이점을 제어하는 법칙이 있다. 나는 진스에게서 다음의 글을 인용한다.[55] 즉, 전자와 양자는 "공간을 자유롭게 여행하는 동안에는 입자처럼, 그리고 그것들이 물질과 충돌할 때는 파동처럼" 운동한다는 것이다. 또한 더 나아가 "어떻게 그런 모든 경우에 입자 사진들과 파동 사진들이 단순히 동일한 실재자의 두 가지 측면일 수 있는가를 보여 주는 완전한 수학적 이론이 있으며, 따라서 빛은 때때로 입자로 나타나고 때때로 파동으로 니디나지만, 결코 동시에 둘 모두로 나타나지는 않는다. 또한 그것은 동일한 것이 어떻게 전자와 양자에 대해 참일

---

55) 제임스 진스(James Jeans), 《과학의 새로운 배경(The New Background of Science)》, 1933, p. 163.

수 있는가를 설명한다". 진스가 언급하는 수학 이론, 즉 하이젠베르크의 파동 역학은 전적으로 내가 감당하기 어려운 부분이지만, 나는 단지 그 이론의 형이상학적 측면에만 관심을 갖는다. 그리고 이런 관점에서 그 이론은 결코 어리석은 이야기가 아니다.

정신과 생명뿐만이 아니라 물질도 내재적이고도 본질적인 작용이라는 현대의 관점을 우리가 진지하게 받아들인다고 가정해 보자. 또한 물질세계를 구성할 뿐만 아니라 물질세계 그 자체이기도 한 작용이 공간에 퍼져 있으면서 시간이 흐름에 따라 발전한다고 가정해 보자. 그렇게 되면 우리가 물질의 입자라고 부르는 것이 작용의 중심이며, 그것은 그러한 다른 중심들과 공간적으로 관련된다는 결론이 나온다. 그것의 작용은 필연적으로 이중적인 성질을 갖는데, 그것은 우선적으로는 그 자체와 관계되며, 그리고 두 번째는 이른바 입자라고 부르는 다른 것들과 관계된다. 입자는 자기 자체와의 관계 속에서 자기 발전적(self-developing)이고, 따라서 자기 보존적(self-maintaining)인 과정이며, 또한 이것은 자기 충족적이고(self-contained) 지속적인 어떤 것으로서, '실체'라는 과거의 형이상학적 용어를 적용할 수 있는 어떤 것이다. 이러한 자기 보존적인 작용 속에서, 우리는 현대 물리학의 전자와 라이프니츠의 단자(monad)를 비교해 볼 수 있을 것이다. 다른 모든 전자와 관련되는 그 단자는 외부의 어떤 것에 부정적인 영향을 미치는 작용이다. 그것은 이제 단순히 주변 환경의 교란이다. 쇳가루가 자기장 내에 있는 자신을 발견하듯이, 그것은 다른 것이 자신을 발견하는 역장(힘이 미치는 범위-옮긴이)이다. 만약 전자가 단순히 그것이 하는 것임을 우리가 기억한다면, 즉 그것의 실체가 그것의 작용에 불과하다는 것을 기억한다면, 전자의 진정한 또는 실질적인 존재가 이러한 이중적인 성질을 반드시 가져야 한다는 것을 우리가 파악하는 데 아무런 어려움이 없을 것이다. 우리는 그것이 하나의 것(thing)이지만 어떤 상황에서는 마치 다른 것처럼 운동한다고 더 이상 말하지 않을 것이며, 더 나아가 그것이 지금은 이런 방식으로 운동하고 또한 지금은 저런 방식으로 운동하는 신비로운 제3의 어떤 것이라고 말하지도 않을 것이다. 이제 우리는 자기 자체와의 관계 속에서 하나의 성질을 드러내는 작용과 동일한 작용이 그 자체와 유사한 다른 것들과의 관계 속에서는 다른 성질을 필연적으로 드러낸다고 말할 것이다. 원물질과 에테르라는 과거의 이원론을 통해 이런 개념을 설명하려고 하는 사람은, 진스가 말했던 것과 똑같이, 자유롭게 운동하는 전자는 원물질의 입자와 유사하지만, 다른 것과 충돌하는 전자는 이 다른 전자를 둘러싼 에테르 내부의 교란과 유사하다고 말할 것이다. 그리고 원물질과 에테르가 개념들이 아니라 개념들의 망령들임을 깨닫는 사람은 이런 모순이 나타나는 것을 전혀 걱정하지 않을 것이며, 그런 개념들이 실제로 얼마나 쓸모없는가를 알고 있다는 것을 보이기 위해 그런 모순을 강조할 것이다.

따라서 현대의 물질 이론은 내가 강조했던 세 가지 이원론, 즉 충격과 인력의 이원론, 에테르와 원물질의 이원론, 그리고 물리적 양과 화학적 질의 이원론을 모두 해결했다. 그러나 나는 뉴턴 형식의 현대 물리학을 당혹스럽게 만들었던 다른 어떤 문제들을 언급했다. 즉, 물질과 운동의 이원론, 하나의 물체로부터 다른 물체로의 운동 전이에 관한 문제, 그리고 물질과 공간의 이원론이 그것이다. 이런 문제들을 해결하기 위해서도 현대 물리학에 의존해야 한다. 그리고 우리는 새로운 물질 개념이 그런 역할을 할 수 있는가를 질문해야 한다.

물질과 운동의 이원론은 사라진다. 그 이원론은 운동이 물질의 우연적 속성이며, 또한 (물질이 운동하든 말든 상관없이) 물질이 모든 순간에 그 자체의 본질적인 성질들을 완전히 지닌 어떤 것이라는 생각에 의존한다. 이로부터 물질이 도대체 왜 운동해야 하는가, 또는 그것이 도대체 왜 정지해 있어야 하는가에 대한 내재적인 이유를 물질 안에서 찾을 수 없다는 결론이 나왔다. 주어진 모든 순간에 완전히 실현되는 그 자체의 본성을 갖고 있음에도, 그것이 다른 어떤 순간에 도대체 존재해야 할 이유는 없다. 그렇기 때문에 데카르트는 신이 매 순간에 세계를 새롭게 창조해야 한다고 말했다. 그러나 현대의 물리 이론은 단지 물질이 운동한다는 이유에서, 물질이 화학적이거나 물리적인 그 자체의 특성들을 갖는다고 간주한다. 따라서 시간은 바로 그 자체가 존재하는 데 필요한 한 가지 요소이며, 또한 그 존재는 근본적으로 운동이다.

하나의 물체로부터 다른 물체로 변화가 전해지는 것도 사라진다. 모든 물체들은 항상 운동하고 있으며, 이 운동은 작용이므로 그것은 반드시 스스로를 내재적인 작용과 순간적인 작용이라는 이중적인 형태로 드러내야 한다. 따라서 모든 물체는 스스로를 운동하게 하는 것으로서 자기 자체에 작용해야 하고, 또한 다른 것들을 운동하게 하는 것으로서 그것들에 작용해야 한다.

4. 자연의 유한성

이제 물질과 공간의 이원론이 남아 있다. 아니, 오히려 시간은 물질이 존재하는 데 필요한 하나의 요소이므로, 물질과 공간-시간의 이원론이 남아 있다고 할 수 있다. 물질은 공간에서 진행되며 시간이 필요한 작용이다. 이 작용이 차지하는 공간과 시간, 그리고 그것을 차지하는 그 작용의 관계는 무엇인가?

뉴턴과 달리, 현대 물리학자는 어떤 빈 공간도 인식하지 못했다. 물질은 작용이며, 따라서 몸통은 그것이 작용하는 곳에 있다. 그리고 물질의 모든 입자는 우주 전역에 걸쳐 작용하기 때문에, 모든 물체는 어디에나 있다. 이 학설은 또다시 화이트헤드가 분명히 가르쳤다. 그 학설이 물질의 연장성이나 널리-퍼져-나감(spread-out-ness)을 단적으로 부정하는 것으로 보일 수도 있다. 이것은 모든 물질 조각이 다른 모든 조각의 외부에 있다는 의미다. 그러나 그것이 실제로는 그렇지 않다. 왜냐하면 이처럼 서로 겹치고 서로 침투하는 작용은 각각 그 자체의 중심 또는 중앙을 가지며, 그것의 자기 보존적인 측면에서 그런 작용을 하는 물체는 그 중앙에만 위치하고 그 밖의 다른 어디에도 위치하지 않기 때문이다. 결과적으로, 현대의 학설이 뉴턴의 빈 공간 이론을 거부할지라도, 그것은 모든 공간이 물질로 가득하다는 그 반대의 학설이나 데카르트의 학설을 주장하지는 않는다. 왜냐하면 그 학설에서 물질은 작용이나 에너지가 아니라 원물질을 의미하기 때문이다.

지금은 모든 물리학자들이 상대성 이론을 지지한다. 더 협소하고도 더 초기적인 형태의 이론은 A와 B라는 두 물체의 물리적이고 화학적인 작용들이 모두 그 둘 사이의 거리 변화에 의해 영향을 받지만, 그것들은 A가 정지해 있을 때 B가 운동하거나, B가 정지해 있을 때 A가 운동하는 어떤 방식으로 서로 다른 영향을 받지 않는다는 학설이었다. 이보다 더 폭넓은 형태의 이론은 (아인슈타인이 1916년에 말했던 것처럼) 예를 들어, A가 정지해 있고 B가 그 주변을 선회하거나, 또는 B가 정지해 있고 A가 그 자체의 축을 중심으로 회전할 때, 그 학설이 모든 종류의 운동들을 설명하기 위해 그 학설을 확장한다. 이렇게 되면, 이제 절대적인 정지나 절대적인 운동 등의 개념들이 물리학에 필요하지 않다는 것을 알게 된다. 물리학에는 상대적인 정지라는 개념과 상대적인 운동이라는 개념들만이 필요하다. 그리고 이것은 물리학이 절대적인 위치나 절대적인 크기라는 개념을 사용할 필요가 없다는 것을 의미한다. 즉, 그것은 다만 다른 사물과 상대적인 한 사물의 위치나 크기라는 개념을 필요로 한다는 것이다.[56]

---

[56] [우리는 상대성 이론에서 그 이론의 대상들과 그 대상들이 획득되는 질서를 구분할 필요가 있다. 1916년에 아인슈타인이 제시했던 일반 상대성 이론은 콜링우드가 언급했던 **학설**을 단순하게 또는 유일하게 다른 종류의 상대적인 운동으로 연장한 것이 아니다. 그것의 특징은 그것이 자연에 관한 일련의 어떤 견해의 결과들을 획득하는 절차의 규칙들을 제공한다는 것이다. 그것은 A라는 한 관찰자에 상대적인 B의 위치와 운동이 A에 의해 결정된다고 가정할 때, A는 한 현상에 대한 자기 자신의 설명으로부터 두 번째 관찰자 B나 다른 누군가가 제시할 수 있

이런 설명은 모두 물리학자에게 아주 적합하지만, 그 우주론의 함축적 내용들이 불안하다. 내가 이미 설명했듯이, 뉴턴 시대의 고전 물리학은 그리스 원자론자들에게서 시작되었던 우주론적 구상과 더불어 시작되었다. 그리고 그들에 따르면, 공간은 그 내부에 어떤 것이 존재하든 또는 존재하지 않든 상관없이 모든 방향으로 균일하고 무한하게 확장되어야 하며, 또한 같은 의미에서 시간도 무한해야 했다. 이제 만약 공간이 역장들로 가득하다면, 공간의 모든 점에는 그곳에 위치한 모든 물질 조각의 모든 측면에서 영향을 미치는 무한한 힘들이 있다는 결론이 나올 것이다. 그리고 결과적으로 이 힘들은 서로 상쇄되기 때문에, 그 가운데 어떤 것도 물질 조각에 작용하지 않을 것이다. 결정적인(determinate) 사건들은 공간의 이런 지점이나 저런 지점에서 발생하는데, 그 이유는 단지 결정적인 힘들이 그곳에서 작용하고 결정적이라는 것은 유한하다(finite)는

는 그와 동일한 현상에 대한 설명을 추리할 수 있는 절차를 만들어 낸다는 것이다. 관찰자 A로부터 관찰자 B로의 경로는 전문적인 용어로는 '좌표의 변화'라고 부른다. 진행의 규칙들은 가변적이고 대칭적이다. 즉, 비록 관찰자들 가운데 어떤 사람에게 그 현상은 그것이 다른 관찰자에 대해 갖는 것과는 다른 공간-시간적인 관계들을 갖겠지만, 우리는 A가 정지해 있고 B가 운동한다거나, 또는 B가 정지해 있고 A가 운동한다고 말하려는 의미를 첨가하려고 시도하지 않고도, A나 B로부터 출발할 수 있다. -에드워드 밀른(Edward A. Milne)].

의미이기 때문이다. 결과적으로, 아인슈타인이 지적했듯이, 우리는 물질세계가 유한하다고 생각해야 하며, 그렇기 때문에 공간도 유한하다고 생각해야 한다.

그리고 만약 우리가 공간의 가장자리에 서서 바깥쪽으로 창(spear)을 던졌다면 무슨 일이 발생했겠느냐는 루크레티우스의 질문에 대해, 우리는 이 유한한 우주의 내부에서 물질이나 복사선이 여행할 수 있는 모든 가능한 행로들은 곡선의 행로들이며, 따라서 그것들 자체로 무한히 돌아온다는 의미에서는 그것들이 무한하지만, 우주의 체적, 즉 결정적인 체적으로 한정된다는 의미에서는 유한하다고 답해야 한다. 이 우주의 이러한 공간적 유한성에 해당하는 우주의 시간적 유한성이라는 개념이 생겨났다. 나선형 성운(spiral nebulae)의 스펙트럼(빛의 띠)들은 그것들이 공통된 중심으로부터 바깥쪽으로 이동하는 것처럼 나타난다는 사실들을 보여 줬다. 그리고 결과적으로 이것은 물리적 우주가 무한히 멀지는 않은 과거의 한때(date)에, 한꺼번에 시간을 시작했고 또한 그와 동시에 시간 속에서 공간을 생성하기 시작했던 에너지의 폭발을 닮은 어떤 것에서 비롯했다는 이론을 낳았다.

팽창하는 우주 또는 심지어 팽창하지 않는 유한한 우주는 그 주변의 공간을 함축한다고 주장하기 쉽듯이, 에너지의 폭발이라는 이 사건이 특정한 날짜에 발생했다는 것이 분명하기 때문에, 그 사건 이전에 시간이 있었음을 함축한다고 주장하기도 쉽다. 그러나 그런 주장이 도대체 무엇을 의미하느냐는 질문에 답변하기는 쉽지 않다. 즉, 아무것도 발생하지 않는 시간과 아무것도 자리하지 않는 공간이라는 개념을 우리가 정말로 가질 수 있는가, 그리고 가질 수 있다면 그 개념들이 무엇인가란 질문에 답변하기가 그리 쉽지 않다는 것이다. 한편으로 공간 개념과 시간 개념은 운동 개념에서 추상한 개념들에 불과한 것처럼 보이며, 다른 한편으로 그것들은 운동 개념의 논리적인 전제들처럼 보이기도 한다. 현대 물리학은 그 개념들을 운동 개념에서 추상한 개념들로 취급하는 것이 가능하다고 생각하지만, 칸트의 시대 이래로 철학적 사고에서는 그것들을 운동 개념의 전제로 취급하는 데 익숙해졌다.

그러나 여기에서 그 철학적 사고가 옳다고 가정해 보자. 만약 공간과 시간이 운동에서 단순히 추상한 개념들이 아니라 논리적으로 운동에 선행하는 개념들이라면, 우주론적으로 말할 때, 즉 논리적인 전제들에 관해 말하는 것이 아니라 실제적인 존재에 대해 말할 때, 공간과 시간은 운동이 시작되기 이전에, 그리고 운동이 진행되는 영역의 외부에 실제로 존재할 필요가 있다는 결론이 나오지 않는가? 이런 식으로 논증하는 것은 개념들을 실체화하는 것, 즉 현실에서 오직 논리적인 존재만을 갖는 어떤 것에 실질적인 존재를 부여하는 것이다. 탈레스는 물질로 만들어진 세계보다 앞서 물질이 실제로 존재했어야만 하는 어떤 것이라고 생각했는데, 이와 마찬가지로 그리스적인 의미에서 물질(질료)이라는 용어는 단지 논리적으로 추상한 개념에 불과했다. 따라서 유한한 우주라는 개념 때문에 혼란스러워하던 현대 과학의 비평가들은 빈 공간과 빈 시간이 두 종류의 비어 있음, 즉 우주의 외부에서 우주보다 앞서 실제로 존재했어야 하는 두 종류의 비어 있음이고, 반면에 그것들이 사실은 우주의 논리적인 전제들이지 우주가 수정처럼 놓여 있는 실질적인 모체나, 또는 우주가 어린아이처럼 형성되었던 텅 빈 자궁이 아니라고 생각했다.

   탈레스의 물질 개념을 발전시키고 비판했던 그리스인들의 사고에서는 물질이 실제로는 잠재태를 의미한다는 결론에 도달했다. 따라서 물질이 세계보다 먼저 존재한다고 말하는 것은 단지 세계가 생성되기 전에 그럴 가능성이 있었다는 것을 의미한다. 이와 마찬가지로, 물질이라는 과거 개념의 망령인 텅 빈 공간과 시간이 실제로는 운동의 잠재태를 의미한다는 주장이 아마도 있을 것이다. 따라서 만약 물리적 세계가 시작하기 이전의 시간이라는 개념과 그 한계 밖의 공간이라는 개념을 우리가 주장한다면, 우리는 단지 물리적 세계보다 앞서, 그리고 물리적 세계를 초월하는 어떤 것, 즉 그것의 기원과 존재의 가능성이 근거하는 어떤 것이 분명히 있다고 주장하는 것이다. 그러나 이런 우선성은 논리적 우선성이지 시간적 우선성이 아니며, 또한 이 초월성은 논리적 초월성이지 공간적 외면성이 아니다.

현대 과학이 물리적 우주를 유한한 것으로, 즉 공간적으로는 확실하고 시간적으로는 개연적인 것으로 보는 견해에 빠져 있으므로, 이런 과학이 물질과 동일시하는 작용은 자기 창조적이거나, 또는 궁극적으로는 자기 의존적인 그런 작용일 수 없다는 것이 어쨌든 분명해 보인다. 그런 어떤 견해에서는 자연 세계 또는 물리 세계 전체는 그것의 존재를 궁극적으로 그 자체 외의 어떤 것에 의존해야 한다. 그리고 여기에서 현대 과학은 플라톤과 아리스토텔레스에, 갈릴레오와 뉴턴에, 그리고 칸트와 헤겔에 동의하고 있다. 다시 말해서, 물질론의 실험 이후에 현대 과학은 유럽인의 주된 전통적인 사고방식과 동일한 선상으로 돌아왔다. 즉, 그것은 일반적인 사물들의 도식에서 본질적으로 파생적이거나 의존적인 지위를 자연에 부과했다는 것이다. 왜 자연이 반드시 의존적이어야 하는가에 대해 아주 다양한 증명들이 제공되었고, 또한 그것이 무엇에 의존하는가에 대해서도 아주 다양한 이론들이 제공되었다는 것은 사실이다. 그러나 놀라울 정도로 적은 경우를 제외하고는, 일반적으로 과학자들과 철학자들은 자연 세계가 모든 존재의 한 부분이나 한 측면만을 구성할 뿐이며, 따라서 이 전체 영역에서 그것의 자리는 이차적인 것, 즉 그것에 선행하는 어떤 것에 의존하는 것이라는 데 동의했다. 이러한 전통적인 견해는 그리스 원자론자들에 의해 분명히 거부되었다. 예를 들어, 그 견해는 자연을 존재하는 것들의 전체뿐만 아니라 존재하는 것들의 전체와 존재하지 않는 것들의 전체를 합한 것과도 동일시했던 에리우게나(John the Scot, Johannes Scotus Eriugena, 815?~877?)에 의해서 거부되었다. 또한 그것은 19세기 유럽인들의 사고 속에서 대중적이면서도 영향력 있는 압력을 행사했던 물질론에 의해서도 또다시 거부되었다. 그러나 내가 앞에서 제시했던 물질 개념에 의존하는 이 물질론은 (이 책이 집필된 1930년대를 기준으로－옮긴이) 지난 30년 또는 40년 동안의 과학적 작업에 의해 거부되었고, 이제 그것은 새로운 발견들이 아직 침투하지 않은 사고의 모퉁이나 헛간에 남아 있을 뿐이다.

이러한 이유에서 에딩턴(Eddington)이나 진스와 같은 현대 과학의 대표자들은 50년 전의 과학자들을 대부분 분개하도록 만들었을 그런 방식으로 신에 대해 이야기했다. 그들은 물리 세계의 본질적인 유한성과 의존성이 명료하게 드러날 정도로 자신들의 물질 이론을 정립했고, 그것이 의존하는 것에게 신이라는 전통적인 이름을 부여했다. 그리고 이러한 전통적인 이름의 사용이 환영받은 이유는 과학과 종교 간의 19세기적 갈등을 치유할 수 있으리라는 희망 때문만이 아니고, 플라톤, 아리스토텔레스, 그리고 데카르트의 주된 철학적 전통으로의 회귀를 의미하기 때문만도 아니며, 더 나아가 그것이 현대적 사고가 주관적 관념론이라는 거미줄에서 스스로 벗어나고 있다는 것을 보여 주기 때문이기도 했다. 정당하게 존경받는 칸트의 권위는 아주 다른 결론을 의미할 것이다. 즉, 만약 자연이 그것의 존재를 다른 어떤 것에 의존하고 있다는 흔적들을 표면에 담고 있다면, 그 다른 어떤 것은 인간의 정신이라는 것이다. 주관적 관념론을 뒷받침하기 위해, 명백하게 반물질론적인 성향을 지닌 상대성 이론과 다른 현대적 이론들을 담아내려는 시도들이 행해졌다. 그리고 이런 시도들을 지지하고 지원하며, 또한 자신들의 자연 개념에 대한 비판을 피하기 위해 주관적 관념론을 일종의 방공호로 이용하는 과학자들이 있었다. 그들은 결국 자연이라는 개념은 인간의 정신에 의해, 즉 제한적인 이해 능력을 가진 것으로 악명 높은 인간의 정신에 의해 형성된 개념에 불과하며, 따라서 그런 개념이 정합성을 결여하는 것은 너무도 당연하다고 말한다. 이것은 형편없는 철학이다. 왜냐하면 그것은 우리가 우리 자신의 인지 능력들을 넘어설 수도 있다는 것과 넘어서지 못할 수도 있다는 것을 모두 함축하기 때문이다. 그것들을 넘어설 수 있다는 것은, 그렇지 않은 경우에 우리가 그것들의 한계와 그것들이 우리를 이끌어 갔던 결론들의 형편없음을 깨닫지 못할 것이기 때문이다. 그리고 그것들을 넘어설 수 없다는 것은, 그렇지 않은 경우에 우리가 그 한계들을 극복하고 더 나은 결론들을 얻을 수 있을 것이기 때문이다. 우리 시대의 가장 강력한 사고가 과학적인 사고이든 또는 철학적인 사고이든, 그것은 이러한 주관주의적 또는 현상주의적 학설들에 단호하게 등을 돌렸으며, 자연이 무엇에 의존하든 그것이 인간의 정신에는 의존하지 않는다는 데 동의하고 있다.

그러나 비록 에딩턴이나 진스와 같은 과학자들이 제시했던 학설, 즉 자연 세계나 물질세계가 신에 의존한다는 학설이 물질론과 주관론을 모두 거부한다는 점에서 환영받을지라도, 그것들은 단지 부정적인 장점들에 불과하다. 만약 그 학설이 긍정적인 어떤 점을 보이려면, 우리는 신이 물질이나 인간의 정신 외의 다른 어떤 것이라는 것을 알아야 하는 것은 물론이고, 그 다른 어떤 것이 무엇인가도 알아야만 한다. 종교적인 전통에 가장 가깝게 서 있는 에딩턴에게, 물질적인 자연이 의존하는 비물질적인 실재자는 정신을 의미한다. 즉, 그는 신이 정신이라고 생각한다. 그러나 이 점에 대한 그의 논증은 현상주의적 잔재로

물들어 있는 것처럼 보인다[이것은 그의 지포드 강의록(Gifford Lectures)인 《물리적 세계의 본성(The Nature of the Physical World)》(1928)에 적혀 있다]. 그는 자연이 결국 현상이라고 생각하며, 정신은 그 현상이 나타나는 곳이라고 생각한다. 대체로 플라톤에 동의하는 진스는 자연이 그것의 존재를 의존하는 비물질적인 실재자가 근본적으로는 수학적 형상들의 복합체라고 생각했으며, 또한 이차적으로는 상당히 플라톤적인 방식으로 그 형상들을 생각하는 신, 즉 기하학적인 신이라고 생각했다. 그러나 이상적이고 객관적인 수학적 질서가 절대적인 수학자의 정신에 의존하는 이곳에도 다소 모호한 유형이기는 하지만 주관주의적 요소가 있는 것으로 보인다.

III. 현대의 우주론

수리 물리학자들의 저술에 나타난 대체로 빈약한 형이상학적 논쟁의 가닥들로부터 전문적인 철학자들의 작업으로 시선을 돌려야 한다. 이들 가운데 나는 알렉산더와 화이트헤드라는 두 명의 철학자만을 살펴볼 것이다. 이들은 각각 상당히 높은 수준의 철학적 천재들이며, 그들의 저술은 세련된 철학적 글쓰기 방식의 특징을 보여 준다. 그것은 영어 저술로는 흄의 《인간 본성론(Treatise of Human Nature)》에서 우리가 마지막으로 보았던 방식이다. 이 세련된 방식이란 어떤 시기의 특징이 아니다. 그것은 적절하게 다루어지고 소화되었던 철학적 자료를 갖는 정신의 특징이다. 이처럼 그것은 주제에 대한 견해의 깊이와 견실함에 근거를 두고 있다. 그것은 본질적으로 객관적이며, 다른 사람들의 생각에 대한 비판이나 설명보다는 사물 자체의 특징에 관심을 갖는다. 그것은 기질의 평온힘과 진술의 솔직함이라는 특징을 가지며, 숨겨진 어떤 어려움도 없고 악의적이나 격정적으로 제시하는 어떤 것도 없다. 모든 위대한 철학자들은 이러한 마음의 평온함을 지니며, 모든 격정이 시간의 흐름에 따라 사라지면서 그들의 시야가 맑아지고, 또한 그들은 마치 산꼭대기에서 사물들을 바라보는 것처럼 글을 쓴다. 이것이 위대한 철학자를 특징짓는 분위기다. 그것을 갖고 있지 못한 작가의 글은 읽을 가치가 있을 수도 있고 없을 수도 있지만, 그가 위대함을 결여한다는 점은 분명하다.

1. 알렉산더

그렇다면 우리는 자연 세계가 산꼭대기에 있던 알렉산더에게 어떻게 보였는가를 살피면서 시작할 것이다. 그는 끊임없는 변화 속에서 존재하는 이 세계를 하나의 단일한 우주의 과정, 즉 세계가 진행함에 따라 존재의 상위 질서들이 창발하는 우주의 과정으로 보았다.[57] '창발하는(emergent)'이란 단어는 로이드 모건(Lloyd Morgan)에게서 빌려 온 것인데, 모건은 자신의 저서 《본능과 경험(Instinct and Experience)》(1912)에서 그 단어를 사용했고, 그 후에 《창발적 진화(Emergent Evolution)》(1923)에서는 그와 비슷하게 세계가 진화의 과정이라는 견해를 제시했

---

57) 사무엘 알렉산더(Samuel Alexander), 《공간, 시간, 그리고 신(Space, Time, and Deity)》, 2 vols., 1920 : Gifford Lectures, 1916~1918.

다. 모건이 '창발하는'이란 단어를 사용했던 이유는, 존재의 상위 질서들이 과거에 존재했던 어떤 것의 단순한 결과들이 아니며, 또한 하나의 결과가 그것의 작용인 내부에 있는 것처럼 그것들 안에 포함되어 있지는 않다는 것을 보이기 위해서였다. 따라서 상위 질서의 것은 하위 질서의 단순한 변형물이나 복합물이 아니라 정말로 질적으로 새로운 어떤 것이며, 이것은 그것이 성장해 나온 하위 질서의 용어들로 환원함으로써 설명되는 것이 아니라 그 자체의 고유한 원리들에 따라 설명되어야 하는 것이었다. 이처럼 모건에 따르면, 생명은 물질로부터 창발하고, 또한 정신은 생명으로부터 창발한다. 그러나 이것은 생명이 단지 물질에 불과하고, 생물학이 물리학의 특수 분야로 환원되어야 한다는 것을 함축하지는 않는다. 또한 그것은 정신이 단지 생명에 불과하고, 정신에 관한 과학들이 생물학으로 설명되어야 하며, 따라서 궁극적으로는 물리학으로 설명되어야 한다는 것을 함축하지도 않는다. 그러나 모건의 논증은 존재들의 새로운 계열이 왜 과거의 질서로부터 창발해야만 하는가, 또는 왜 사물들이 어떤 결정된 순서에 따라 창발해야 하는가를 보이기 위한 어떤 주장도 하지 않고 있다. 그의 방식은 순전히 설명적이며, 또한 그렇게 하겠다고 주장하고 있다. 그리고 나는 여기에서 자신의 저서 《전체론과 진화(Holism and Evolution)》(1926)에서 그와 같은 개념을 확대했던 잰 스머츠(Jan Smuts, 얀 스뮈츠)를 언급하고 싶다. 그의 견해는 모건보다 더 솔직하게 철학적이다. 스머츠는 전체의 창조를 향한 충동 또는 자족적인 개별자들이 자연에 가득하다고 말함으로써 창발의 원리를 진술하려고 시도했으며, 또한 이전에 존재했던 개별자들의 부분들을 그 자체의 부분들로서 수용하는 동시에 새롭고도 더 적절한 개별성의 유형이라는 창발을 통해 진화의 각 단계가 어떻게 특징지어지는가를 보이려고 시도했다.

진화에 관한 알렉산더의 견해는 이 두 가지와 모두 유사하다. 그는 생명이 물질로부터 창발하며, 정신이 생명으로부터 창발한다는 (헤겔 이후로 상식적인) 일반적인 도식을 받아들인다. 또한 그는 이 두 가지 창발들 속에서 (그리고 그와 마찬가지로 다른 모든 것에서도) 그 과정의 본질이 다음과 같다고 주장한다. 즉, 첫째는 그것들 자체의 결정된 구조와 특성을 갖는 사물들이 존재하고, 둘째는 이러한 사물들이 전체적으로 새로운 유형의 구조와 새로운 성질들의 질서를 지닌 새로운 양식(pattern)으로 자신들을 배열한다는 것이다. 여기에 함축된 근본적인 개념은 성질이 양식에 의존한다는 개념이다. 내가 이미 말했듯이, 이 개념을 통해 피타고라스학파 사람들은 음정을 설명했고, 현대 과학은 화학적 성질을 설명했다. 알렉산더는 대담하게 그것을 진화론 전체로 확대했다. 그는 공간과 시간에서 시작하는데, 여기에서 공간과 시간은 뉴턴의 방식처럼 두 개의 분리된 존재자(entity)들이 아니라 하나의 존재자다. 그 자신의 표현을 사용하자면, 공간은 은유적으로 신체이고 시간은 조직의 원리인 정신이며, 공간이 없이는 시간이 있을 수 없고 시간이 없이는 공간이 있을 수 없다. 따라서 우리는 공간과 시간 속에 각각 위치한 '무한한 점들이라는 하나의 다수성'과 '무한한 순간들이라는 또 다른 하나의 다수성'을 갖는 것이 아니라 존재하는 모든 것들의 궁극적인 구성 요소들인 '무한한 점들과 순간들이라는 하나의 단일한 다수성(a single infinite plurality of point-instants)'을 갖는다. 따라서 존재하는 모든 것은 장소적 측면은 물론이고 시간적 측면도 갖는다. 장소적 측면에서 그것은 결정된 자리를 가지며, 시간적 측면에서 그것은 늘 새로운 위치로 움직여 간다. 이렇게 해서, 알렉산더는 '내재적으로 운동을 소유하는 물질'이라는 현대적 개념과 '공간과 시간의 전체 내부에서 서로 상대적인 모든 운동들'이라는 현대적 개념에 형이상학적으로 도달한다. 최초의 창발은 점들과 순간들로부터 창발하는 물질 자체의 창발이다. 물질의 입자는 점들과 순간들의 운동 양식이며, 이는 항상 결정된 양식이기 때문에, 그것은 결정된 성질을 가질 것이다. 이것이 현대적 물질 이론에 대한 형이상학적 설명이다. 그리고 그의 다른 논증에서도 종종 그렇듯이, 여기에서도 알렉산더는 성질이 단순한 현상이 아니며, 그것은 정신에 나타난다는 단순한 이유 때문에 존재하지 않는다고 조심스럽게 지적한다. 그것은 객관적 세계에서 구조의 기능으로 존재한다. 이것은 화학적인 성질들에만 적용되는 것이 아니라 이른바 제2성질들이라 부르는 물질이나 색깔 등에도 적용되는데, 이것들은 물질적인 요소들로 구성된 양식들의 기능들 자체다. 이와 같이 특수한 음정은 공기 진동의 어떤 주기에 본질적으로 속하는 성질이며, 그것을 듣는 귀가 있든 없든 상관없이 실재한다. 따라서 생명의 창발 이전의 물리적 세계에는 이미 존재자의 다양한 질서들이 있으며, 각각의 질서는 그 아래의 다음 질서에 속하는 요소들로 구성된 양식으로 이루어진다. 점들과 순간들은 물리적 성질을 갖는 전자들인 하나의 양식을 형성하고, 전자들은 화학적 성질을 갖는 원자를 형성하고, 원자들은 새로운 상위 질서의 화학적 성질을 갖는 분자를 형성하고, 또한 분자들은 공기의 분자들과 마찬가지로 공명하는 파동-양식들을 형성한다.

　살아 있는 유기체들은 각각 물질의 조각들을 요소들로 갖는 양식들이다. 그것들 내부의 이 물질 조각들은 비유기체적이다. 그것들이 구성하는 전체 양식만이 살아 있으며, 그것의 생명은 그것을 구성하는 물질적 부분들의 시간적 측면이나 주기적 과정이다. 따라서 생명은 유기체의 시간적 측면이며, 그것의 공간적 측면은 비유기체적인 물질이다. 달리 말하자면, 생명은 특수한 종류의 작용 또는 과정, 즉 (부분들만을 고려할 때) 다음 하위 질서의 작용을 수행하는 부분들로 구성된 물체에 속하는 특수한 종류의 작용 또는 과정이다.

정신은 살아 있는 유기체들 내부에서 발생하고, 생명을 그것의 토대(substratum, 기체)나 재료로 사용하는 또 다른 특수한 종류의 작용이다. 따라서 정신은 생명 작용의 양식(pattern)이다. 생명이 유기적 신체의 재료에 속하는 모든 작용과 질적으로 다르듯이, 정신도 생명 그 자체에 속하는 모든 작용과 질적으로 다르다. 다시 말해서, 물질 내부에 존재자의 다양한 질서들이 있듯이 생명에도 다양한 상위 질서들과 하위 질서들이 있으며, 상위 질서는 하위 질서의 정밀한 형태들이고, 또한 정신에도 다양한 질서들이 있다. "상승 작용은 복합성을 통해 발생하는 듯이 보인다. 그러나 각 성질의 변화에서 복합성은 이를테면 스스로 뭉쳐서 새로운 단순성을 표현한다. 이러한 창발적 성질은 그것을 구성하는 재료들을 하나의 새로운 전체로 모은 총합이다."[58]

이러한 진화론적 과정은 이론적으로 무한하다. 지금 그것은 정신의 단계에 도달했지만, 앞쪽으로만 전진한다.

왜냐하면 모든 단계에는 다음 단계를 실현하려는 방향으로 향한 전진 운동이나 충동, 또는 경향이나 추동력이 있기 때문이다. 정신의 다양한 특성들 가운데 한 가지는 이러한 추동력을 의식하고, 또한 그것의 진화가 그것을 이끌어 가는 방향으로 목표를 생각 속에 담는 특권을 갖는다는 것이다. 이처럼 모든 정신은 그것이 의식적으로 그 자체를 변형하려 노력하는 정신의 상위 형태라는 개념을 갖는다. 이 개념들은 인간의 행위와 사고를 지배하는 이상(ideal)들이다. 그러나 전체로서의 정신, 즉 우주의 과정에서 단지 한 단계에 불과한 정신은 그 자체에서 벗어나 (정신이 생명과 다르듯이) 그 자체와 다른 '어떤 것'으로 진화시키려는 노력에 관여한다. 여기에서 그 '어떤 것'이란, 그것이 나타날 때 그것의 물질적인 측면에서는 (정신이 생명 작용의 양식이듯이) 정신 작용의 양식이지만, 그것의 형상적인 또는 질적인 측면에서는 완전히 새로운 어떤 것을 의미한다. 아직 실현되지 않은 이러한 성질의 다음 상위 질서가 신(deity)이다. 이처럼 신(God)은 정신의 진화론적 경향이 지향하는 창발성을 갖는 존재자다.

아주 고전적으로 엄격하고도 단순하게 구성된 이 논증

---

58) 사무엘 알렉산더, 위 책, Vol. 2, ii. p. 70.

이 구체적으로 입증되고 옹호되는 수많은 방법들을 보여주거나, 또는 다른 위대한 철학자들의 우주론적 이론들과 그것이 갖는 많은 관련성을 지적하기 위해, 내가 여기에서 멈출 수는 없다. 나는 처음으로 돌아가서 "알렉산더가 생각했던 우주의 과정은 어떤 토대와 전제에 의존하는가?"라는 질문을 제기해야 한다. 플라톤과 헤겔, 그리고 진스와 같은 현대의 플라톤주의자들은 그 과정이 비물질적인 형상들이나 범주들과 같은 영원한 질서에 의존한다고 생각한다. 알렉산더는 범주에 관한 그 자신만의 이론을 갖고 있다. 그는 범주를 플라톤이나 헤겔의 방식처럼 경험적인 사물들을 초월하는 것이나 그것들에 의해 전제되는 것으로 생각하지 않고, 그것들이 존재하는 언제 어디에서나 그것들 안에 단순히 내재한다고 생각했다. 즉, 그는 범주를 공간과 시간 속에 존재하는 모든 것에 침투해 있거나, 또는 어디에나 존재하는 특성들에 불과하다고 생각했다. 따라서 그에 따르면, 공간과 시간은 말하자면 한 손으로는 공간과 시간의 모든 피조물들 위에 찍는 표시들로서 범주들을 생성하며, 다른 손으로는 각자 그 나름대로 특수한 성질을 갖지만 모두 똑같은 범주적 특성들로 특징짓는 경험적 존재자들의 질서를 생성한다. 범주적 특성들이란 동일성, 다양성, 존재성, 보편성, 특수성, 개별성, 관계성, 질서, 인과성, 호혜성, 양, 강도, 전체성과 부분성, 운동,

단일성과 다수성 등을 말한다. 공간과 시간은 범주들의 근원이지만, 그것들은 공간과 시간에 적용되지 않는다. 그것들은 존재하는 것에만 속하며, 존재하는 것은 공간과 시간 자체가 아니라 오직 그 안에 있는 경험적인 것들이다. 그러나 이것들은 공간과 시간 속에 존재한다는 한 가지 이유, 즉 바로 그 한 가지 이유에서만 범주적인 특성들을 갖는다. 따라서 알렉산더는 그 특성들이 공간과 시간의 본성(nature)에 의존한다고 생각한다. 즉, 그는 공간과 시간이 그것의 필연적인 결과들이라는 정의로부터 그것들을 추론하려 했다.

그런데 공간과 시간이 범주들보다 논리적으로 앞선다는 이러한 학설은 세심한 주의가 필요하다. 피상적으로 그것은 공간과 시간에서 시작해 범주들로 진행하는 《순수이성 비판》을 기억나게 한다. 그러나 칸트는 범주들을 공간과 시간이 아니라 독립적인 근원, 즉 판단들에 대한 논리적인 목록으로부터 끌어냈다. 또한 알렉산더와 달리, 칸트는 경험적인 사물들이 말하자면 범주들을 시각적으로 각인한 것들이라고 생각하지 않았다. 그와 반대로 칸트는 자연 세계에서 경험적으로 발견되는 전반적인 특성들이 범주들 자체가 아니라 범주의 도식들(schemata)이라고 생각했다. 따라서 한 가지 예를 들자면, 우리가 자연 세계에서 경험적으로 발견하는 것은 '인과성'이나 '결과를 원인과 묶는 필연적인 연결성'이 결코 아니며, 단지 인과성의 도식, 즉 균일한 연속이다. 도식들은 가시적인 세계에 만연한 특성들이 아니다. 그것들은 공간과 시간에 의존하며, 단순히 공간적이고 시간적인 구조의 형태들에 불과하다. 그리고 알렉산더의 체계 내에 있는 범주들이 칸트적인 언어에서 범주들이나 도식들이냐고 물을 때, 그 대답은 알렉산더의 책 어디에서나 쉽게 입증될 수 있다. 그것들은 범주들이 아니다. 그것들은 도식들이다. 칸트에게서 많은 영향을 받았음에도 불구하고 어떻게 해서든 칸트의 주관주의를 해결하려고 했던 알렉산더는 칸트적인 범주들을 단지 사고의 주관적 필요성들에 불과하다는 이유에서 모두 제거하고, 도식들 자체만으로 만족하려 했던 것으로 보인다. 그러나 만약 우리가 원인이라는 범주를 제거하고 그것의 도식들을 대체한다면, 그것은 필연적 연결성이라는 개념을 제거하고 단순히 균일한 연속성으로 만족하는 것이다. 즉, 그것은 우리 자신을 존 스튜어트 밀(John Stuart Mill)의 것과 같은 경험론과 연결하는 것이다. 흄에 따르면, 원인이란 단순히 선행 조건에 불과하며, 또한 그에게 결과적으로 모든 지식은 필연성에 대한 어떤 파악도 없는, 사실에 대한 단순한 관찰에 불과하다. 이것이 바로 알렉산더가 하는 일이다. 그의 지식 이론이 바로 이와 같다. 즉, 정신들이란 다른 것들(things)을 아는 힘을 가진 것들(things)이며, 그가 조심스럽게 표현했던 철학적 방법론은 바로 그 학설을 적용한 것이다. 왜냐하면 그는 철학의 과제가 생각하거나 논증하거나 설명하는 것이 아니라 단순히 사실들을 관찰하고 설명하는 것이라고 말하기 때문이다.

이런 경험론의 성향이 알렉산더의 철학이 지닌 약점이다. 만약 철학의 방법이 순전히 경험론적이라면, 그리고 만약 보편적이라는 것이 단순히 만연하다는 것이고, 필연적이라는 것이 단순히 실제적이라는 것이고, 또한 사고라는 것이 단순히 관찰이라면, 이런 방법 위에 세워진 체계는 아무런 추진력이나 지속성을 갖지 못할 것이다. 모든 변화에는 독단적인 요소가 있다. 그리고 "**왜** 공간과 시간은 물질을 생산해야 하는가, **왜** 물질은 생명을 생산해야 하는가, **왜** 생명은 정신을 생산해야 하는가?" 등의 질문들을 고집스럽게 하는 독자는 아무런 답을 얻지 못할 것이다. 그는 그런 질문들을 해서는 안 된다는 이야기와 자연적인 경건함의 정신으로 사실들을 받아들여야 한다는 이야기만을 듣게 될 것이다. 그러나 만약 어린아이가 인류의 아버지라면, 자연적인 경건함에서 나오는 첫 번째 의무는 분명히 **왜**(why)로 시작되는 질문들을 하는 어린애 같은 성향을 존중하고, 또한 만족시키려고 노력하는 것이다.

이 약점의 극단적인 형태는 신(God)이라는 개념에 대한 알렉산더의 설명에서 나타난다. 그의 설명은 꾸밈없는 화려함으로 빛나지만, 이로 인해 그것의 역설적인 성격이 가려져서는 안 된다. 신에 관한 우리의 일상적인 생각들은 분명히 유치하지만, 대체로 그것들은 태초에 신이 하늘과 땅을 창조했다는 생각으로 시작한다. 그와 반대로 알렉산더는 최후에 하늘과 땅이 신을 창조할 것이라고 말한다. 이러한 모순의 조잡함은 신이라는 용어를 애매한 용어로 만들고, 신(Deity)의 창발을 지향하는 그것의 경향 때문에 신이 세계라고 불릴 수도 있다는 (이를테면 기대된다고) 말로 수정된다. 그러나 알렉산더는 그것을 그렇게 애매하게 만들 자격이 없다. 그의 진정한 생각은 다른 글에서 표현된다. 그곳에서 그는 제한적으로 무한한 신이 존재할 수 없다고 말한다(분명히 이것은 신의 존재가 본질적으로 불가능하며, 따라서 신이 결코 존재하지 **않으리라는 것을** 의미한다). 그러므로 그는 신이 단지 하나의 그림에 불과하고, 실제로 그것에 상응하는 것은 아무것도 없지만(또는 우리는 그것에 상응할 것이 앞으로도 없으리라는 말을 덧붙여야 한다), 그럴 만한 중요한 가치가 분명히 있는 그림이라고 말한다. 따라서 종교와 전통적인 우주론에 공통된 믿음, 즉 신이 세계의 창조자라는 믿음을 자신이 뒷받침할 수 있느냐고 알렉산더가 자기 자신에게 물을 때, 그는 그와 반대로 그것을 거부해야 한다고 답변한다. 창조자는 공간과 시간이지 신이 아니며, 엄격히 말하자면, 신은 창조자가 아니라 피조물이다. 철학의 방법이 엄격한 연역법의 하나라고 주장했던 철학에서는 이 결론을 반대할 수 없을 것이다. 왜냐하면 그런 방법이 만약 일상적인 개념들과 반대되는 결론들에 도달한다면, (스피노자가 자유라는 우리의 일상적인 개념이 환상이라는 자신의 견해를 옹호했듯이) 그 방법은 논증을 통해 그 결론들을 옹호할 자격이 있을 것이다. 그러나 자연적 경건함이란 개념을 주된 방법론적 개념으로 삼는 철학에서는 그것을 반대할 수 있을 것이다. 왜냐하면 그런 철학은 그 철학이 발견한 현재의 개념들을 받아들여야 하고, 또한 신이 세계를 창조했다는 믿음보다 더 본질적인 신에 관한 현재의 개념이란 없기 때문이다.

따라서 현대 철학에서 가장 훌륭한 업적들 가운데 하나이며, 모든 곳에서 명쾌하고도 중요한 진리들을 표현하고 있는 알렉산더의 저술이 갖는 탁월한 장점들에도 불구하고, 그 체계의 논리와 그가 그 체계에 끌어들이려 애썼던 (인간으로서의 일반적인 경험에서 그가 도출한) 자료들 사이에는 약간의 결함이 있다. 그 체계의 논리에 따르면, 알렉산더는 처음에는 논리적 필연성을 부정하고 완전한 경험론에 빠져야 했고, 끝에 가서는 (그가 신을 공간과 시간과 동일시하는 경우를 제외하고는) 신을 거부하고 완전한 무신론에 빠져야 했다. 그리고 이러한 단계들은 모두 알렉산더만큼 삶의 경험과 사고가 풍부하지 못한 추종자들, 즉 알렉산더만큼 위대하지는 않지만 현명한 철학자들에 의해 쉽게 받아들여질 수 있을 것이다. 그를 따르는 다른 방법은 그 체계의 논리를 다시 생각해 보고, 특히 자연 전체에 만연한 범주적 특성들이 자연 외부의 어떤 것, 즉 공간과 시간보다 앞서는 어떤 것을 함축하지 않느냐는 질문을 재개하는 것이다.

    이것은 나를 화이트헤드에게로 이끌어 간다. 그 이유는 화이트헤드가 알렉산더의 추종자였기 때문이 아니다. 화이트헤드는 그의 추종자가 아니었다. 그 이유는 화이트헤드가 일반적으로 알렉산더와 아주 유사한 견해를 제시했음에도 불구하고, 그 질문에 대해 다르게 답변했기 때문이다.

2. 화이트헤드

    화이트헤드가 초기에 받았던 교육은 수학자와 물리학자로서의 교육이었다. 그는 처음에 자기 자신의 사고를 반성하는 수학자로서의 능력을 통해 철학적 탐구를 했다. 그는 현대적 논리 분석의 기초를 제공했던 수학 논리학에 관한 대작인 《수학의 원리(Principia Mathematica)》를 버트런드 러셀(Burtrand Russell)과 함께 집필했다. 나중에 그는 물리학을 철학적으로 설명하는 저술인 《자연적 지식의 원리들(The Principles of Natural Knowledge)》과 《자연이라는 개념(The Concept of Nature)》을 집필했고, 마침내 1929년에는 일반 형이상학적 체계인 《과정과 실재(Process and Reality)》를 집필했다. 그의 철학적 작업은 20세기 실재론적 운동의 일부를 이루지만, 사실상 그것은 아주 중요한 일부였다. 그러나 그 운동의 다른 대표자들은 19세기 후반의 관념론적인 교육을 받은 뒤에 그 운동에 도달했으며, 결과적으로 개종자들의 광신을 직시하면서도, 젊은 시절의 죄를 다시 범하는 것을 병적으로 무서워했다. 이러한 사실은 그들의 작업에 부담을 줬고, 그들은 철학적 지식을 발전시키는 것보다 자신들이 관념론에 우호적인 적이라는 것을 증명하는 데 더 관심을 갖는 듯이 보였다. 반면에 화이트헤드의 작업은 이 모든 종류의 것으로부터 완전히 자유로웠고, 또한 그는 아무런 강박관념도 갖지 않았다. 분명히 그는 자기가 하는 말이 진실이라면 어떤 말이든 했다. 이러한 불안감으로부터의 자유가 그의 성공 비결이었다.

화이트헤드의 자연 이론은 알렉산더의 이론과 상당히

유사하다. 그에 따르면, 자연은 운동 양식들로 구성된 것이며, 그것들의 운동은 그것들의 존재에 본질적이다. 그리고 이것들은 화이트헤드가 사건(event)과 경우(occasion)라고 부르는 것들로 분석되고, 이는 알렉산더의 점들과 순간들에 상응한다. 그러나 그의 분석 방식을 채택했던 다른 몇몇 사람들과 달리, 그는 복합적 사물의 진정한 존재 또는 본질이 그것을 구성하는 사건들에 대한 분석을 통해 발견될 수 있다는 믿음을 거부한다. 분석이 실제로 구성 요소들을 드러내지만, 그것은 그 구성 요소들의 구조를 분해하며, 또한 화이트헤드는 복합적 사물의 본질이 그것의 구조나, 또는 알렉산더가 그것의 양식이라고 부르는 것과 동일하다는 알렉산더의 견해를 공유한다.

더 광신적인 실재론자들은 그런 분석적 방법이 주로 주관적 관념론의 탈출구가 된다는 점에서 환영했다. 실제 경험에서, 알려진 대상은 그것을 아는 정신과 항상 공존하는 것으로 나타난다. 그리고 주관적 관념론은 '아는 자(knower, 앎의 주체-옮긴이)'와 '알려지는 것(known, 앎의 대상-옮긴이)'이라는 두 부분으로 구성된 이 전체는 다른 것과 합쳐져 있을 때만 소유하는 어떤 것을 각각의 것에서 빼냄으로써 그것들 모두를 훼손하지 않고는 그것의 구성 요소들로 나뉠 수 없다고 주장한다. 그러므로 관념론자는 우리가 알고 있는 그대로의 사물들이 그렇게 알려지지 않는다면, 그것들은 우리가 알고 있는 그대로의 것들이 존재하는 것과 똑같은 방식으로 존재하지는 않을 것이라고 주장한다. 이 논증에 대해 분석적 방법이 답변을 제공하는 듯이 보였다. 복합적인 전체는 단지 외적으로 관련된 부분들의 총합이며, 분석은 그 부분들을 있는 그대로, 즉 그것들의 분리된 성질들로 드러낸다는 것이다.

관념론을 반대하는 이 주장은 모든 전체가 단순히 그 부분들의 총합이라는 주장이 완전히 일반 명제로 유지될 수 있는 경우에만 타당하다. 그러나 관념론에 반대하는 이 논증을 사용했던 조지 무어(George E. Moore)도 이것을 유지하지 못했다. 왜냐하면 무어도 어떤 부분을 개별적으로 언급할 수 있는 것이 아니라 오직 전체 그 자체를 언급할 수 있는 특성들을 갖는 전체들, 즉 자신이 유기체적 통합체(unity, 단일체)들이라고 부르는 것이 있다고 인정했기 때문이다. 무어는 특히 윤리학 분야에서 그런 통합체들을 인지했다. 이것은 아마도 화이트헤드로 하여금 자신의 철학을 유기체의 철학이라고 묘사하게 만들었던 무어의 원리에 대한 기억이었을 것이다. 왜냐하면 그가 했던 일은 그 원리를 윤리학과 아마도 다른 어떤 분야에 유효한 다소 이상하고도 역설적인 법칙으로 간주한 것이 아니라 존재하는 실재자의 모든 영역에 적용될 수 있는 보편적 원리로 간주한 것이었기 때문이다. 그는 이와 같은 적용의 보편성에 대해 아주 분명한 태도를 취했다. 화이트헤드의 철학에서, 존재하는 모든 것은 그가 자연의 질서라고 부르는 것의 내부에서 그것의 위치를 갖는다(《과정과 실재(Process and Reality)》, II. iii]. 이 질서는 '사회들(societies)'로 조직되었고, 이것은 자신들을 '사회들'로 조직하는 '실제 존재자들'로 구성된다. 따라서 실제적으로 존재하는 모든 복합적 사물이 하나의 사회이며, 화이트헤드는 "하나의 사회는 하나의 집합적 명칭(class-name)이 적용되는 존재자들의 집합 이상의 것이다. 즉, 그것은 단순히 수학적인 질서라는 개념 이상의 것을 포함한다"(p. 124)고 말한다. 여기에서 화이트헤드는 예전의 몇몇 동료들로 하여금 "하나의 의자는 일반적으로 의자의 측면들이라고 부를 수 있는 감각 자료들의 집합(class)이다"라고 주장하게 만들었던 학설들의 뿌리를 공격하고 있다.

화이트헤드가 실재자를 유기체라고 계속해서 주장할 때, 그는 모든 실재를 생물학적 용어들로 환원하려고 의도했던 것이 아니다. 그가 의미한 것은, 존재하는 모든 것의 본질이 그것의 구성 요소들에만 의존하는 것이 아니라 그것들을 구성하는 양식이나 구조에도 의존한다는 점에서, 그것이 살아 있는 유기체를 닮는다는 것이다. 따라서 (단지 하나의 명백한 결론만을 지적하자면) 장미가 정말로 빨간 것**인가**(is), 또는 단지 우리의 눈에 빨간 것처럼 **보일**

뿐인가(seems)라고 묻는 것은 무의미하다. 장미를 포함하는 그와 같은 자연의 질서는 자신의 눈과 자신의 정신을 갖는 인간도 포함하며, 우리가 논의하는 상황은 장미와 사람들이 똑같이 실제적이고, 또한 살아 있는 사물들의 사회 속에서 똑같이 원소들인 상황이다. 그리고 그것의 색깔과 그것의 아름다움은 그 사회에 실재하는 특징들이며, 단순히 장미에 위치하는 것[화이트헤드는 이것을 '단순 위치의 오류(fallacy of simple location)'라고 부른다]이 아니라 그 장미가 하나의 유기체적 부분을 이루는 사회에 위치한다. 결과적으로, 만약 우리가 화이트헤드에게 실재론자의 문구, 즉 "보는 사람이 아무도 없어도 장미는 빨간색인가?"라는 질문을 제시한다면, 그는 "아니요. 그 전체 상황이 다를 것입니다"라고 아주 완곡하게 대답할 것이다. 그리고 결과적으로 엄격한 실재론자들은 화이트헤드의 태도가 흔들리고 있다는 의심스러운 눈으로 바라볼 것이다.

화이트헤드에 따르면, 자연은 유기체일 뿐만 아니라 과정이기도 하다. 유기체의 작용들은 외부의 우연적 속성들이 아니다. 그것들은 유기체 그 자체인 단일한 복합적 작용으로 통합된다. 실체와 작용은 둘이 아니라 하나다. 이것이 화이트헤드 우주론의 근본 원리다. 이것은 그가 색다른 끈기와 명료성을 통해 파악했고, 또한 그 자신의 설명을 통해, 즉 새로운 물질 이론을 가진 현대 물리학을 통해 스스로 배웠던 원리다. 자연의 과정은 단순히 순환적이거나 주기적인 변화가 아니며, 창조적인 발전이다. 유기체는 끊임없이 새로운 형태들을 취하고 그 자체의 모든 부분에 새로운 형태들을 산출하는 진화의 과정을 거치거나 추구하고 있다.

이러한 우주의 과정은 두 가지 주요 특성들을 갖는데, 나는 그것들을 화이트헤드 자신의 용어들을 사용해 '확장성(extensiveness)'과 '목표(aim)'라고 부를 수 있을 것이다. 내가 의미하는 '확장성'은 우주의 과정이 공간과 시간이라는 무대 위에서 발전한다는 것이다. 즉, 그것은 공간에 퍼져 있고, 시간을 따라 진행한다. 내가 의미하는 '목표'는 화이트헤드가 알렉산더처럼 목적론을 통해 과정을 설명한다는 것이다. B가 되는 과정 중에 있는 A는 단순히 임의적으로 변하는 것이 아니라 그것의 변화를 B라는 목표에 맞춘다. 그 과정이 확장적인 것이라면, 그것은 알렉산더가 공간과 시간이라고 불렀던 것을 함축한다. 화이트헤드는 그것을 확장된 연속체라고 부르고, 그것이 시간적 측면과 공간적 측면 모두를 갖지나, 공간이 없이는 시간이 있을 수 없고 시간이 없이는 공간이 있을 수 없다고 주장했던 알렉산더와 아주 비슷한 주장을 한다. 또한 알렉산더와 마찬가지로, 화이트헤드는 양식과 과정이 없는 어떤 빈 공간이나 빈 시간이란 것은 있지 않고, 또한 있었던 적도 전혀 없다고 주장한다. 전통적인 물질 개념이 사라지고 과정이라는 개념으로 대체될 때, 빈 공간과 빈 시간이라는 개념은 사라진다. 그리고 공간과 시간 모두에서 자연 세계의 유한성(즉, 별들이 있는 우주의 공간적 한계들과 그 생명의 시간적 한계들)은 우주 시대(cosmic epoch)라는 화이트헤드의 개념으로 설명된다. 그는 자연에 많은 임의적인 특성들이 만연해 있음을 관찰한다. 예를 들어, 양자 에너지, 클러크 맥스웰(Clerk Maxwell)이 발견한 전자기장(electro-magnetic field), 사차원의 연속체, 기하학의 공리 등이다(《과정과 실재》, pp. 126~127 : 이것들은 화이트헤드 자신의 사례들이다). 라이프니츠가 앞서 주장했던 것처럼, 화이트헤드도 이러한 임의적인 특성들이 서로 다른 가치들을 가졌던 세계들이 존재했을 수도 있으므로, 우리의 세계는 단지 많은 가능 세계(possible world)들 가운데 하나에 불과하다고 주장한다. 그러나 라이프니츠와는 달리, 화이트헤드는 이 다른 세계들이 존재해서는 안 되는 본질적인 이유가 없기 때문에(왜냐하면 만약 그 세계들이 존재했다면, 그것들은 가능한 세계들이 아니라 불가능한 세계들이었을 것이기 때문이다), 그것들이 지금 이곳이 아니라 다른 곳의 공간과 시간 속에서 반드시 존재해야 한다고 주장한다. 이것들에 대한 그의 일반적인 이름이 바로 '우주 시대'다.

특정한 우주 시대의 유한성은 그것을 정의하는 법칙들이 임의적이므로, 그 외부에 다른 것들이 공간과 시간 속에 존재할 수도 있고 반드시 존재해야 하고 또한 존재한다는 것만을 의미하지는 않는다. 그것은 또한 그것을 정의하는 법칙들이 임의적이므로, 그 법칙들이 완전하게 준수되지 않는다는 것을 의미하기도 한다. 이것으로부터 주어진 어떤 우주 시대 속에 만연한 질서에 무질서한 사례들이 섞이며, 이 무질서한 사례들은 그 질서를 서서히 와해해 다른 종류의 질서로 바꾼다. 화이트헤드는 다음과 같이 말한다(《과정과 실재》, p. 127).

그러나 법칙들이 완전히 지켜지지 않는다는 의미에서, 그리고 (새로운 전자들과 새로운 양자들을 생성하는) 재생이 실패의 사례들과 뒤섞인다는 의미에서, 무질서가 있다. 따라서 현존하는 자연법칙들의 부분에 대한 지배력이 점차 증가함에 따라, 새로운 유형의 질서로 점차 이행한다.

우주의 과정이 목적론적이거나 또는 목표를 갖는 것이라면, 그것은 다른 어떤 것을 의미하며, 또한 여기에서 우리는 화이트헤드의 우주론과 알렉산더의 우주론이 갖는 차이점에 도달한다. 알렉산더에 따르면, 새로운 양식이 공간과 시간 속에서 그 자체를 형성할 때 나타나는 새로운 성질들은 그 양식에만 속하고 다른 어디에도 속하지 않는다. 그것들은 모든 의미에서 새로운 것이며, 그것들이 실현되는 새로운 사건 속에 전적으로 내재한다. 화이트헤드에 따르면, 그 성질들은 어떤 의미에서는 존재의 세계에 내재하지만, 다른 의미에서는 존재를 초월한다. 그것들은 단지 새로운 경우의 경험적 성질들이 아니라 플라톤이 형상들 또는 관념들이라고 불렀던 세계에 속하는 '영원한 대상들'이기도 하다. 여기에서 알렉산더는 '알려진 것'과 '그 순간의 순간적인 감각 자료'를 동일시하는 경험주의적인 전통으로 기울고 있다(나는 그가 그런 문제들과 관련해 존 스튜어트 밀과 친밀감이 있다는 것을 이미 지적했다). 반면에, 수학적인 훈련을 받았던 화이트헤드는 '알려진 것'과 '필연적이고 영원한 진리'를 동일시하는 합리주의적 전통을 보여 준다. 이것은 화이트헤드를 플라톤으로 돌아가게 만들고, 또한 영원한 대상들의 세계의 실재성을 우주 과정의 전제로 주장하게 만든다.

이처럼 알렉산더의 우주 과정은 단일한 토대, 즉 '공간과 시간'에 의존한다. 반면에 화이트헤드의 우주 과정은 이중적인 토대, 즉 '공간과 시간'과 '영원한 대상들'에 의존한다. 이 차이점은 알렉산더에게 필연적으로 해결할 수 없는 것으로 남아 있던 어떤 근본적인 문제들을 화이트헤드가 풀 수 있게 한다. 예를 들어, 왜 자연은 그 안에 어떤 사물들의 산출을 향한 어떤 경향성을 갖는가? 알렉산더는 이에 대한 답변을 갖고 있지 않았다. 우리는 자연적인 경건함의 정신을 갖고 그 사실을 단순히 받아들여야만 한다. 반면에, 화이트헤드는 그런 사물들에 속한 특수한 성질이 영원한 대상, 즉 (그 자신의 표현을 사용하자면) 그 과정에 대한 '유혹'인 영원한 대상이라고 답변한다. 그 영원한 대상은 플라톤이나 아리스토텔레스에게 그랬던 것처럼, 그것의 실현을 위한 과정을 유혹한다는 것이다. 그렇다면 신과 세계의 관계는 무엇인가? 알렉산더에 따르면, 세계가 신이라는 미래의 성질을 소유하게 될 때 그렇게 되듯이, 신은 세계다. 그러나 내가 이미 말했듯이, 이것은 우리가 '신'이라는 단어와 연결하는 일상적인 의미를 불합리한 것으로 만든다. 화이트헤드에 따르면, 신은 영원한 대상이지만, 무한한 대상이다. 그러므로 신은 하나의 특정한 과정만을 끌어내는 유혹이 아니라 모든 과정이 스스로 지향하는 무한한 유혹이다. 그는 다음과 같이 말한다(《과정과 실재》, p. 487).

> 그는 감정의 유혹이며, 욕구의 영원한 충동이다(화이트헤드가 그 단어들을 사용하듯이, 감정과 욕구라는 단어들은 정신에만 배타적으로 속하는 것들이 아니

라 창조적이고 따라서 목적론적인 작용에 참여하는 모든 것에 속한다는 것을 기억하라). 각각의 창조적 행위에 대한 그의 특정한 관련성이 자체적으로 조율된 관점에서 세계 속에 발생하듯이, 그에게(신에게-옮긴이) 그것은 각자 주관적인 목표의 초기 단계를 정립하는 초기의 욕구 대상으로 여겨진다.

자신이 경험한 사고의 훈련을 따랐던 화이트헤드는 신이 (신에 대한 사랑을 통해 우주의 과정을 시작하고 이끄는) 부동의 원동자라는 아리스토텔레스의 개념을 스스로 재구성했다. 그리고 화이트헤드는 자신의 생각이 아리스토텔레스의 생각과 일치한다는 점을 기꺼이 인정했는데, 그런 사실을 그에게 지적해 준 것이 그의 친구였다는 점은 특이하다. 화이트헤드가 아리스토텔레스의 《형이상학》을 한 번도 읽은 적이 없었다는 것은 분명하다. 내가 이 점을 언급하는 이유는 화이트헤드가 아리스토텔레스에 대해 무지했다는 것을 조롱하려는 것이 아니라(그럴 생각은 전혀 없다) 그 자신이 생각했던 플라톤적인 우주론이 《과정과 실재》에서 어떻게 아리스토텔레스의 우주론으로 전환되고 있는가를 보이려는 것이다. 데카르트와 뉴턴에게서 화이트헤드로 이어진 현대 세계의 우주론적 사고의 흐름은 탈레스로부터 아리스토텔레스로 이어졌던 흐름의 재현이다. 그러나 이 재현이 단순한 반복은 아니다. 그것은 일차적으로는 기독교적 신학의 형태로 나타났고, 이차적으로는 그러한 신학에서 파생된 현대 과학의 형태, 즉 17세기의 새로운 물리학과 19세기의 새로운 생물학의 형태로 나타났다. 화이트헤드의 연구에서, 이러한 새로운 과학들의 모든 대표적 개념들은 그 자체로 정합적이면서도 단순할 뿐만 아니라 그 자체를 철학적 사고의 주된 전통과 의식적으로 연결하기도 하는 단일한 세계관으로 융합되었다. 화이트헤드가 헤겔을 읽었다는 흔적은 보이지 않지만, 《과정과 실재》의 서문에서 그는 자신의 궁극적인 견해들이 실재론적인 기초 위에서 브래들리(Bradley)와 절대적 관념론의 주요 학설들에 접근하고 있다고 스스로 말하고 있으며(이것은 화이트헤드가 주관론에 반대하는 헤겔의 논의에 대해 무지했음을 보여 준다), 또한 그러한 철학적 전통과의 지속성을 주장한다. 화이트헤드는 위대한 철학자들이 모두 틀렸다고 보는 단계를 벗어나 그들이 모두 옳았다고 보는 단계로 접어들었다. 그리고 그가 이러한 단계에 접어들게 된 것은 독창적인 사고의 시도로 이어지는 철학적 해박함 때문이 아니라 먼저 혼자 생각하고 그런 뒤에 위대한 철학자들을 연구했기 때문이다.

내가 이미 말했듯이, 화이트헤드 철학의 주된 이론들은 정합적이면서도 단순하다. 그러나 그 이론들의 의미를 파악하려고 할 때, 우리는 이차적이면서도 아주 중요한 몇 가지 어려움에 직면하게 된다. 나는 그 가운데 가장 중요한 것을 언급하고, 그와 동시에 화이트헤드 자신이 정말로 그런 어려움에 직면했다고 확신하기 어렵다는 점을 분명히 하고자 한다. 왜냐하면 그는 항상 매우 읽기 어려운 글을 쓰는 작가였고, 또한 아무리 오랫동안 연구할지라도, 그가 경시했던 것으로 보이는 문제들을 그 자신이 암묵적으로 얼마나 해결했는가를 확신하기가 종종 어렵기 때문이다.

첫 번째는 영원한 대상들에 관한 이론이다. 화이트헤드는 알렉산더가 경험적인 성질이라고 불렀던 (특별한 한순간에 나타난 하늘의 푸르름, 또는 이전에는 결코 그런 방식으로 묘사된 적이 없던 두 개의 음악적 화음의 관계와 같은) 모든 것을 영원한 대상으로 생각하는 듯이 보인다. 이것은 분명히 화이트헤드가 여기에서 일반적으로 동의하는 산타야나(Santayana)의 견해다(《과정과 실재》, pp. 198~199). 그렇다면 영원한 대상들에 관한 학설이 일단 허용될 때, 그것을 결국 이런 방식으로 극한까지(à outrance) 확장하는 것은 아주 논리적으로 보인다. 이 주제에 관한 고전적인 글은 플라톤의 《파르메니데스》에서 찾아볼 수 있다. 파르메니데스는 옳음, 아름다움, 그리고 선함의 형상들이 존재하느냐고 묻는다. 소크라테스는 그런 것들이 분명히 존재한다고 대답한다. 사람, 불, 또는 물의 형상들이 있는가? 소크라테스는 잘 모르겠다고 대답한다. 머리카락, 진흙, 그리고 배설물의 형상들이 있는가? 소크라테스는 그것을 부정하게 되면 자신이 벗어나기 어려운 곳에 이르게 되리라는 것을 인정하면서도, 그런 것들이 분명히 없다고 대답한다. 이 글의 의미는 아주 분명하다. 어떤 것들은 우주 과정의 영원한 전제들로 간주되어야 하고, 다른 것들은 아마도 그것들의 산물들로 간주될 것이다. 그리고 아마도 오직 그것의 산물들로서, 다른 것들은 단지 그것의 부산물들에 불과하다. 그것들은 그 자체로서 필연적이거나 알 수 있는 것들도 아니지만, 참된 산물들이 다른 어떤 곳에 놓인 참된 산물들을 갖는 창조적 과정에서 (그것들이 알 수 있는 것들인 한) 그것들을 오직 우연적인 속성들로만 알 수 있다. 알렉산더는 이 모든 것들을 똑같이 산물들로 간주하지만, 화이트헤드는 그것들 모두를 전제 조건들로 간주한다. 소크라테스가 화이트헤드의 견해를 받아들이려 시도했을 때, 그는 아마도 그 스스로 표현하듯이 무의미의 바다(ocean of nonsense)에 빠질 것이 두려워 달아날 수밖에 없었다. 이것은 영원한 형상처럼 아주 엄숙하고도 무시무시한 어떤 것을 오물 냄새처럼 아주 더럽고도 불쾌한 어떤 것에 부여하는 것이 달갑지 않다는 의미가 분명히 아니었다. 그가 의미했던 것은, 자연의 모든 경험적 대상의 형상들을 그 자체 내에 포함하는 영원한 형상의 세계가 단지 엄격한 개념들로 전환된 자연적 대상들의 헛간에 불과하며, 또한 자연적 과정들을 설명하는 대신에 그렇게 생각된 형상들의 세계란 그 과정을 빠뜨린 이 과정들 자체의 단순한 복제물에 불과하다는 것이다.

이런 터무니없는 결론을 피할 수 있는 한 가지 방법이 있다. 예를 들어, 자연의 어떤 시간적 과정과도 상관없이 그 자체로서 존재하는 선(good)의 형상이 동물의 형상을 그것의 논리적인 결과로 함축한다는 것을 보일 수 있다면, 그리고 동물의 이러한 형상이 그 자체로서 배설물의 형상을 함축한다는 것을 보일 수 있다면, 그런 것들의 형상들이 존재한다고 주장할 수도 있고, 또한 그것들의 논리적 연결성과 논리적 종속성에서 형상들이 실제로 자연의 과정들을 설명하는 역할을 했다고 주장할 수 있을 것이다. 다시 말해서, 그 문제의 핵심은 영원한 대상들의 세계, 즉 본질의 영역이 어떻게 그 자체로서 조직될 수 있느냐는 질문이다. 플라톤은 분명히 이것을 보았고, 또한 헤겔도 그것을 보았다. 그러나 화이트헤드가 그랬던 것으로 보이고, 또한 산타야나가 분명히 그랬던 것처럼, 만약 우리가 그 입장을 받아들인다면, 우리는 (헤겔이 그랬던 것처럼) 세계에서 발견되는 모든 경험적인 성질을 절대적인 어떤 제일원리로부터 논리적으로 추론해야 하는 엄청난 과제,

또는 영원한 대상들에 관한 학설을 진지하게 받아들이려는 시도를 포기해야 한다는 엄청난 과제를 짊어지게 된다. 왜냐하면 (플라톤이 말하듯이) 푸른 색상의 형상에 참여함으로써, 또는 (화이트헤드가 말하듯이) 내가 하늘을 바라보는 현재 상황에서 그 색상의 구성 요소가 영원한 대상으로 참여함으로써, 하늘이 이 특정한 푸르름을 지금 갖는다고 단순히 주장하는 것만으로는 아무것도 얻을 수 없기 때문이다. 즉, 형상들이나 영원한 대상들의 세계라는 개념이 자연적 과정의 근원이나 근거라고 호소하고 있다고 말함으로써, 그리고 이 세계에 대한 설명을 계속 제시하면서 그 푸른 색상이 왜 그 안에서 나타나는가를 보여야 한다고 말함으로써, 우리가 얻을 수 있는 것은 아무것도 없다는 것이다.

산타야나는 이런 요구에 대응할 준비가 되어 있지만, 내가 생각하기에 그것은 화이트헤드에게는 호소력이 없는 답변이다. 만약 그 푸른 색상이 '본질의 영역'이라는 그의 일반적인 개념에 논리적으로 함축된 하나의 본질이라는 것을 산타야나에게 보여 달라고 내가 요구한다면, 그는 "어떤 본질도 함축성을 가질 수 없다"고 답변할 것이다. 여기에서 "함축성이란 인간의 담론에 의해 본질에 부여된 어떤 것으로서, 논리학에 의존하는 것이 아니라 존재의 우연적인 속성들에 의존하는 것이다《본질의 영역(Realm of

Essence)》, p. 81]". 이처럼 산타야나에 따르면, 모든 본질은 완전히 자족적이고 원자적이며, 본질의 영역이란 단지 '구체적인 것들의 종합' 또는 '구조가 없는 구체적인 것들의 덩어리'다. 내가 아주 틀리지 않았다면, 이것은 단지 소크라테스가 그토록 피하고자 노력했던 무의미의 바다에 불과하다. 그리고 그런 답변은 분명히 본질의 함축적 의미들을 파악하는 훈련을 주로 받았던 화이트헤드와 같은 수학자에게는 매력적이지 않았을 것이다. 그러나 나는 화이트헤드가 어떤 식으로 그 질문에 답변했을 것인지는 알지 못한다.

화이트헤드가 해결하지 않고 남겨 둔 것으로 보이는 두 번째 주된 문제는 자연의 창조적 과정에 관한 것이다. 모건, 알렉산더, 또는 스머츠와 같은 진화론자들은 이 과정이 명확한 단계들을 통과하리라고 믿었다. 즉, 그들은 이 지구상에 어떤 유기체적인 생명도 존재하지 않던 때가 있었고, 또한 비유기체적인 물리 화학적 토대 위에서 창조 과정 자체의 작용을 거쳐 유기체적 생명이 생겨났다고 믿는다. 그러나 이것은 화이트헤드의 견해가 아닌 것처럼 보인다. 《자연과 생명(Nature and Life)》에서, 그는 비유기체적 자연을 한때 스스로 존재했고, 또한 지금도 생명의 주변 환경으로 존재하는 실제적인 것이 아닌 추상적 개념으로 다룬다. 즉, 그것은 자연의 모든 곳에 만연한 생명의 요소들과는 상관없이 생각되는 자연 그 자체라는 것이다. 그는 우리가 의미하는 생명이 무엇이냐고 묻고, 그것을 자기 향유(self-enjoyment), 창조적 작용, 그리고 목표라는 세 가지 특징들로 정의한다. 화이트헤드는 비록 물리 과학이 그 자체의 완전히 적절한 이유들 때문에 그 세 가지 특징들을 무시하지만, 그 세 가지는 모두 이른바 비유기체적 세계에 실제로 존재한다고 주장한다. 그러나 내 생각에 이것은 그 문제를 해결하는 것이 아니라 회피하는 것이다. 생물들의 내부에는 발생하지만 다른 곳에는 발생하지 않는 과정의 유형들이 있다. 내게는 화이트헤드의 세 가지 특징들이 그것들에 대한 적절한 설명으로 보이지 않으며, 그가 한 일은 '생명'이라는 용어의 함축적 의미를 [생명에 실제로 속하기는 하지만 그것을 다른 것과 차별화하는 종차(differentia)가 아니라 단지 생명 그 자체와 물질에 공통된 유(genus)에만 속하는] 어떤 것으로 한정함으로써, 그 어려움을 회피한 것이다. 결과적으로 그는 물질을 단순한 추상적 개념으로 간주함으로써, 자신이 회피하려고 했던 바로 그 주관론으로 빠지게 된다. 이 결론에는 참된 요소가 들어 있지만, 그것이 만족스러운 것이 되려면 훨씬 더 많은 작업이 필요하다. 만약 물질이 단순한 추상적 개념에 불과하다면, 우리는 그런 추상직 개념을 만들게 하는 자연의 진정한 사실들이 도대체 무엇이냐고 질문해야만 한다.

정신과 관련해서도 동일한 어려움이 생겨난다. 정신의 독특한 특성은 그것이 실재를 안다는 것, 즉 파악한다는 것이다. 그렇다면 이 또한 생명의 특성들과 마찬가지로 실제로 전례가 없던 것이 결코 아니라고 화이트헤드는 말한다. 모든 것들은 그가 '포착(prehension)'이라고 부르는 것을 경험한다. 즉, 그 자체의 외부에 있는 것을 어떤 방식으로든 그 자체의 존재로 흡수한다는 것이다. "쇠줄은 그것이 놓여 있는 자기장을 포착한다", 즉 "그것은 그 자기장을 그 자체의 운동 형태로 변환함으로써 그것에 반응한다", "식물은 햇빛을 포착한다" 등으로 설명할 수 있다. 일반적으로 우리가 '정신'이라고 부르는 것의 특수성은 저급한 형태의 유기체들이 파악하지 못하는 사물들의 질서, 즉 명제들을 포착한다는 것이다. 여기에서 또다시 화이트헤드의 견해는 심오하고도 중요한 진리를 담고 있다. 정신을 자연과 완전히 이질적인 어떤 것으로 간주하는 데 대한 그의 거부, 즉 우리가 알고 있는 사람의 정신이란 일반적으로 생명에 속하거나 또는 심지어 궁극적으로는 비유기체적인 세계에 속하는 기능들을 발전시킴으로써 지금의 그것으로 존재하게 된 어떤 것을 가리킨다는 그의 주장은 모두 감탄할 만하다. 그러나 생명의 경우에 그랬던 것처럼, 그는 또다시 양자택일(dilemma)의 뿔들 위에 서 있는 것이다. 정신은 근본적으로 창조적인 발전이 없는 이러한 기초적인 포착(prehension)들의 경우와 동일한 것이고, 물질이 생명으로부터 단순히 추상한 개념이듯이 생명은 정신으로부터 단순히 추상한 개념이다. 또는 그렇지 않다면, 정신은 또한 완전히 새로운 어떤 것, 즉 그것이 성장해 나온 것과 그것의 관계를 설명해야 하는 완전히 새로운 어떤 경우다. 그리고 또다시 화이트헤드가 그 양자택일의 상황을 깨닫고 있는 것 같지는 않다. 전자와 양자, 그리고 그 나머지 것들의 가장 기초적인 형태로부터 인간의 정신적인 삶에서 우리에게 알려진 그것의 최고 발전 단계에 이르기까지 자연 세계 전체를 관통하는 유사성, 즉 근본적인 지속성에 대해 아무도 화이트헤드보다 더 생생하게 깨닫고 기술하지는 못했다. 그러나 이 일련의 형태들이 실제로 시간 속에서 발전된 것들을 보여 주느냐고 그에게 물을 때, 그는 무엇이라고 답변해야 할지 모르는 것 같다. 또한 만약 우리가 하나의 형태와 다음 형태의 연결이 갖는 정확한 성질에 대해 묻는다면, 그는 그런 모든 연결들이 세계 그 자체인 창조저 과정에 의해 형성된다는 주장 외에는 다른 답을 갖고 있지 않다.

3. 결론 : 자연에서 역사로

내가 가진 무지와 태만에도 불구하고, 이 책에서 나는 사실상 초기 그리스 시대로부터 오늘날에 이르는 자연 개념 전체의 역사가 아니라 그 역사에서 그나마 내가 다른 것보다 좀 덜 무지한 세 시기와 관련한 몇 가지 문제들을 밝히고자 했다. 그리고 이제 일종의 결말에 도달했으니, 나는 한 가지 경고와 한 가지 질문으로 끝맺음을 하고자 한다. 먼저 한 가지 경고란 그 결말이 결론은 아니라는 것이다. 헤겔은 그 자신이 자기의 철학을 최종적인 것으로 간주했다는 세간의 거짓을 폭로하면서, 역사 철학에 관한 논문의 끝부분에서 "이것이 의식이 도달할 수 있는 한계다(Bis hierher ist das Bewusstseyn gekommen)"라고 썼다. 이와 마찬가지로 지금 나는 "이것이 과학이 도달할 수 있는 한계다"라고 말해야 한다. 지금까지 말한 모든 것은 오늘날까지 전해 내려온 자연 개념의 역사에 대한 잠정적인 보고서일 뿐이다. 미래에 더 많은 어떤 발전이 이루어질 것인가를 내가 알았더라면, 나는 이미 그 발전을 이루었을 것이다. 나는 어떤 종류의 발전이 이루어질 것인가에 대해서는 물론이고, 그런 발전 자체가 과연 이루어지긴 할 것인가에 대해서도 알지 못한다. 나는 자연 과학의 정신이 인간의 이성적인 삶에 제기되고 있는 그처럼 다양한 공격에서 살아남으리라 장담할 수 없다.

문제는 "우리가 여기에서 어디로 가는가? 알렉산더와 화이트헤드의 결론들에 대한 나의 비판들이 얼마나 소심했든, 그것들로부터 어떤 건설적인 제안들이 나오는가?" 하는 것이다. 나는 이 질문에 답해 볼 것이다.

오랜 전통을 지닌 유럽의 사고에서, 모든 사람들이 그랬던 것은 아니지만 대부분의 사람들은, 또는 어쨌든 말할 권리가 있다는 것을 입증했던 사람들 가운데 대부분의 사람들은 자연이 실제로 존재하지만, 그것이 스스로 또는 그 자체로서 존재하지 않고 다른 어떤 것에 존재를 의존한다고 말했다. 나는 이것이 인간 사고의 한 분야나 한 형태로 간주되는 자연 과학이 수지가 맞는 장사임을 의미한다고 생각한다. 즉, 그것은 그 자체의 문제들을 제기하고 그 자체의 방법들을 통해 그것들을 해결하며, 또한 그 자체의 기준을 적용함으로써 그것이 제공했던 해결책들을 비판할 수 있다는 것을 의미한다는 것이다. 달리 말해서, 자연 과학은 신화나 항진명제와 같은 공상이나 허구의 일부가 아니라 진리 탐구인 동시에 보상이 없지 않은 탐구라는 것이다. 그러나 실증주의자들이 생각했던 것처럼, 자연 과학은 인간의 사고에 대해 말할 수 있는 유일한 분야나 유일한 사고 형태도 아니고, 또한 자립적이거나 자족적인 사고 형태도 아니다. 자연 과학은 그것의 존재를 다른 어떤 사고 형태에 의존하지만, 이 사고는 자연 과학과도 다르며 또한 자연 과학으로 환원될 수도 없다.

화이트헤드나 알렉산더와 같은 사람들이 자연 과학의 방법들과 목표들, 그리고 자연 과학의 대상인 자연 세계를 이해하려고 노력했던 것만큼이나 적절하게, 이제 우리도 이처럼 다른 사고 형태란 것이 도대체 무엇인가라는 질문을 제기하고, 그것과 그것의 방법들, 그리고 그것의 목표와 그것의 대상을 이해하려고 노력해야 할 때가 왔다는 것이 내 생각이다. 나는 그 위대한 사람들의 철학에서 내가 발견했다고 생각하는 결점들이 그 사람들 자신의 출발점으로부터 그 사람들 자신의 방법들에 따라 출발하고, 그들이 했던 작업을 반복하고, 또한 그것을 더 잘하는 '직접적인 경로'라는 것에 의해 제거될 수 있다고 생각하지는 않는다. 심지어 나는 그들 자신의 출발점으로부터 시작하고, 또한 더 나은 방법들로 작업한다고 해서 그 결점들이 제거되리라고 생각하지도 않는다. 나는 그 결점들이 그들의 출발점 자체에 있는 어떤 것 때문이라고 생각한다. 나는 그 출발점이 실증주의의 어떤 흔적을 담고 있다고 생각한다. 그 출발점은 자연 과학이 자연에 관해 우리에게 말해 줄 수 있는 것에 대해 성찰하는 것이 우주론적 철학의 유일한 과제라는 가정을 포함한다. 즉, 그 출발점은 마치 자연 과학이 (나는 그것이 유일하게 타당한 사고 형태라고 말하지는 않겠지만) 자연은 무엇인가라는 질문에 답변하고자 할 때 철학자가 고려해야만 하는 유일한 사고 형태라도 되는 듯이, 자연 과학이 자연에 관해 우리에게 말해 줄 수 있는 것에 대해 성찰하는 것이 우주론적 철학의 유일한 과제라는 가정을 포함한다. 그러나 자연이 그 자체의 존재를 다른 어떤 것에 의존하는 것이라면, 이 의존은 우리가 자연이 무엇인가를 이해하고자 할 때 반드시 고려해야만 하는 것이며, 또한 자연 과학이 그 자체의 존재를 다른 어떤 사고 형태에 의존하는 사고 형태라면, 그것이 의존하는 사고 형태를 고려하지 않고는 그것이 우리에게 무엇을 말해 주는가를 제대로 성찰할 수 없을 것이라고 나는 말할 것이다.

이러한 다른 어떤 사고의 형태란 무엇인가? 나는 '역사'라고 대답한다. 자연 과학은 (지금 나는 자연 과학에 대한 실증주의적인 설명이 최소한 어느 정도는 옳다고 가정한다) 사실들과 이론들로 이루어진다. 과학적 사실은 자연 세계에 존재하는 하나의 사건이다. 과학적 이론은 그 사건에 대한 기설이며, 그것은 다른 사건들에 의해 입증되거나 반증된다. 자연 세계의 사건은 그것이 관찰된다는 조건 위에서만 자연 과학자에게 중요해진다. "사건이 발생했다는 사실"이란 표현은 "사건이 관찰되었다는 사실"을 의미하는 자연 과학의 어휘다. 즉, 그것이 어떤 시간에 어떤 조건들 아래서 누군가에 의해 관찰되었다는 것이다. 그 관찰자는 반드시 믿을 만한 관찰자여야 하며, 또한 그 조건들은 반드시 믿을 만한 관찰이라고 인정할 수 있는 그런 종류의 조건들이어야 한다. 끝으로 아주 중요한 것은, 관찰자가 자신이 관찰한 것에 대한 지식이 공적 자산이 되는 그런 방식으로 자신의 관찰을 기록해야 한다는 것이다. 그런 사건이 자연 세계에 발생했다는 것을 알고자 하는 과학자는 오직 관찰자가 남긴 기록을 참고함으로써, 그리고 그 관찰자가 관찰했다고 공언하는 것을 그가 실제로 관찰했다는 것을 스스로 만족할 수 있는 방식으로 어떤 규칙들에 따라 해석함으로써, 그 사건을 알 수 있다. 기록들에 대한 이러한 참고와 해석이 역사 연구의 특징적인 점이다. 햇빛에 대한 분광기의 효과를 뉴턴이 관찰했다거나, 해왕성을 아담스(Adams)가 보았다거나, 또는 일정한 온도로 가열한 공기로 처리된 포도즙은 발효하지 않는다는 것을 파스퇴르(Pasteur)가 관찰했다고 말하는 모든 과학자는 역사를 말하는 것이다. 뉴턴, 아담스, 그리고 파스퇴르가 처음 관찰했던 사실들은 그 이후로 다른 사람들에 의해서도 관찰되었지만, 빛이 분광기에 의해 분할된다고 말하거나, 해왕성이 존재한다고 말하거나, 또는 어느 온도로 가열함으로써 발효를 방지할 수 있다고 말하는 모든 과학자도 여전히 역사를 말하는 것이다. 그 과학자는 역사적 사실들의 전체 집합, 즉 어떤 사람이 이런 관찰을 했던 경우들의 전체 집합에 관해서 말하는 것이다. 따라서 '과학적 사실'은 역사적 사실들의 집합이다. 그리고 역사적 사실이 무엇인지 이해하기 위한 역사 이론을 충분히 이해하지 못하는 사람은 과학적 사실이 무엇인지 이해할 수 없을 것이다.

이론들에 대해서도 마찬가지다. 과학적 이론은 어떤 역사적 사실들에 의존할 뿐만 아니라 다른 어떤 역사적 사실들에 의해 입증되거나 반증된다. 그것 자체, 즉 어떤 사람이 그 이론을 제기하거나 수용하거나 입증하거나 반증했다는 사실 자체가 역사적 사실이다. 예를 들어, 만약 우리가 고전적인 중력 이론이 무엇인가를 알고자 한다면, 뉴턴의 사고에 대한 기록들을 조사하고 그것들을 해석해야만 한다. 그리고 이것이 역사 연구다.

나는 사고의 한 형태로서의 자연 과학이 역사의 맥락 속에서 존재하고 또한 항상 존재했으며, 그리고 그것의 존재를 역사적 사고에 의존한다는 결론을 내린다. 이로부터, 나는 역사를 이해하지 못하면 자연 과학을 이해할 수 없으며, 또한 역사가 무엇인지를 알지 못하면 자연이 무엇인가라는 질문에 답변할 수 없을 것이라고 조심스럽게 추리해 본다. 이것은 알렉산더와 화이트헤드가 제기하지 않았던 질문이다. 그리고 그런 이유에서 나는 "우리는 여기에서 어디로 가는가?"라는 질문에 대해 "우리는 자연이라는 개념으로부터 역사라는 개념으로 간다"라는 말로 답변한다.

찾아보기

가상디 218
갈릴레오 10, 198, 213~218, 222, 224~225, 234, 237~238, 243, 265, 267, 322
감각 ('감각 세계', '감각 자료'도 볼 것) 14, 24~25, 145, 177~178, 189, 196, 199, 215, 217, 226, 228, 239, 243~244, 247~248, 268, 271
감각 기관 214, 239
감각 능력 224
감각 세계 153
감각 자료 243~244, 345, 350
객관적 관념론 255
거쓰리(거스리) 165
고딕 10~11
고르기아스 92, 95, 121
고생물학 278
고전 물리학 49, 298, 301, 304, 310, 318
공간 ('빈 공간', '절대 공간도 볼 것) 37, 51~52, 143, 152, 208, 252, 262~265, 267, 272, 295, 299, 308, 320, 328, 331, 335~338, 348~350
관념론 ('주관적 관념론', '절대적 관념론', '객관적 관념론도 볼 것) 17, 26~28, 242, 254, 290, 342, 344
관성 169, 212, 225, 296
그리스 음악의 조화(협화음) 109

기계론 31, 33, 35, 209

기독교 19, 160, 181~183, 195, 219, 241, 353

기독교 신학 183, 241

기하학 27, 106~110, 150, 187, 205, 214, 224, 292, 295, 326, 348

길버트 212, 224

내재성 15, 71, 122~123, 126~128, 130~133, 146~147, 200

농축화와 희박화 78~82

뉴턴 10, 49, 52, 205, 221, 223~230, 234, 241, 243, 265, 267, 297~299, 306, 308, 314, 316, 318, 322, 331, 352, 366~367

능산적 자연과 소산적 자연 72, 197

다빈치 201

다윈, 에라스무스 22

다윈, 찰스 23~24, 279~281

데모크리토스 38

데카르트 10, 15, 27, 83, 209, 211, 217~218, 220~221, 223~224, 227, 237~238, 247~248, 256, 267, 277~278, 282, 315~316, 324, 352

돌바흐(돌바크) 219

돌턴 38~40, 300

두 실체 학설 ('두 실체', '두 실체 이론') 217, 235, 282

둔스 스코투스(던스 스코터스) 11

딜스 63, 68~69, 73~77, 79, 92

라마르크 22

라이프니츠 221, 224, 230~232, 235, 241, 249, 312, 348

러더포드(어니스트 러더퍼드) 38

러셀 342

렘브란트 257

로스 126, 135, 166, 188

로크 27, 214~215, 217, 221, 237~238, 242

루크레티우스 38, 319
루토슬라브스키(윈센티 루토슬라브스키, 빈첸티 루토스와프스키) 121
르네상스, 이 책에서의 의미 9~11
리옹 로빈(레옹 루뱅) 121
리쿠르고스 233
마르크스 4~5
마술 86
마이컬슨·몰리의 실험 309
맥스웰 348
메소포타미아 61
모건 173, 328~330, 358
모체니고 207
목적론 33~34, 172~173, 195, 197~198, 280, 286, 347, 349, 352
목적인 33, 156~157, 173~175, 181, 217, 231, 233, 286
무어 18, 344
물질 ('물질적', '근원 물질', '원물질', '실체'도 볼 것) 9, 12, 18, 25~27, 38, 61, 71~72, 74, 78, 80, 82~87, 98~99, 104~108, 110~113, 115~116, 119~120, 122, 143~144, 148~153, 158~162, 167~168, 173~180, 185, 187, 189~192, 197, 200, 202, 205~208, 211, 216~222, 225, 227, 229~237, 239~241, 245, 251, 253, 256, 259, 264~265, 272, 277~278, 280~282, 284~289, 291, 293~302, 304~308, 311~312, 314~316, 318~319, 321~323, 325~326, 329~335, 338, 346, 348, 359
물질론 26~28, 76, 165, 173, 216~220, 235, 241, 255, 288~289, 322~325
물질론자 170~171, 219, 288~289
물질세계 150, 160, 169, 187, 204, 207, 209, 219, 222, 234, 237~239, 243, 245, 254, 272, 286, 291~292, 296, 305, 312, 319, 325

물활론 199, 222, 305

미란돌라(피코델라 미란돌라) 201

미립자 이론 296, 300, 310

미식축구 학교 188

밀 337, 350

밀레토스학파 60~61

바로크 10

반발력 33, 229, 307

발전 22, 30, 34, 173, 252, 361~362

버넷 98~100, 167

버클리 16, 18, 215, 237~242, 245, 254~256, 269, 290

버틀러(조셉 버틀러, 조지프 버틀러) 21

범신론적 우주론 208

베르그송 23, 283~293, 305

베리(버리) 22

베이컨 195, 210~212, 224

벤틀리 298

보르텍스 171

복사선 이론 319

볼테르 22, 249

분광기 366

불가사의한 영력 228, 230

브라헤(티코 브라헤, 튀코 브라헤) 206

브래들리 353

브레이에르 59~60

브로드 18

브루노(지오르다노 브루노, 조르다노 브루노) 11, 206~210, 221~222

빈 공간 205, 227, 299, 316, 348

빛 110, 160
사랑, 아리스토텔레스와 기독교적 개념 181~186
사르디스 62, 73
사모스 101~103
사보나롤라 201
산업 혁명 19
산타야나 354, 356~358
상대성 이론 316~317, 324
생명 8~9, 11, 19, 48, 63~66, 70, 72, 158, 172, 231~232, 266, 272,
　　　277, 280~293, 303~305, 307~309, 312, 329~330, 332~334,
　　　338, 348, 358~361
생명 과정 283, 286, 293, 305
생명력 ('생명 에너지') 8, 19, 199, 213, 282, 286~287, 290
생명체 8, 162, 279
생물학 24, 173, 264, 277~278, 280, 282~284, 288, 294, 304~305,
　　　329, 345, 353
세계영혼 161~162, 164
소크라테스 12~14, 16, 114, 122, 125~127, 131~132, 134~141,
　　　146, 354~355
소크라테스 이전 철학자들 12, 14, 63, 198~199
솔론 233
수학 112~114, 118, 161, 211, 223, 234, 312, 342
스머츠(스뮈츠) 330, 358
스펙트럼 319
스펜서 24
스피노자 15, 27, 33~34, 208~209, 220~223, 230, 340
시간 3~4, 20, 37, 40~44, 46~56, 68~69, 151~154, 156, 158, 163
　　　~164, 170, 189, 199, 216, 226, 235, 251~253, 257, 262~264,
　　　267, 270~271, 278~279, 295~296, 302~305, 308~309, 312,

315~316, 318~322, 327~328, 331~333, 335~338, 340~341, 347~350, 356, 361, 365

신 12, 15, 19, 21, 65~67, 69~73, 75~77, 83~86, 95, 150~152, 154, 157~159, 171, 180~189, 192, 195, 197~198, 200, 205, 208~211, 215, 218~222, 224, 227, 229, 232, 241~242, 247, 253~254, 315, 323~326, 328, 334, 339~341, 351~352

신에피쿠로스학파 218, 225

신학 71, 122~123, 165, 180

실체 ('두 실체 학설', '자연적 실체'도 볼 것) 15~16, 25, 34~35, 37~40, 46~47, 49, 59, 61~62, 68, 75~76, 79, 81~82, 87~89, 97, 100, 111, 143, 156, 218, 221~222, 238, 287, 312~313, 320, 346

심리학 245

심플리키오스(심플리치오) 75, 77

아낙사고라스 38~39

아낙시만드로스 67~82, 85, 87, 103~105, 122, 208~209

아낙시메네스 73~3, 85, 87, 103~105

아담스(애덤스) 366

아리스토텔레스 13~14, 30, 33, 41~44, 51, 59~60, 63~65, 69~71, 74~75, 77, 79, 82, 94, 102, 114, 126~127, 134~138, 140~142, 149, 156~157, 165~191, 195~201, 204~205, 207~208, 241, 245, 253, 255, 257~258, 266~267, 283, 303, 322, 324, 351~352

아리스토파네스 170

아에티우스 69, 76

아우구스티누스 77

아인슈타인 234, 267, 317, 319

아퀴나스 11

알렉산더 173, 305, 327~328, 330~332, 334~343, 347, 349~351, 354~355, 358, 363~364, 367

에딩턴 323, 325
에리우게나 323
에우세비우스(에우세비오스) 73
에피쿠로스 38
엘리스 80
엠페도클레스 39, 161
역사 (역사학) 10, 18, 21~24, 28, 30, 36, 41, 53~55, 59, 71, 88, 90, 92
~93, 102, 114, 123~124, 183, 200, 202~203, 213, 247, 266, 279
~281, 304~305, 362, 365~368
역사학자 21, 28, 36, 53~55
열역학, 제2법칙 51, 54, 56
영국 철도 129
영혼 ('세계영혼'도 볼 것) 8~9, 13~15, 64~66, 71, 76, 161~162,
175, 177, 185~187, 201, 213, 232, 277
예거 165
왕립 학회 53
외압 225, 237
워즈워드(워즈워스) 223
원물질 299~301, 309, 311, 313~314, 316
원소, 엠페도클레스 39, 161
원인 73, 97, 149, 155~156, 170, 173, 175, 195~196, 199, 208~210,
216, 253~254, 284, 291, 297~298, 306, 336, 337
원자가, 전자 이론 302~305
원자론 38, 206, 296, 318, 323
원자론, 그리스 38, 206, 296, 318, 323
위(僞)플루타르코스 68, 74
유아론 256
음향학, 피타고라스 108, 110, 302
이오니아학파 26, 59~83, 103~104, 208

이원론 15, 40, 210~211, 256, 277~278, 284~285, 297, 306, 309, 314~315
이집트 61
일원론 209
자연 과학 3~10, 12, 21~25, 27, 29, 31, 33~35, 37, 40~41, 47, 54~55, 59, 61, 83, 86, 88~89, 93, 103~104, 111, 146, 163, 216, 246, 272~274, 362~365, 367
자연 과학자 7, 21, 27, 29, 37, 40~41, 54~55, 88, 272, 365
자연법칙 12, 25, 27, 171, 233, 258, 349
자연적 실체 ('실체'를 볼 것) 37~38, 40, 46, 48, 68, 74~75, 78, 81, 87
전기 40, 46, 225, 228
전자 46, 49, 51, 190, 302~305, 307, 310~313, 332, 349, 361
절대 공간 301
절대적 관념론 255, 353
정신 7~9, 12~20, 27, 33, 86~87, 113, 115, 164, 177, 179~180, 186~189, 196, 199, 201, 209, 211, 214, 216~218, 221~223, 229~231, 233, 235~236, 238~242, 244~246, 248~257, 260~262, 266, 268~271, 277~278, 280~282, 285~286, 288~290, 294, 303~305, 307~308, 312, 324~327, 329~334, 337~338, 343, 346, 351, 360~362
정신세계 209, 222, 233
제2성질 24~25, 214~215, 225, 237, 242, 332
제논 43~45
제임스 137
종교 재판 207
주관적 관념론 48, 132, 254~256, 290, 324, 343
주술 67, 71, 75, 122, 201~202, 289
중력 205, 213, 225, 229, 264, 270, 297~298, 367
지각 25~27, 29~30, 115~116, 118~120, 137~138, 143~145, 147,

150, 154, 157, 162, 178, 189, 222, 230, 238~239, 243, 247, 287
지각의 재현(표상) 178
지식 12~13, 54, 137, 144, 176~179, 181, 183, 184, 247, 268, 279, 284, 291, 337
진보 18, 22, 28~31, 77, 80~81, 88, 191, 195
진스 311~313, 323, 325~326, 335
진화 23~24, 27~29, 31, 34, 36~37, 39~41, 45, 56, 170, 172~173, 265, 271~272, 277, 279~280, 283, 285~287, 294, 328~331, 333~334, 347, 358
창조 12, 19, 67, 71~73, 75, 84, 151~153, 15~161, 181, 183, 197, 200, 215~216, 218, 221, 239~242, 244, 252~255, 278, 280, 284~286, 290, 315, 322, 330, 339~340, 347, 352, 355, 358~359, 361
창조물 115
창조자 154, 215, 222, 241, 254, 339~340
천문학 62, 113, 202~203, 205,~207, 289
철학 ('철학적', '비철학적') 3~7, 11, 16, 22, 82, 94, 98, 113, 120, 144, 166, 173, 226, 256, 266, 268, 272, 288
철학자 6, 13, 16, 18, 26, 43, 59, 62~64, 68, 74, 83, 86~87, 89, 93, 95, 97~100, 103, 108, 112~113, 120, 127, 131~132, 134, 136~137, 150, 152, 160, 162, 167~169, 173, 197~199, 205, 265, 272, 305, 308, 323, 327, 335, 341, 353, 365
철학적 발견 123~124
초월성 ('내재성'도 볼 것) 15, 71, 122~123, 126~128, 130~135, 141, 143, 145~146
추동력 334
카이사르 53
칸트 16, 155~157, 240~251, 254~269, 272, 289, 320, 322, 324, 336~337

캘빈(칼뱅) 201
캠블(루이스 캠블, 루이스 캠벨) 121
케플러 212~213, 224, 241
크라튈로스(크라틸로스) 121, 126, 135~141
크로톤 101~102
탈레스 59, 62~68, 70, 71~75, 77, 82~84, 87, 98, 103, 108, 122, 184, 321, 352
태양 중심적 가설 202
테니슨 281
테일러 121, 131, 149~150, 152, 158~160
텔레시오 11, 197
톰슨 40
튀르고 22
파동 110, 299, 310~312, 332
파동 이론 310
파르메니데스 131, 132~133, 141~143, 145, 354
파스퇴르 366
포이에르바하(포이어바흐) 4
폴리크라테스 101~102
프리드리히 위버베크 71, 92
플라톤 13, 41, 98, 114~115, 117~122, 125~127, 131~147, 149~165, 168~170, 173~174, 177, 180~182, 197~199, 205, 234, 241, 253, 255, 257~258, 261, 266~267, 292, 322, 324, 326, 335, 350~352, 354, 356~357
플루타르코스 79
피타고라스(퓌타고라스) 101~113, 115, 122, 133, 146, 150, 161~162, 177, 197~198, 205
피타고라스주의 82~83, 102~103, 110, 112, 125~126, 135, 197, 302

피히테 249~250
하이젠베르크 312
해부학자 15
해왕성 366
헤겔 4~5, 16, 18, 250~274, 277~278, 292, 322, 330, 335, 353, 356, 362
헤라클레이토스 71, 126, 135, 137
헤시오드(헤시오도스) 75
형상 14, 26, 82, 98, 107, 111~112, 114~115, 117, 119~120, 122~123, 125, 127~128, 130~136, 138~140, 144~148, 150~152, 157~160, 162~164, 168, 173, 175~181, 184, 186~187, 189~191, 195, 197, 208, 214, 234, 253~254, 258~261, 278, 326, 334~335, 354~357
호메로스 75
화이트헤드 47~48, 139, 162~164, 173, 264~265, 305, 308, 316, 327, 341~361, 363~364, 367
흄 16, 155~156, 249, 290, 327, 337
히폴리토스 68, 73~74

해 설

　인간은 자연과 떨어져서 살아갈 수 없으며, 자연 안에서든 또는 밖에서든 자연과의 상호 작용을 통해 살아갈 수밖에 없다. 그래서 "인간은 자연과 더불어 살아간다"라는 명제는 동서양을 막론하고 어디에나 적용되는 만고불변의 진리라 할 수 있다. 우리가 이처럼 자연과의 관계 속에서 살아가기 때문에, 자연이나 자연관이란 단어를 일상생활에서 흔히 언급한다. 그러나 많은 사람들은 그 용어와 개념을 정확하게 이해하지 못하고 있다. 본래 '자연'이란 단어는 서양 고대에 우주 전체를 지칭하는 넓은 의미로 사용했지만, 현대에는 주로 인간을 둘러싼 환경을 가리키는 좁은 의미로 사용한다. 이것은 세계를 바라보는 사고의 폭이 축소되었음을 보여 준다.

　과거에는 인간도 자연의 일부로서 자연의 질서를 지키고 따르면서 살아갔던 반면에, 특히 근대를 거쳐 현대에 이르기까지 많은 경우에 인간이 자연의 지배자라는 사고를 갖고 있고, 또한 자연의 질서를 (인간의 편의를 위해) 인간의 질서에 끼워 맞추려고 한다는 인상을 지우기 어렵다. 그러나 무리한 끼워 맞춤이 분명 우리 인간에게 바람직하지 않은 결과를 가져오리라는 것은 불을 보듯 뻔한 일이다. 21세기 초반에 들어서자마자 우리를 위협하고 있는 소의 질병인 광우병, 인간 광우병, 조류 독감, 감기의 일종인 사스, 그리고 최근에 발생했던 코로나 19 등의 질병은 우리가 자연을 충분히 이해하지 못한 결과이거나, 또는 자연의 법칙을 무시한 결과로 볼 수 있을 것이다. 특히, 광우병의 경우는 가려움증인 스크래치 병에 걸린 양들을 사료로 만들어 소에게 먹인 결과로 알려져 있다. 결국 이것은 초식 동물이 채식을 한다는 자연의 질서를 파괴하고, 인간의 편의만을 위해, 즉 인간이 필요로 하는 육류를 증산하기 위해 초식 동물인 소에게 육식을 시킨 인간 중심주의적인 생각의 결과로서 인간 스스로가 자초한 재앙이다.

인간은 자연 안에서 자연과 더불어 상호 작용을 하면서 살아가는 존재임을 부정할 수 없다. 따라서 우리의 삶을 더 바람직한 방향으로 이끌어 가기 위해서는 자연을 먼저 이해할 필요가 있다. 즉, 자연을 어떤 관점에서 바라보는가 하는 것은 궁극적으로는 우리 자신을 어떤 관점에서 바라보아야 하는가의 문제다. 자연을 충분히 이해하지 못할 때, 그 영향은 우리에게 직접적으로 미치게 된다. 즉, 인간도 자연의 일부이며, 따라서 무분별한 자연의 파괴는 단지 자연의 파괴만이 아닌 인간 자신의 파괴를 의미한다는 것을 깨달아야 한다. 이처럼 우리의 삶에 당면한 문제들에 대한 해결책을 모색해야 할 시점에서, 그 무엇보다도 선행해야 할 우리의 과제는 자연을 올바로 이해하는 것이다.

지난 2500여 년 동안 또는 그보다 훨씬 더 오랫동안, 인간은 자연을 어떤 관점에 바라볼 것인가에 대해 탐구해 왔다. 과학적인 지식이 전혀 없었던 서양의 고대는 경외감에서 비롯한 자연에 대한 막연한 숭배가 이루어졌던 시기로서, 정신과 육체 또는 생명과 육체를 구분하지 않고서 자연에도 정신이 깃들어 있다고 이해했다. 한편, 기독교 사상이 팽배했던 중세에는 신이 자연을 지배할 수 있는 전권을 인간에게 위임했고, 따라서 인간이 자연보다 우월하다는 사고가 생기기 시작했다. (다른 해석에 따르면, 신은 인간에게 어린아이를 보호하는 아버지의 역할, 즉 자연을 보살피는 역할을 부여했다고 한다.) 이처럼 기독교적 자연관에서는 이미 자연과 인간을 분리하기 시작했으며, 인간이 자연 위에 군림한다는 사고가 생겼다. 이러한 사고는 근대에 이르러서는 자연이 생명이 없는 기계와 마찬가지로 자율성도 결여하고 있다는 사고로 이어져 현대에 이르기까지 지속되어 왔다. 이 내용을 정리하자면, 고대는 자연 중심주의였고, 중세는 신중심주의였으며, 근대는 인간 중심주의였다고 말할 수 있다.

콜링우드의 이 책은 철학사적 맥락에서 자연관을 설명하고 있는 책으로서, 이 주제에 관한 한 기존의 어떤 책보다도 탁월하고 명료한 내용과 분석을 제시하고 있다. 그는 이 책에서 고대로부터 자신이 생존했던 20세기 초반까지의 자연관을 시대별로 서술하고 있다. 콜링우드는 특히 '유비(analogy)'라는 측면에서 자연관을 이해한다. ① 고대는 '자연이라는 대우주'와 '인간이라는 소우주'의 유비이고, ② 르네상스는 '신의 작품인 자연'과 '인간의 작품인 기계'이며, ③ 현대는 '자연 과학자들에 의해 연구된 자연 세계의 진행 과정'과 '역사학자들에 의해 연구된 인간사의 성쇠'의 유비라는 것이다. 그에 따르면, ①과 ②의 시기는 변화하는 것과 변화하지 않는 것을 구분하고, 영원불변하는 법칙을 만물의 운동 원리로서 인정했던 시기였던 반면에, ③의 시기는 만물이 변화와 발전을 지속하는 과정에 있는 것으로 이해해서 한시적인 법칙만을 인정했던 시기, 즉 하나의 사물을 그 사물이게끔 하는 본질적인 요소를 거부했던 시기다.

그의 구분과 관련해 세 가지 주목할 사항이 있다. 첫째, 콜링우드는 우리가 일반적으로 근대 시기로 분류하는 16~17세기를 르네상스로 분류한다. 사실상 그는 18세기를 전반과 후반으로 나누어, 18세기 전반은 르네상스 시대로, 그리고 18세기 후반은 현대로 분류한다(사실상 콜링우드는 근대와 현대를 나누지 않고, 하나의 시기로 보고 있다). 그 이유는 콜링우드가 18세기 전반까지는 과거의 자연관이 지속되었고, 18세기 후반부터 새로운 자연관이 생겨났다고 보기 때문이다. 둘째, 콜링우드는 중세의 자연관을 전혀 다루지 않고 있다. 그 이유는 분명치 않으나, 아마도 중세의 자연관 또는 기독교적 자연관이 모든 자연물들을 신의 창조물로 본다는 점에서 (그가 분류하는) 르네상스 시대의 관점과 유사한 것으로 볼 수 있기 때문일 것이다. 셋째, 콜링우드는 가장 최근에 유행하는 자연관인 생태 중심적 자연관을 고려하지 않고 있다. 그 이유는 생태 중심적 자연관이 그의 사후에 구체적으로 정립된 이론이며, 또한 그것은 그가 이 책에서 다루는 우주론적인 관점에서가 아니라 윤리학적인 관점에서 제기된 이론이기 때문일 것이다.

콜링우드의 분석에 따르면, 역사와의 유비에 기초한 20세기 초의 자연관의 특징은 자연 환경을 단순히 기계가 아니라 기능의 측면에서 이해한다는 점이며, 또한 인간과 자연은 상호 작용하는 하나의 유기체로서 전체적인 목적, 즉 발전 과정의 지속이라는 목적을 지닌다는 점이다. 비록 생태 중심적 자연관은 생태계 전체의 목적이 발전 과정의 지속보다는 존재의 유지라고 보지만, 어쨌든 그 자연관에서는 인간을 포함한 자연, 즉 생태계 전체를 상호 의존적으로 기능하는 하나의 유기체로 보고 있다. 기존의 자연관은 인간의 주변에 대한 관찰의 결과가 자연스럽게 하나의 관점으로 확립되었던 반면에, 생태 중심적 자연관은 자연 환경 파괴와 같은 당면한 과제를 해결하는 데 필요한 자연관의 모색이라는 점에서 다소 인위적인 색채가 짙은 관점이다.

생태 중심적 자연관은 사실상 이 책에서 볼 수 있는 서양 고대의 자연관과 많은 유사한 점이 있다. 그러나 그것은 과거로의 무분별한 복귀를 의미하는 것은 아니다. 고대의 자연관은 과학적 지식을 결여한 상태에서 가졌던 견해인 반면에, 생태 중심적 자연관은 많은 과학적 지식이 축적된 상태에서 갖게 되는 견해이기 때문이다. 무엇보다도 중요한 것은 우리가 올바른 자연관을 갖기 위해서는 먼저 기존의 자연관을 충분히 이해하고 숙고함으로써, 우리가 무엇을 놓치고 있으며, 무엇을 덧붙여야 하는가를 알 수 있다는 것이다. 이 책은 그런 기능을 제대로 하고 있다. 이 책은 기존의 자연관이 지닌 장단점을 각각 지적하고 있으며, 그런 지적에 대한 충분한 성찰을 통해 우리는 새로운 자연관을 모색할 토대를 갖게 된다.

콜링우드는 각각 성찰과 실험으로 특징지어지는 철학과 과학이 서로 불가분의 관계에 있음을 강조하며, 이 책에서 그는 철학도에게는 과학적 성과에 대한 정보를 제공하는 한편, 과학도에게는 실험적 지식에 대한 철학적 성찰의 기회를 제공하고 있다. 이런 점에서, 이 책은 자연 철학, 과학 철학, 또는 과학의 입문서로 이용할 수 있으며, 또한 더 뚜렷하고 체계적인 자연관이나 우주관을 모색하는 일반 독자들에게도 유용할 것이다.

이 책의 원제는 "The Idea of Nature"로서 우리말로는 '자연관'으로 이해할 수도 있다. 콜링우드는 1933~1934년에 이 책의 토대가 된 자연 철학을 연구했고 그 연구 결과를 1934년과 1937년의 가을 학기에 강의했으며, 1939년 9월에 원고의 내용을 대폭 수정하면서 출판용으로 다시 쓰기 시작했다. 그러나 그가 1943년에 세상을 떠났을 때는 제1부 1장만이 출판용 원고로 완성되고 나머지는 정리되지 않은 상태였다. 이 책은 그의 사후에 원고들을 편집해 출간한 것인데, 유감스럽게도 불완전한 문장들이나 마침표 등이 제대로 처리되지 않아 명확한 의미를 파악하기 어려운 경우들이 간혹 발견된다.

옮긴이는 이 책의 초고 번역을 2000학년도 1학기에 서강대학교에서 〈자연 철학〉 강의 교재로 사용했다. 그 후 여러 번의 교정을 거쳤으나 출판하지 못하다가 2004년도에 이제이북스 출판사에서 출간했으나, 2쇄 후 절판되었다. 자연 개념을 철학과 과학의 역사적 맥락에 따라 일목요연하게 설명한 다른 책을 찾아볼 수 없기에, 이 책의 절판은 오랫동안 아깝고도 안타까운 일로 남아 있었다. 그러던 중에 〈지식을만드는지식〉 출판사가 이 책의 중요성을 인지하고 기꺼이 출간에 동의해 줬다.

이 번역서는 2004년의 번역서를 참고했으나 원문을 일일이 대조해서 새롭게 번역하는 방식으로 진행했다. "번역은 반역이다"라는 말이 함축하듯이, 번역에는 옮긴이의 이해와 견해가 자연스럽게 스며들게 마련이며, 특히 이 책의 경우처럼 불완전한 문장들이 있는 경우에는 옮긴이의 이해가 아주 중요한 역할을 한다. 20년 만에 이 책을 재번역하면서 가장 의미 있는 일은 불완전한 문장들을 다시 고민해 볼 기회를 가진 것이다. 그런 문장들 속에서 지은이가 의도했던 내용을 옮긴이가 제대로 전달하고 있다면, 옮긴이의 노력이 제대로 보상받는 것이라 할 수 있다.

2024년 7월
계명대학교 영암관 연구실에서
유원기

지은이에 대해

로빈 콜링우드(Robin G. Collingwood, 1889~1943)는 영국의 철학자이자 역사학자로서, 특히 철학자로서는 예술 철학(미학)과 역사 철학 분야에 많은 영향을 미쳤다. 그는 13세까지 집에서 교육받았고, 그 후 공립 학교를 거쳐 1908년에 옥스퍼드 대학교에 들어가 고전을 집중적으로 배우는 인문학 과정을 밟았으며, 1910년부터 철학을 공부하기 시작했고, 1912년 졸업 이전에 이미 옥스퍼드 대학교의 펨브로크 대학(Pembroke College) 연구원이 되었다. 그의 초기 저술은 신학과 종교 철학에 집중되었으며, 1912년부터 몇 년 동안은 영국 북부에서 고대 로마의 유물 발굴을 이끌기도 했고, 또한 1920년대에서 1930년대 초반까지 고대 로마와 로마 제국 시대의 영국에 대해 많은 논문과 저술도 집필했다. 그의 생존 시에 출간된《예술 철학 개요》(1925),《철학적 방법론》(1933),《예술의 원리들》(1938),《역사라는 개념》(1946) 등을 비롯한 12권의 저서와 사후에 출간된 7권의 저서를 비롯한 많은 저서들이 있다. 과로와 불면증으로 인해 1930년대 초부터 건강이 좋지 않았음에도 연구를 지속했으며, 54세의 나이로 세상을 떠났다. (더 자세한 내용은 아래 사이트 참조.)

https://plato.stanford.edu/entries/collingwood/

https://www.newworldencyclopedia.org/entry/Robin_George_Collingwood

옮긴이에 대해

유원기는 충청남도 천안에서 출생했다. 서강대학교(BA, 1990)를 졸업하고, 영국의 글라스고우(Glasgow, 글래스고) 대학교와 브리스톨(Bristol) 대학교에서 고대 그리스 철학(아리스토텔레스)을 전공해 각각 석사 학위(MPhil, 1994)와 박사 학위(PhD, 1999)를 취득했으며, 고대 그리스 철학과 한국 철학의 비교를 위해 성균관대학교에서 한국성리학(퇴계와 율곡)을 전공해 두 번째 박사 학위(PhD, 2011)를 취득했다. 자연과 인간의 구조와 본성을 밝히는 연구에 특별한 관심을 갖고 있으며, 주요 저서로는 《아리스토텔레스의 정치학-행복의 조건을 묻다》(2009), 《자연은 헛된 일을 하지 않는다-아리스토텔레스의 자연철학》(2009), 《조선 성리학 논쟁의 분석적 탐구-사단 칠정론과 인심 도심론》(2018), 《아리스토텔레스의 심리 철학》(2023) 등이 있다. 그리고 번역서로는 아리스토텔레스의 《영혼에 관하여》(2001), 플라톤의 《필레보스(또는 즐거움에 관하여)》(2013)와 《소크라테스의 변론, 크리톤, 향연》(2018) 등의 그리스어 원전 번역서를 비롯해 우드필드의 《목적론》(2005), 암스트롱의 《어느 물질론자의 마음이야기》(2015), 로위의 《플라톤의 철학》(2019), 루빈스타인의 《아리스토텔레스의 아이들》(2024) 등이 있으며, 그 외에 동서양 철학에 관한 다수의 논문이 있다. 현재 계명대학교 철학과 교수로 재직하고 있다.

자연이라는 개념

지은이 로빈 콜링우드
옮긴이 유원기
펴낸이 박영률

초판 1쇄 펴낸날 2024년 9월 5일

커뮤니케이션북스(주)
출판등록 제313-2007-000166호(2007년 8월 17일)
02880 서울시 성북구 성북로 5-11
전화 (02) 7474 001, 팩스 (02) 736 5047
commbooks@commbooks.com
www.commbooks.com

ⓒ 유원기, 2024

지식을만드는지식은
커뮤니케이션북스(주)의 고전 출판 브랜드입니다.
이 책은 저작권자와 계약해 발행했으므로, 본사의 서면 허락 없이는
어떠한 형태나 수단으로도 이 책의 내용을 이용할 수 없습니다.

ISBN 979-11-288-9540-1 03160

책값은 뒤표지에 있습니다.